COMMENT SÉJOURNER FACILEMENT EN FRANCE

法国游学面面观

王芳雀 李万文 编著

東華大學出版社·上海

图书在版编目（CIP）数据

法国游学面面观 / 王芳雀，李万文编著．—上海：东华大学出版社，2018.6

ISBN 978-7-5669-1374-6

Ⅰ．①法… Ⅱ．①王… ②李… Ⅲ．①旅游指南－法国 Ⅳ．①K956.59

中国版本图书馆 CIP 数据核字 (2018) 第 047294 号

法国游学面面观

Comment séjourner facilement en France ?

编　　著：王芳雀　李万文

责任编辑：沈衡

封面设计：903 工作室

东华大学出版社出版（上海市延安西路 1882 号，200051）

本社网址：http://www.dhupress.net

淘宝店：http://dhupress.taobao.com

天猫旗舰店：http://dhdx.tmall.com

营销中心：021-62193056 62373056 62379558

电子信箱：83808989@qq.com

常熟大宏印刷有限公司印刷

开本：890 mm × 1240 mm 1/32　印张：9.625　字数：392 千字

2018 年 6 月第 1 版 2018 年 6 月第 1 次印刷

印数：0001-3000

书号：978-7-5669-1374-6

定价：38.00 元

前言

随着中国改革开放的深入，对外政策的放宽以及经济的不断发展，中国与世界各国的交流越来越频繁，不同民族的文化也日益融合。为了开阔视野，培养自己的国际文化意识，越来越多的人选择走出国门，其中就有不少人选择赴法国旅游、学习和交流等。

为了适应时代潮流，给广大学生和旅游爱好者提供更好的服务，在多年潜心研究和调查实践的基础上，编者为各位读者量身打造、精心设计并编写了《法国游学面面观》一书。

本书由法国概况、社交礼仪、法语交际、法国景点、法国旅游、法国留学、校际交流和出国安全八大板块构成。

法国概况主要对法国的历史、地理、宗教、政治、经济、交通、及其传统节假日做了简明扼要的阐述，目的是让广大读者对法国的基本情况有一个全方位的感知和了解。

社交礼仪介绍和每个人息息相关的公共场所必须遵守的规则，必要的礼貌礼仪；和法国人见面、问候、交谈时的礼貌用语以及恰当的沟通方式；去法国人家做客、用餐、居住时需要注意的言谈举止和礼节礼仪。

法语交际介绍了法语的国际地位，以及使用法语的国家和地区，并为广大读者提供了十八个简单实用、短小精悍、直击法国日常生活的法语情景对话，方便大家学习和实践。

法国景点丰富多彩，数不胜数，而且美不胜收。但是，对景点的诠释却是仁者见仁，智者见智。鉴于本书的篇幅，我们不得不忍痛割爱，仅介绍法国具有普遍性和代表性的地方和景点。首先，巴黎作为国际大都市，常常是游客的首选或必选，因此，对巴黎的介绍比较详尽。其次，对法国三个具有代表性的外省：诺曼底、布列塔尼和普罗旺斯的历史、景点和美食等做了适当介绍。最后，为了使您更加全面地认识和了解法国，我们特意选取了里昂、里尔、波尔多、图卢兹等十多个城市的主要古迹和特色美食作为补充。

法国旅游板块主题多样、内容丰富、覆盖面广、生动有趣，是本书的重点。首先，旅游前，最棘手的问题是办理签证。在此我们简要介绍了签证办理需要的基本材料和程序，希望对您有所帮助。即使委托旅行社办理，如果您事先有所了解，您就会少走许多弯路。其次，法国的餐饮闻名世界，赴法国旅游，不品尝当地特色美食，定会留下诸多遗憾，对美食爱好者来说更是如此。可是，法国餐饮丰富多彩，面对选择，难免束手无策，那么，不必担心，这本书会告诉您如何找到自己心仪的餐馆和美食。最后，对广大游客而言，赴法国的目的不仅是游山玩水，还要自由购物，因为这里鳞次栉比的大小商店和琳琅满目的精美商品对任何人都是一种无法抵御的诱惑。这本书将告诉您如何轻松购物，更重要的是如何应对繁琐复杂的退税手续。

法国留学针对留学中常见的问题做了分析和说明。内容包括：从留学准备到签证办理，从法国教育基本体制到部分名校的介绍，从留学生关心的法国医保体制到如何购买和享受保险待遇，从法国主要银行的介绍到如何开设银行帐号，从法国的主要电信公司到如何选择自己喜欢的通讯方式等。

校际交流对中法两校如何成功开展交流做了非常详尽的说明，其中包括如何寻找理想的交流对象，申请和办理交流签证所需材料和手续的介绍，交流协议和交流计划等真实案例的提供和示范等。另外，该章节还为广大参加中法校际交流的读者设计了一片 “日记天地”，以便您自由抒写交流历程和体验心得，从而为您的游学生涯留下珍贵的印记，为您的青春生活增添几份美丽。此外，“个人信息”就像一个迷你版的通讯录，用来记载您本人以及在游学过程中结识的亲友信息。

出国安全对出国前必备的安全细则，游学过程中所遇问题的应急处理，行李准备注意事项，以及飞机禁带物品等均有详尽说明。

本书的特色是：图文并茂，形象生动；主题明确，编排新颖；内容丰富，活泼有趣；语言简朴，通俗易懂。总之，编者有意将知识性和趣味性融为一体，希望对游学法国的读者提供切实可行的帮助，从而做到此书在手，游学无忧。

最后，非常感谢家人张若秋和张树祥对我工作的一贯支持和理解。另外，要特别感谢戴剑安老师，法国朋友 Rémy JOST 和法国驻上海总领事馆文化教育合作处的语言与教学项目官员 Charlotte HYVERNAUD 女士，他们不时鼓励，出谋划策，为本书的编写提供了非常有益的帮助。此外，真诚地感谢为本书编写提供素材的其他所有同行、学生和亲朋好友。

由于时间仓促，编写过程中难免有疏漏和错误，不妥之处，还请广大读者和同行不吝赐教，以便我们在今后的工作中不断改进和完善。非常感谢！

编者

2018 年 1 月

Avant-propos（序言）

Lorsque que l'expression « village-monde » est apparue il y a quelques décennies, elle était souvent perçue comme un slogan publicitaire sans véritable signification concrète. Aujourd'hui, cette expression est devenue réalité et elle est même un des deux traits fondamentaux de la société du 21ème siècle : nous vivons en effet dans une société numérique d'une part et une société de mobilité d'autre part. Le tourisme est devenu un phénomène de masse, et les études supérieures intègrent de plus en plus la nécessité de stages à l'étranger. D'un événement exceptionnel, « prendre l'avion » devient chose aussi familière que prendre le train. Un tel bouleversement a entrainé la nécessité d'acquérir une compétence culturelle et une conscience interculturelle de mieux comprendre l'autre, d'élever son niveau de capacité d'observation, d'apprendre à aborder les choses de façon relative, etc. Mieux observer et mieux comprendre l'autre permet une meilleure intégration dans le pays d'accueil ainsi qu'un bénéfice culturel plus riche à la fin d'un séjour en terre étrangère. Là est la valeur de l'ouvrage de Mme WANG Fangque, en présentant et en analysant de façon pratique les différentes facettes d'un séjour en France pour un voyageur chinois, en lui fournissant des clés pour mieux appréhender la réalité française. Merci à elle et marchons sur ses pas à la découverte de la France…

Joël Bellassen, Inspecteur général honoraire en chinois de l'Education Nationale de France

Février 2018, Paris

几十年前，“地球村”这个概念问世时，在人们眼里通常只是一条空洞无力的广告语。在 21 世纪的今天，这一概念不仅变成了现实，而且构成了当今数字化、流动性社会的两大基本特征之一。现在，旅游已经成为一种非常普遍的社会现象，而赴国外实习则逐渐成为高等教育必不可少的组成部分。“乘飞机”与坐火车一样司空见惯，实在令人难以置信！这种巨大的空间变化使得观察能力的提高、灵活处事原则的掌握、文化能力以及理解他人的跨文化意识的培养和增强等越来越必要。留意观察和理解他人，不但有利于更好地融入到目的地国家，而且还会在旅居异国他乡结束时在文化方面受益匪浅。这正是王芳雀女士编撰这本书的价值所在。她以通俗实用的方式，介绍并分析赴法游学的方方面面，为广大中国游学人员提供了一把打开、领会真实法国大门的钥匙。在此，我由衷地对她表示感谢，并让我们欣然跟随她的脚步，一起去探索法国……

白乐桑教授，法国国民教育部荣誉汉语总督学
2018 年 2 月于巴黎

目录

第一部分 法国概况

一、法国简史

（一）历史

1. 远古至高卢时期

远古时期，在现在法国的这块土地上就有人类居住，而发现最早人类遗迹则大约在 200 万年前。公元前 1000 年，凯尔特人（Celtes）自中欧迁居至现在的法国境内。古罗马人将居住在现法国、比利时、瑞士、荷兰、德国东部和意大利北部的凯尔特人统称为高卢人，把这个地区称为高卢。公元前 2 世纪，罗马人入侵高卢。公元前 1 世纪，罗马人的高卢总督凯撒（César）占领了全部高卢，从此高卢受罗马统治达 500 年之久。

2. 中世纪至文艺复兴

（1）公元 486 年，法兰克人（Francs），即居住在莱茵河下游的日耳曼人的部落联盟，在克洛维一世（Clovis 1er）带领下打败罗马人，建立了法兰克王朝（Dynastie Franque），并以自己祖父的名字命名为墨洛温王朝（Mérovingiens：486-751）。

克洛维一世

（2）公元 751 年，丕平三世（Pépin III）在王位争斗中获胜，开创了加洛林王朝（Carolingiens：751-987）。丕平之子查理（Charles）通过 20 年征战，建立了疆域辽阔的帝国，并于公元 800 年 12 月 25 日在罗马被教皇加冕为皇帝，史称查理大帝（Charlemagne：768-814）。公元 843 年，他的三个孙子签订《凡尔登条约》（*Traité de Verdun*），将统一的帝国瓜分为三个部分：西法兰克王国（Francie occidentale），即法兰西，后来演变为法国；东法兰克王国，即德意志，后来演变为德国；中法兰克王国，演变成现在的意大利。西法兰克国王查理二世（Charles le Chauve）建立法兰西王国（Royaume de France），被视作第一任国王，高卢从此不再使用。从公元 5 世纪到 10 世纪，墨洛温家族和加洛林家族统治法国。这一时期，高卢 - 罗马文化与日耳曼文化逐渐融合。加洛林王朝

查理大帝

末期，为了调和内部斗争和抵御外族入侵，王位采用选举产生。

（3）公元 987 年，法兰克公爵加佩（Hugues Capet）被选举为国王，开创了加佩王朝（Capétiens：987-1328）。

（4）1328 年，查理四世（Charles IV）身亡无嗣，瓦卢瓦的菲力浦（Philippe de Valois）以先王侄子身份继承王位，建立了瓦卢瓦王朝（Valois：1328-1589）。当时英国国王爱德华三世（Edouard III）则以法王查理四世外孙的名义，宣称自己是王位的唯一合法继承人。王位之争成为战争的导火索。1337 年，英王率军进攻法国，直到 1453 年法军取得胜利。战争持续了一百多年，史称英法百年战争（Guerre de Cent Ans）。圣女贞德（Jeanne d'Arc）的故事就是发生在这场战争之中。15 世纪末期至 16 世纪上半叶，法国与意大利之间进行了 60 年左右的战争。法王弗朗索瓦一世（François 1er）甚至将意大利文艺复兴时期的重要人物达芬奇（Léonard de Vinci）带回法国，直到后者在法国去世。1562 年爆发的宗教战争持续了三十多年，这中间经历了亨利二世（Henri II）的三个儿子：弗朗索瓦二世（Francois II：1559-1560）、查理九世（Charles IX：1560-1574）、亨利三世（Henri III：1574-1589）。1589 年 8 月 1 日，国王亨利三世遇刺身亡。因无子嗣，王位由纳瓦尔（Navarre）国王亨利四世（Henri IV）继承。至此，瓦卢瓦王朝结束。

国王加佩

路易十四

3. 波旁王朝到法兰西第一帝国

（1）亨利四世继位后，颁布《南特敕令》（*Edit de Nantes*），施行宗教宽容政策，促进工商业发展。亨利四世在 1610 被刺杀，路易十三（Louis XIII：1601-1643）继位。当时路易十三年仅 9 岁，所以由其母亲美第奇家族的玛丽（Marie de Médicis）摄政。路易十三正式继位后，由主教大臣黎塞留（Richelieu）辅助施政。路易十四（Louis XIV：1639-1715）四岁时父亲去世，其母亲在大臣马扎然（Mazarin）辅助下摄政。在路易十四 1661 年亲政时，法国专制王权达到鼎盛时期。路易十四加强封建中央集权统治，大力削弱地方贵族的权力。此外，通过战争扩大法国疆域，制定政策促进资本主义工商业发展。路易十四的重孙路易十五（Louis XV：1710-1774）在路易十四去世后执政，由于年龄太小，初期主要是摄政王奥尔良公爵（Duc d'Orléans）施政。其在位时期（1715-1774），专制王权日趋衰落。1774年，路易十六（Louis XVI）继位时，法国封建制度陷入严重的危机。国内矛盾激化，在1789年7月14日巴黎人民攻占了巴士底狱（La Bastille），法国大革命（Révolution française）爆发。

拿破仑一世

（2）法兰西第一共和国（La 1ère République française：1792-1804）：大革命后，法国在1792年9月22日成立法兰西第一共和国，第二年路易十六被送上断头台。1793年神圣罗马帝国与普鲁士、英国、荷兰、西班牙组成第一次反法联盟。但是，这个联盟被拿破仑（Napoléon Bonaparte）打败，被迫议和并崩溃瓦解。而在法国国内，派系斗争导致了严重的恐怖统治，直至1799年拿破仑上台后才告一段落。

（3）法兰西第一帝国（Premier Empire：1804-1814）：1799年11月9日（共和八年雾月18日），拿破仑发动雾月政变，结束了督政府的统治，建立临时政府，自任执政（Consul）。1804年，拿破仑称帝，并建立法兰西第一帝国。他取消民主自由，加强中央集权，颁布《民法典》（*Code Civil*），从法律上维护和巩固资本主义所有制和社会秩序。1805年，奥地利帝国、英国、沙俄组成第三次反法联盟，法军在拿破仑的指挥下，取得了奥斯特里茨战役（Bataille d'Austerlitz）的决定性胜利，反法联盟瓦解，神圣罗马帝国的历史也正式宣告终结。1813年，第六次反法联盟在莱比锡（Leipzig）战役中击败拿破仑。1814年4月，拿破仑宣布退位，并被流放到意大利的厄尔巴岛（Ile d'Elbe）。波旁王朝（Maison de Bourbon）复辟。拿破仑在1815年从厄尔巴岛逃了出来，并胜利挺进巴黎，重新登上皇位，史称“百日王朝”（Cent Jours）。不久，第七次反法联盟在比利时的滑铁卢（Waterloo）打败法军。拿破仑第二次退位，被流放到大西洋的圣赫勒拿岛（Ile de Sainte-Hélène）上。1821年5月5日，拿破仑在岛上病逝。

4. 波旁王朝复辟至法兰西第二帝国

（1）拿破仑失败后，波旁王朝复辟（1815-1830），路易十六的弟弟，普罗旺斯伯爵（comté de Provence）继位，即路易十八（Louis XVIII）。1824年路易十八去世，他的弟弟查理十世（Charles X）继位。查理妄想恢复旧制，试图推行镇压法，废除大革命时期的政策，逐渐失去民心，最终导致1830年七月革命（Révolution de Juillet）的爆发，政权被推翻。

（2）奥尔良王朝（1830-1848）：七月革命后，法国国会推举奥尔良公爵路易·菲力浦三世（Louis Philippe III）继承王位。由于他是以波旁-奥尔良为姓氏，因此他的

拿破仑三世

七月王朝也被称为波旁-奥尔良王朝。然而，当时法国经济持续衰退，工农业萧条，军队镇压游行示威的群众，这些最终迫使他于1848年退位。

（3）法兰西第二共和国（1848-1852）：1848年12月路易·拿破仑·波拿巴（Louis-Napoléon Bonaparte），即拿破仑一世的侄子当选共和国总统。他于1851年12月发动政变，解散国会，宣布建立帝国，被封为皇帝，史称“拿破仑三世”（Napoléon III）。

（4）法兰西第二帝国（1852-1870）：为了摆脱国内危机，争夺欧洲大陆霸权以及海外殖民掠夺，拿破仑三世发动了多场对外战争。1870年，法国以西班牙王位继承问题为借口，对普鲁士宣战。结果，法国战败，拿破仑三世在色当（Sedan）投降，第二帝国灭亡。

5. 普法战争至第五共和国

（1）法兰西第三共和国（1870-1940）普法战争失败后，1870年成立了第三共和国，直到第二次世界大战爆发。法国维希（Régime de Vichy）贝当（Philippe Pétain）政府（1940-1944）投降德国，第三共和国结束。

（2）战后的临时政府（1944-1946）：1944年6月宣布成立临时政府，戴高乐（Charles de Gaulle）出任临时政府首脑。1946年通过宪法，成立第四共和国。

（3）法兰西第四共和国（1946-1958）：通过一系列复兴计划，振兴工业，发展民生。对外关系上，法国接受马歇尔计划（Plan Marshall），于1949年成为北大西洋公约组织成员国。1957年根据《罗马条约》（*Traité de Rome*），法国与联邦德国、意大利、荷兰、比利时、卢森堡建立了西欧六国共同市场。在一系列政治危机中，第四共和国走向终结。

（4）法兰西第五共和国（1958至今）：1958年10月4日颁布宪法成立第五共和国，作为第四共和国最后一位总统，科蒂（René Coty）担任过渡期总统。1959年1月起，戴高乐担任第五共和国总统，从1959年1月直至1969年4月辞职。蓬皮杜（Georges Pompidou），1969年6月至1974年4月担任总统，在任期病逝。德斯坦（Giscard d'Estaing），1974年5月至1981年5月担任总统。密特朗（François Mitterrand），1981年5月至1995年5月担任总统。希拉克（Jacques Chirac），1995年5月至2007年5月担任总统。萨科齐（Nicolas Sarkozy）2007年5月至2012年5月担任总统。奥朗德（François Hollande）2012年5月到2017年5月担任总统。2017年5月至今，马克龙（Emmanuel Macron）担任总统。

（二）常识

名称：法兰西共和国（République Française）。法兰西由法兰克部落名称演变而来。法兰克在日耳曼语中意思为“勇敢、自由”。

国旗：法国的国旗是长条形，有红蓝白三种颜色。

共和国格言：自由（Liberté）、平等（Egalité）、博爱（Fraternité）。

Liberté • Égalité • Fraternité
RÉPUBLIQUE FRANÇAISE

首都：巴黎（Paris），有1000多年的历史，是法国的政治、经济和文化中心。

主要大城市：除了巴黎，还有里昂（Lyon）、马赛（Marseille）、里尔（Lille）、波尔多（Bordeaux）、图卢兹（Toulouse）等。

国歌：《马赛曲》（*Marseillaise*）

Allons ! Enfants de la Patrie! 前进，祖国的儿女们！

Le jour de gloire est arrivé ! 光荣的一天已经来到！

Contre nous de la tyrannie, 暴君正向我们走来，L'étendard sanglant est levé ! 举起染满鲜血的旗帜！Entendez-vous dans les campagnes ？ Mugir ces féroces soldats ?

听见没有？这些凶残的士兵正嚎叫在我们的国土上？

Ils viennent jusque dans vos bras ！他们冲到你们的身旁！ Égorger vos fils, vos compagnes ! 杀死你们的妻子和儿郎！ Aux armes, citoyens !

武装起来吧，同胞！

Formez vos bataillons !

组织好你们的队伍！

Marchons, marchons ! 前进！ 前进！

Qu'un sang impur... 用肮脏的血

Abreuve nos sillons !

浇灌我们的田野！

面积：法国本土面积将近 55 万平方千米，包括科西嘉岛及其它岛屿。

人口：2017 年人口将近 6700 万。

货币：欧元（Euro），欧盟单一货币。

国花：鸢尾花（Iris）被视为法兰西王国的国花。因为相传法兰西第一个王朝的国王克洛维（Clovis）在受洗礼时，上帝送给他一件礼物就是鸢尾花，在法国鸢尾花是“光明和自由”的象征。鸢尾花的花瓣形似鸢尾鸟的尾巴而得名。鸢尾花源于希腊语，意思是彩虹，喻指丰富的色彩。俗称“爱丽丝”，由音译得名。

时差：法国时间比格林尼治时间早 1 小时；冬令时比北京时间晚 7 小时，夏令时则晚 6 小时。

宗教：绝大多数人信仰天主教，其次是伊斯兰教、新教、犹太教、佛教、东正教和其它宗教。自 1905 年实行政教分离，法兰西共和国成为一个非宗教国家。所有宗教信仰在法国均有存在权利，但都属于个人信仰活动。

与我国建交日：1964 年 1 月 27 日，中法两国政府发表联合公报决定建立外交关系。联合公报宣布：“中华人民共和国政府和法兰西共和国政府一致决定建立外交关系。”

二、法国地理

法国特殊的地理环境决定了它的气候条件：法国既属地中海亚热带又属西北欧温带。气候类型有海洋性气候、地中海气候和大陆性气候三种。大西洋沿岸地区的气候相对来说温和而有变化，除了山区和东北地区以外，冬天比较温暖。

春季，常常在三四月份复活节前后，气温在几度到十几度不等，仍需要穿毛衣，外套等衣物。夏季，没有梅雨季，空气比较干爽。六月间如果遇到阴雨天气，温度在 10℃到 20℃左右。外出宜带毛衣或薄外套以备不时之需。在七八月，日间气温为30℃左右。但是如果遇到阴雨天，温度也可降至十几度。所以，即使在最炎热的七月，法国人的着装也会五花八门，有穿短袖短裤的，也有穿轻薄滑雪衫的。九月份开始进入秋季，雨水较多，气温也较低，约 10℃左右，建议出行时准备简便的御寒衣物。冬季，十一月份步入冬季，日短夜长，白天日照时间少。厚大衣、羊毛衣等保暖的衣物是必需品。

（一）地理位置

法国位于欧洲大陆西部，领土呈对称的六边形，两面靠山，三面临海，是西欧面积最大的国家。西北一面隔英吉利或忙什（La Manche）海峡与英国相望，西靠大西洋，南临地中海。地中海上的科西嘉岛（Corse）是法国最大的岛屿。自东北到西南与比利时、卢森堡、德国、瑞士、意大利、摩纳哥、西班牙和安道尔 8 个国家接壤。从某种意义上讲，法国位于世界陆地的中心地带。

（二）自然环境

高高耸立的阿尔卑斯山（Alpes）和比利牛斯山（Pyrénées）分别是法国与意大利、西班牙的天然地理分界线。法国的大部分领土是平原和丘陵，美丽的塞纳河（La Seine）从心脏地带流过，滋润了巴黎盆地广阔的土地。法国的农业和林业产区占本土面积的 82%。仅森林覆盖面积即占国土的 27%，为欧盟第三大森林资源国，仅次于瑞典和芬兰。据说法国的树种多达 100 多种，在欧洲实属罕见。

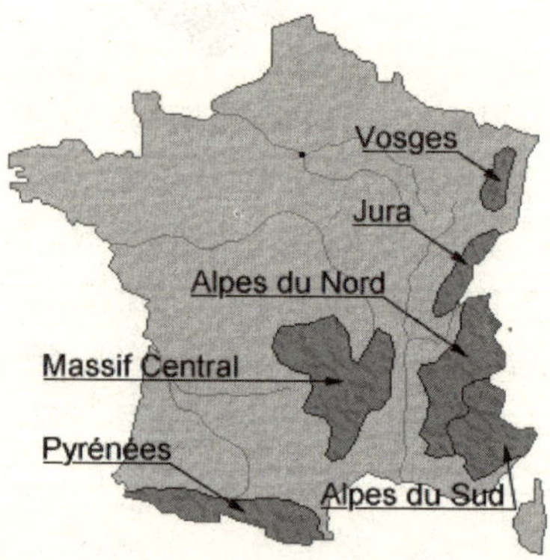

1. 主要山脉

法国的主要山脉沿东部边界从北到南依次为：孚日山脉（Vosges）、汝拉山脉（Jura）、阿尔卑斯山脉和位于中央高原（Massif Central）中心地带的其它山脉，以及法国与西班牙两国的界山——比利牛斯山脉。其中法意边境的勃朗峰（Mont Blanc）为欧洲最高峰，海拔 4810 米。值得一提的还有著名的圣米歇尔山（Mont Saint-Michel）。

（1）孚日山脉

在法国东部。绵延于上莱茵（Haut-Rhin）省、下莱茵（Bas-Rhin）省和孚日（Vosges）省境内莱茵河谷的西部。最高点为盖布维莱尔峰（Guebwiller），海拔 1424 米。孚日山脉的较高处一年中有 9 个月被积雪覆盖，既是旅游地又是冬季运动场所。

此外，这里盛产一种矿泉水，其历史可追溯到 1 亿多年前。在凯撒（César）时代就备受推崇。最初被称作“布依伦泉”（Bouillens），意思是“沸腾之水”。直到 19 世纪末期才被充分发掘。随后，路易·佩赫尔（Louis Perrier）博士对泉水进行药用研究，并得到圣约翰·哈姆斯沃思（St John Harmswort）爵士的资助，两人于 1906 年成立了一家佩赫尔矿泉水公司（Compagnie de la source Perrier）。绿色玻璃瓶是 Perrier 矿泉水的标志，并享有“水中香槟”的美誉，远销全球许多国家和地区。

（2）汝拉山脉

汝拉（Jura）山脉从东北到西南延绵 360 千米，略成一个弧形，构成了法国和瑞士难以逾越的国界。但是顶部较平坦，海拔约 1000 米。最高峰内日峰（Cret de la Neige）在日内瓦附近，海拔 1718 米。在地质上，山体主要由富含化石的石灰岩层构成。岩层形成于 1.36 亿～1.9 亿年以前，地质史上称“侏罗纪”。这里到处是溶洞、伏流和地下洞穴等岩溶地形。而且此处多温泉，东南部多森林。

16 世纪末，法国的宗教斗争导致追随加尔文（Jean Calvin）的胡格诺派（Huguenot）教徒纷纷逃到只有汝拉山脉之隔的瑞士，带来了制造钟表的技术。这种法国技艺和当地的金银首饰业相结合，就出现了瑞士的制表业。它从靠近法国的日内瓦向外扩散，沿汝拉山脉向东北蔓延，一直到东北面的沙夫豪森（Schaffhouse），这个狭长的地带被称作“手表谷”。

汝拉省还是法国微生物学家、化学家，近代微生物学的奠基人巴斯德（Louis Pasteur）的家乡。1822 年，巴斯德诞生在法国东部汝拉（Jura）省的洛尔（Dole）镇。自 19 世纪中叶以来，世界大多数地区的人口预期寿命大约翻了一翻。其中降低人类死亡率的大部分功劳应归功于巴斯德。巴斯德不仅是人类历史上最具影响力的人物之一，也是最值得所有人尊敬的人。为表彰巴斯德在狂犬病研究领域作出的贡献，法国政府于 1888 年在巴黎建立了巴斯德研究所。如今，巴斯德研究所已成为著名的生物医学研究中心。

巴斯德

汝拉从西向东，展现了无穷的魅力。洛尔镇被誉为艺术历史名城，省会隆莱索涅（Lons-le-Saunier）是著名的盐城，阿尔布瓦（Arbois）被誉为葡萄酒之都。沙托沙隆（Château-Chalon）是法国最美乡村之一，白葡萄酒的摇篮，以及埃利松（Hérisson）的瀑布，武格朗（Vouglans）和沙兰（Chalain）的湖泊，还有高原牧场上的绮丽风光，西部和南部的葡萄园以及果园、菜地等美景让人流连忘返。这里夏为避暑胜地，冬为滑雪场所。

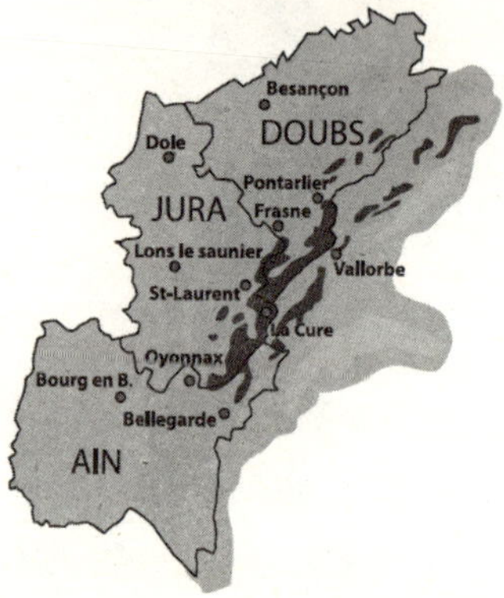

汝拉山脉

（3）阿尔卑斯山脉

阿尔卑斯山（Alpes）横亘于法国和意大利之间，形成了一道天然国界。从地中海海岸尼斯（Nice）附近向北延伸至日内瓦湖（lac de Genève），然后再向东北伸展至多瑙河（Danube）上的维也纳（Vienne）。阿尔卑斯山脉呈弧形，长约 1200 千米，最高峰是勃朗峰（Mont Blanc），海拔 4810 米，位于法国、意大利和瑞士的交界处。

阿尔卑斯山脉是欧洲最大的山脉，同时也是个巨大的分水岭，欧洲许多大河如多瑙河、莱茵河、波河、罗讷河等均发源于此。各河上游都具有典型山地河流特点，水流湍急，水力资源丰富。也是西欧自然地理区域中最为险要的自然景观。

勃朗峰不仅号称欧洲第一峰，而且被世人称为“大自然的宫殿”和“真正的地貌陈列馆”。由于峰顶终年积雪而成为世界著名的风景区和旅游胜地，也是冰雪运动、登山运动、高空滑翔伞运动的圣地，探险者的乐园。

位于阿尔卑斯山主峰勃朗峰下，海拔 3842 米的夏莫尼（Chamonix）小镇，是攀登勃朗峰的最佳起点。每年吸引着全世界大量的旅游者和户外运动爱好者光临此地。夏莫尼是登山运动的发源地，1924 年第一届冬季奥运的举办地，也是世界级滑雪教练训练中心。这里不仅是登山者、滑雪者的最爱，也是一年一度攀岩者竞技的理想场所。夏莫尼拥有全欧洲最高的缆车站，位于“南针峰”（Aiguille du Midi）。夏莫尼有长达 100 千米的滑雪跑道供滑雪爱好者驰骋。只要自己有雪具，无需乘坐滑雪场的电缆椅，就可以免费享受这里的运动与风景。对于那些已获得勃朗峰滑雪证者，则可以挑战下白雪道（Vallée Blanche），部分雪道甚至跨越冰河，非常刺激！滑雪场附近商店的营业时间大约从 10 点到 20 点，即使是淡季的周末也照常开门迎客。在这里可以买到世界顶级的登山攀岩装备，因此被喻为世界登山攀岩爱好者的“世外桃源”。

安纳西（Annecy）是上萨瓦省（Haute-Savoie）的首府。是法国阿尔卑斯山区最美丽的小镇，又称童话小镇。此外，安纳西还有许多其它美称：因市内运河环绕，被称作“阿尔卑斯山下的威尼斯”；因独特的地理环境被称为“法国阿尔卑斯明珠”；因宗教历史被称作“阿尔卑斯的罗马”。由于安纳西湖水来自阿尔卑斯山的冰雪，号称全欧最干净的湖。总之，安纳西的山四季常青，这里的水常年碧绿，是旅游爱好者的天堂。

安纳西小镇

这座城镇虽然在法国，却有着浓厚的瑞士气息。在穿城而过的运河附近，有法国 18 世纪伟大的启蒙思想家、哲学家、教育家、文学家，18 世纪法国大革命的思想先驱，杰出的民主政论家和浪漫主义文学流派的开创者，启蒙运动最卓越的代表人物让 - 雅克·卢梭（Jean-Jacques Rousseau）曾经居住过的房屋。卢梭的主要著作有《社会契约论》（*Du contrat social*）、《忏悔录》（*Les Confessions*）等。他死后被安葬在巴黎先贤祠（Panthéon），在他的雕像上有金色题词：“自由的奠基人”。安纳西城堡博物馆（Musée-château d'Annecy）是安纳西的象征。这里曾是日内瓦伯爵的府邸。

卢梭

安纳西岛宫

该城堡已被法国文化部列为法国古迹。安纳西老城中运河遍布，商店、餐馆、咖啡厅鳞次栉比。周二、周五、周日为集市开放日。除了安纳西城堡，位于休河（Thiou）中央岛上的三角形宫殿——“岛宫”（Palais de l'île），也是安纳西的标志性古代建筑。它们与城区的小街、流水、鲜花和游客构成了安纳西老城独特的旅游景观。同时，安纳西小镇也是国际动画电影节的举办地。1960 年创办，最初是双年展，自 1998 年起改为一年一度的节庆。动画节的前身隶属于戛纳国际电影节动画单元，后迁移至安纳西山城举办。

（4）比利牛斯山脉

比利牛斯山脉（Pyrénées）是法国和西班牙的界山，也是欧洲西南部最大的山脉。它西起大西洋比斯开湾（Golfe de Gascogne）畔，东至地中海岸，长约 430 千米。安道尔（Andorre）公国位于其间。比利牛斯山山顶是法国和西班牙两国分界线的明显标志。最高点是中比利牛斯山脉马拉德塔（Maladeta）山的阿内托峰（Pic d'Aneto），海拔 3404 米。

比利牛斯山脉按地理环境可分为西、中、东比利牛斯三个自然区：东比利牛斯山脉或地中海比利牛斯山脉、中比利牛斯山脉和西比利牛斯山。这种划分似乎与不同植被、语言分布，以及民族和文化特点相吻合。山的北面属温带海洋性气候，山南属地中海气候。气候和植被垂直变化明显。山地多森林，多硫磺温泉，并以温泉浴著称。冬季人们可在这里从事体育运动，尤其是滑雪。夏季可避暑小住、狩猎垂钓和参观中比利牛斯山的各大国家公园。

卢尔德（Lourdes）是比利牛斯山著名的小镇，以温泉疗养闻名世界。相传神秘的“圣泉”就在这里。传说 1858 年，一位女孩在岩洞内玩耍，忽然，圣母玛利亚在她面前显圣，告诉她洞后有一眼清泉，指引她洗手洗脸，并且告诉她这泉水能治百病，说罢倏然不见。这里的泉水经年不息，而且包治百病。据说被现代医学宣判“死刑”的患者，仅在圣泉水池中浸泡一下，病情即刻减轻，甚至痊愈。因此被人们称为“圣泉”，前来救治者络绎不绝。据统计，每年约有 400 多万人去卢尔德，其中不乏身患疾病、甚至病入膏肓的慕名者。

阿尔勒（Argelès）是法国比利牛斯山区的另一个小镇。也是法国著名的温泉疗养中心。周围有几个有名的滑雪场，如果滑雪累了，晚上在这里泡下温泉，顿感身心愉悦。

卢尔德玫瑰圣母教堂
（Basilique Notre-Dame-du-Rosaire）

相传在这个小镇的一个教堂里，有一口白色的大理石石棺。令人不解的是，这口石棺中长年盛满清澈的泉水，却无人知晓石棺中的水从何而来。据说石棺内的“圣水”源源不断，能治百病，于是，人们纷纷珍藏，只有到万不得已时才会使用。传说石棺内的“水源之谜”吸引了许多水利专家和科学家来破解，但结果都是徒劳。

安道尔（Andorre）是有名的“袖珍国”之一。由于安道尔境内高山环抱，峰峦叠嶂，拥有天然的比利牛斯山滑雪场与狩猎场，可供游客滑雪打猎。冬天过后，群山披绿，万木复苏，山间湖泊波光粼粼，和城中奇特的风情建筑，构成了一幅美丽的图画，安道尔也成了一个极具魅力的度假中心。安道尔的各种旅游设施应有尽有，高级旅馆、体育场馆、游览区、滑雪场、登山中心遍布各个角落。旅游业促进了当地商业的发展，大小商店随处可见，被称为“千家商店之国”。安道尔的国防主要由法国和西班牙负责。其旅游业相当发达，也是“避税天堂”之一。

（5）圣米歇尔山

圣米歇尔山（Mont-Saint-Michel）位于诺曼底区芒什（Manche en Normandie）省的孤立岩石岛上，距离海岸两千米。整个小岛呈现圆锥形，由耸立的花岗石构成。高出海滩 92 米，经常被大片沙岸包围，只有在涨潮时才成为岛。高低潮汐的差距为 15 米。

由于受到海洋潮汐作用，圣米歇尔山时常交替着与大陆相连和隔断，成为世界的一大奇观。圣米歇尔山及其海湾成了诺曼底最富盛名的风景点，也是法国最著名的十大风景胜地之一，每年的游客访问量达 200 万左右。1979 年被列为世界文化遗产。

圣米歇尔山

2. 主要河流

法国的主要河流有塞纳河（La Seine）、卢瓦尔河（La Loire）、多尔多涅河（La Dordogne）、加龙河（La Garonne）和罗讷河（Le Rhône）。这些河流基本上都是

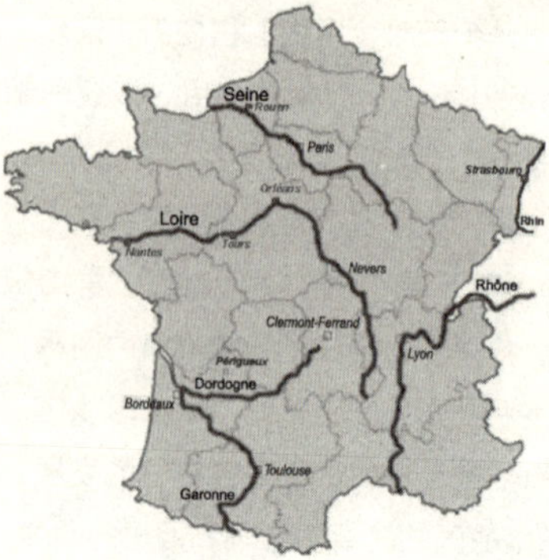

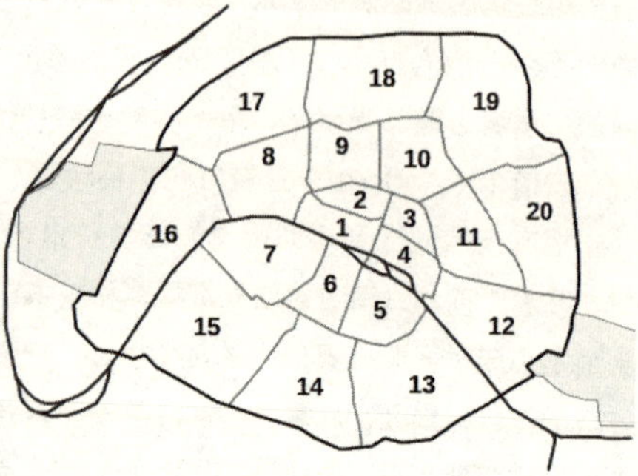

从高山流向大海，其中大多数向北向西流向大西洋，只有罗讷河向南流向了地中海。

（1）塞纳河全长 776 千米，流经巴黎市区，注入芒什海峡。主要支流有 l'Aube、l'Yonne、la Marne、l'Oise 和 l'Eure。相传塞纳河的源头有一尊女神雕像，名塞纳，她白衣素裹，半躺半卧，手里捧着水瓶，嘴角挂着微笑，神色安详，姿态优美。小溪就从这位女神的脚边蜿蜒流淌，最终变为大河奔腾而下。塞纳河就以她的名字命名。塞纳河是巴黎的灵魂，它缓缓而流，将巴黎温柔地拥入怀抱。

塞纳河流经巴黎盆地，穿过巴黎市中心。巴黎就是在塞纳河城岛及其两岸逐步发展起来的。巴黎市沿塞纳河十多千米都是石砌码头和宽阔的堤岸，有 30 多座精美的桥梁横跨河上，高楼大厦排列于两岸，倒影入水，景色美丽壮观。塞纳河从东向西流经巴黎的著名景点：巴黎圣母院，协和广场到埃菲尔铁塔。并把拥有 20 个区的巴黎划分为两大区域：左岸和右岸。左右两岸不仅是地理位置的划分，而且也是“生活方式”的区别。右岸代表了保守和考究，左岸则显示了艺术和自由。塞纳河右岸，即北部巴黎，囊括了 1、4、8、12、16 几个靠近河岸的行政区，其中圣路易岛（île de Saint-Louis）和西岱岛（île de la Cité）分别位于第 4 区和 1 区，以及 2、3、9、10、11、17、18、19 和 20 区个远离河岸的区域。著名的里昂站（Gare de Lyon），巴黎市政厅（Hôtel de ville de Paris），卢浮宫（Palais du Louvre），丢勒里公园（Jardin des Tuileries），协和广场（Place de la Concorde），大、小皇宫（Petit et Grand Palais），和法兰西广播电台（Maison de la Radio France）等就位于右岸。自 2002 年以来，每年的 7、8 月份，在右岸 3.5 千米的沿线上，巴黎市政府都会铺上几吨的沙子，种上棕榈树，以实现巴黎夏日沙滩计划。

塞纳河左岸，即南部巴黎，包括 5、6、7、13、14 和 15 区。天鹅岛（île aux Cygnes）就属于 15 区，其中 14 区距离河岸较远。著名的奥斯德利兹车站（Gare d'Austerlitz)，法兰西国家图书馆（Bibliothèque nationale de France），植物园（Jardin des Plantes），法兰西学院（Institut de France），奥赛博物馆（Musée d'Orsay），波旁宫（Palais Bourbon），外交部（Ministère des Affaires étrangères），荣军院（Hôtel des Invalides）和埃菲尔铁塔（Tour Eiffel）等就位于左岸。

塞纳河最早的堤岸可追溯到16世纪。第一个堤岸名叫大奥古斯汀（quai des Grands-Augustins）。巴黎最古老的桥梁之一新桥（Pont Neuf）建于1578年。1753年，建成了路易十五广场，即现在的协和广场。同时，两岸堤坝完工。1855年至1900年塞纳河两岸成了世界博览会的中心。1991年，塞纳河两岸以及两岸的建筑物均被列为世界文化遗产。

（2）卢瓦尔河发源于西部边陲的塞文山脉（Cévennes），向西流入大西洋，全长1020千米，是法国最长的河。卢瓦尔河也是法国最美丽的一条河。尤其是中游河谷一带，堪称法兰西文化的摇篮，历代皇家贵族曾在此大兴土木，建造了众多雄伟壮观的城堡，整个地区被联合国教科文组织列为世界文化遗产，有"法国花园"之美称。这些古老的宫堡绝大多数建于15、16世纪法国文艺复兴时期，也是法国国王在该地区纷纷建立宫殿的繁荣时期，有些城堡则是王室贵戚的府邸。这些城堡是法国文明的见证。英法百年战争期间，法国王室曾到卢瓦尔河谷避难。

香波堡（Château de Chambord）是卢瓦尔河谷城堡群中最大的一个，其布局属

香波堡

舍农索城堡

香波堡花园

舍维尼城堡

典型的中世纪古堡布局，是法国君王狩猎的行宫。双舷梯是这座王宫的特色，梯中有两组独立而又相互交错的栏杆，据说这样可以避免王后和国王的情妇相遇而发生纠纷。无论这种说法是否属实，香波堡的确是当年王室名流们爱情故事的发生地。香波堡兴建于弗朗斯瓦一世时期。它在造型、风格和装饰上反映了法国传统的建筑艺术，又受到意大利文艺复兴的影响，成为法国文艺复兴时期的代表作之一。1981 年，香波堡被列为世界文化遗产。

舍农索水上城堡（Château de Chenonceau），由主堡垒、长廊、平台、圆塔构成，横跨卢瓦尔河支流谢尔河（la Cher）河面，是卢瓦尔河谷宫堡群中最富有浪漫情调的“水上城堡”，被喻为停泊在谢尔河上的航船。河岸上分建了两个大花园，宛如两幅精美的油画。舍农索城堡又称“妇人堡”，因为先后有多位王后、宠妃和贵妇在此居住，留下许多浪漫缠绵的故事，可惜如今都已付之东流。

舍维尼城堡（Château de Cheverny）是卢瓦尔河谷所有城堡中家具最华丽的一座。城堡建于 1634 年，建筑风格受巴黎卢森堡宫的影响很大，已经从传统哥特式城堡形式变成了朴素简洁的文艺复兴与古典风格的结合，这也正是法国式建筑风格的开端。

昂布瓦兹皇家城堡（Château Royal d'Amboise）位于法国卢瓦尔河的昂布瓦兹（Amboise）。昂布瓦兹城堡在 1434 年前，连续 4 个世纪都属于强大的昂布瓦兹家族（famille d'Amboise）。15 世纪起，瓦卢瓦王朝将宫廷迁至卢瓦尔河地区，昂布瓦兹城堡成了皇室的城堡。瓦卢瓦王朝的查理八世（Charles VIII）曾下旨扩建城堡，但查理八世 27 岁便去世，随后继位的路易十二（Louis XII）继续按照查理八世的基础整修城堡。后来弗朗索瓦一世（François 1er）成为城堡的主人，他聘请了大量的艺术家到法国工作，其中意大利著名画家达·芬奇（Léonard de Vinci）就曾受邀住在城堡附近。弗朗索瓦一世是文艺复兴艺术的积极倡导人，昂布瓦兹城堡在他的统治下变得更加宏伟。据说达·芬奇死后就葬于昂布瓦兹城堡的圣·于贝尔小教堂（Chapelle Saint-Hubert）内。

昂布瓦兹皇家城堡

晓梦城堡

晓梦城堡（château de Chaumont）

位于卢瓦尔河的上游。10 世纪时期，布洛瓦（Blois）的厄德一世（Eudes Ier）修建了这座堡垒，来保卫布洛瓦城。此后长达5个世纪里，城堡一直归属于昂布瓦兹（Amboise）家族。1550 年美第奇·德·卡特琳（Catherine de Médicis）买下城堡，作为狩猎聚会的场所。1559 年，在一场比剑中，亨利二世（Henri II）不幸被他的苏格兰卫队长贾布里埃尔·蒙哥马利（Gabriel de Montgommery）失手刺死。亨利二世死后，王后卡特琳不仅全面摄政法兰西，还将狄安娜（Diane de Poitiers）从舍农索城堡中赶了出来。此后，狄安娜只能在上卢瓦尔河的晓梦城堡中度过余生。狄安娜之后，城堡几经易手，最终回到最后一位私人堡主，布罗伊（Broglie）公爵及夫人玛丽·夏洛特（Marie Charlotte）公主手里。玛丽·夏洛特公主对城堡进行了大量改造和装饰，使堡垒要塞华丽转身为浪漫府邸。最后，城堡入不敷出的奢靡生活迫使玛丽·夏洛特公主于 1938 年将城堡变卖给了政府。

近年来，由于一年一度的世界园林节，晓梦城堡成了园艺师们展示才艺的场所。他们将自己的新作呈现于此，同时向人们传递着现代、时尚、前卫的园林设计理念。

（3）多尔多涅河（La Dordogne）全长约 483 千米，发源于中央高原西北部的多尔山南部，在波尔多以北与吉伦特河（La Gironde）汇合后，流入大西洋。

下游谷地种植葡萄，其中著名的波尔多（Bordeaux）葡萄酒就出产于此。阿基坦大区（Aquitaine）坐落在阿基坦盆地（Bassin aquitain），这里阳光雨露充沛，土质钙质充足，非常适合葡萄种植。

其支流韦泽尔河（la Vézère）最为出名，因为河谷里布满了各种岩石洞穴，有“史前河谷”的美称。洞穴的石壁上再现了史前部落生活、狩猎所用器具，为考古学家研究史前文化提供了珍贵史料。其中拉斯科洞穴（Grotte de Lascaux）的壁画最为出名，并被誉为世界上现存最重要的壁画之一。据说，1940 年发现拉斯科洞窟壁画纯属偶然。当时，多尔多涅省（Dordogne）的几个小孩在寻找宠物狗时，进入一个洞穴，意外发现了洞内庞大的壁画。1979 年，拉斯科洞窟被列为世界遗产。根据科学探测，绘画大约完成于 15000 年以前。

（4）加龙河（La Garonne）全长 650 千米，发源于法国南部的比利牛斯山，流经法国西南部，在波尔多（Bordeaux）注入大西洋。加龙河的支流有 La Tarn 和 La Lot。

（5）罗讷河（Le Rhône）全长 812 千米，在法国境内达 522 千米，从北向南流经法国 20 个省，经过法国工业中心里昂后注入地中海。在北面，有多条大运河将罗讷河与莱茵河相连。罗讷河的支流主要有 La Saône、L'Isère、La Durance 和 l'Ain。

三、法国政治

（一）政体结构

法国是一个典型的中央集权制国家，实行半总统制，有总统，也有总理。总统权力很大，是国家的权力核心。总统除拥有任命高级文武官员，签署法令，军事权和外交权等一般权力外，还拥有任免总理和组织政府、解散国民议会、举行公民投票、宣布紧急状态等非常权力。总理由多数党人士担任，作为政府首脑领导政府的活动，向议会负责，其政府成员亦由总理提名，总统任免。

法国总统是法国国家元首。由选民直接选举产生，任期 5 年，可连选连任一次。法兰西第五共和国宪法赋予了总统很大的权力。现时法国的政治制度奉行半总统共和制，总统是国家的权力中心。法国总统手中的权力凌驾于行政、立法、司法三权之上，被称作“帝王总统”。

如果总统和总理由同一政党人士担任，则会以总统为权力核心。如果总统和总理由不同党派的人士担任，一个左派，一个右派，则形成“左右共治”的“双首长制”局面。这也是法国政坛独特的现象。按照一般情况，总统负责国防和外交，总理负责经济和民生。国民议会和参议院虽拥有立法权、预算表决权和监督权，但却受到总统与政府的限制。由于上述职权的划分，故称法国的政体为半总统制或总统内阁制。

目前法国总统选举程序依照的是 1962 年颁布的《法国选举法》（*Code électoral*），采取“多数两轮投票制”，由全民直接投票选举总统。也就是首先进行第一轮投票，如果无人获得 50% 以上绝对多数票，则第一轮中得票最多的两位候选人进入第二轮投票选举。第二轮投票在第一轮投票后的第二个星期日举行。如果前两位候选人中有中途退出竞选的，则由得票次多者作为替补，以保证在第二轮投票中有2位候选人。

法国总统官邸叫爱丽舍宫（Palais d'Elysée），是巴黎重要建筑之一。“爱丽舍”源于希腊语，意为“乐土、福地”。1720 年，建筑师阿尔曼·克劳德莫莱（Armand Claude Mollet) 为戴佛尔伯爵（comte d'Évreux）亨利（Louis-Henri）在巴黎市中心盖了这座私人宅邸，取名“戴佛尔宫”。后几经周折，1804 年拿破仑称帝，法兰西第一帝国取代法兰西第一共和国，其妹夫缪拉（Joachim Murat）元帅于 1805 年购得这座公馆，大肆装修，起名为“爱丽舍宫”。1873 年，麦克马洪（Mac Mahon）继任总统，于 1879 年 1 月 22 日颁布法令，正式确定爱丽舍宫为总统府，后延续至今，现常作为法国政府的代称。

法国前任总统是弗朗索瓦·奥朗德（François Hollande）。他于 1954 年 8 月 12 日出生于法国北部城市鲁昂（Rouen）。毕业于有法国“总统摇篮”之称的国家行政学院（ENA：École nationale d'administration）。随后，他进入审计院工作。1981 年，密特朗（François Mitterrand）当选总统，奥朗德成为总统府顾问。多年一直担任社会党的党魁。他在 1988 年当选国民议会议员。1997 年再次当选。奥朗德于 1997 年至 2008 年担任社会党第一书记。2000 年，奥朗德在格勒若布尔（Grenoble）召开的代表大会上的提案成为社会党 2000 年竞选纲领的基础。2012 年 4 月 22 日，奥朗德在法国大选首轮投票中居首位；并在 5 月 6 日的第二轮选举中当选为法国总统。

现在爱丽舍宫的主人是埃马纽埃尔·马克龙（Emmanuel Macron）。他于 1977 年 12 于 21 日出生于法国北部城市亚眠（Amiens）。在法国国家行政学院和巴黎政治学院（IEP：Institut d'études politiques de Paris）学习并获得相应学位。2006 至 2009 年，马克龙成为社会党成员。2008 年，在罗斯柴尔德和席埃（Rothschild & Cie）银行任投资银行家。2012 年随奥朗德胜选而进入爱丽舍宫并被任命为副秘书长。2014 年，曼努埃尔·瓦尔斯（Manuel Valls）总理任命他为经济部长。2016 年，马克龙创立了自己的政治派别—“前进运动”（En marche）党。2017 年 5 月 7 日马克龙以 66,10% 的得票率赢得大选，成为法国历史上最年轻的总统。5 月 14 日，正式就任总统，入住爱丽舍宫。法兰西第五共和国的总统有：

夏尔·戴高乐（Charles de Gaulle）1959 年—1969 年

乔治·蓬皮杜（Georges Pompidou）1969 年—1974 年

吉斯卡尔·德斯坦（Giscard d'Estaing）1974 年—1981 年

弗朗索瓦·密特朗（François Mitterrand）1981 年—1995 年

雅克·希拉克（Jacques Chirac）1995 年—2007 年

尼古拉·萨科齐（Nicolas Sarkozy）2007 年— 2012 年

弗朗索瓦·奥朗德（François Hollande）
2012 年—2017 年

艾玛纽埃尔·马克龙（Emmanuel Macron）
2017 年至今

（二）行政区域

法国本土行政区域分为 22 个大区（Région），共有 96 个省（Département）。此外，法国还拥有 4 个海外省（DOM）：瓜德罗普（Guadeloupe）、马提尼克（Martinique）、圭亚那（Guyane）和留尼汪（La Réunion）；4 个海外领地（TOM）：法属波利尼西亚（Polynésie Française）、新喀里多尼亚（Nouvelle Caledonie）、瓦利斯和富图纳（Wallis-et-Futuna）群岛、以及法属南极洲和南极四周诸岛；特殊地位领土辖区：马约特岛（Mayotte）和圣皮埃尔和密克隆（Saint-Pierre-et- Miquelon）岛。2016 年，法国将本土现有 22 个大区合并为 13 个。下面是合并后的 13 个行政区域图：

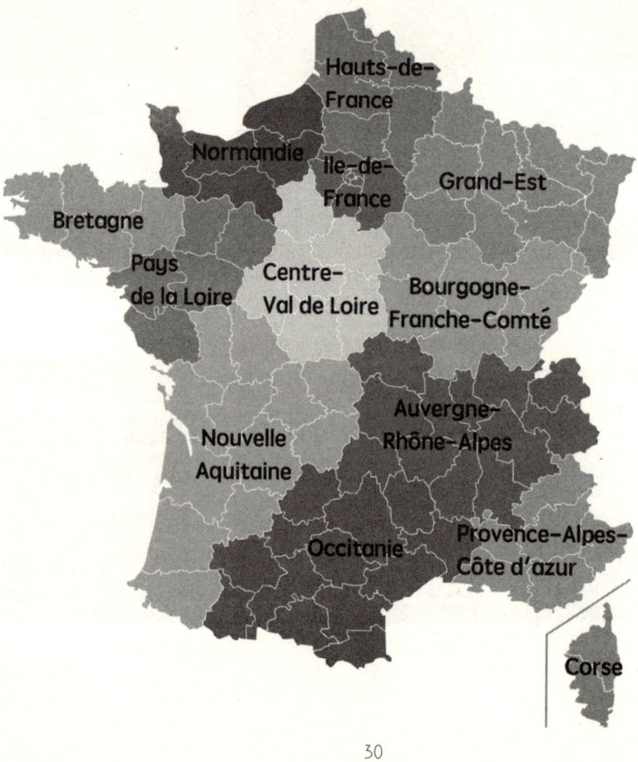

四、法国经济

按照2016年国民生产总值（PIB）统计，法国为世界第六大经济强国。法国是欧洲最大的农业生产与出口国，其主要农产品有小麦、玉米、糖、葡萄酒、奶制品等。法国最具竞争优势的工业行业包括建筑与市政工程、农产品工业、化学工业、制药工业、汽车制造工业、材料加工、研究与开发、航天航空制造业、电信与资讯交流技术等。比如：雄踞世界第四，主要经营石油、天然气等化学工业的道达尔（Total）集团；名列欧洲第一、世界第二，在世界各地拥有7000家店面的零售大亨家乐福（Carrefour）集团；以欧洲第二大汽车制造商、全球第一大柴油发动机生产商著称，汽车销量占全球份额5.4%的标致—雪铁龙集团（PSA Peugeot Citroën）；以及于1889年成立、1999年和日本尼桑合并后成为世界第四，主要生产轿车、货车和大型商用等车型著名的大汽车制造商雷诺（Renault）集团；主要经营通讯、交通和发电设备的阿尔卡特·阿尔斯通（Alcatel Alsthom）公司；于1970年成立于法国、主要经营飞机制造和技术研发的空中客车（Airbus）公司；还有建于1980年、总部位于法国，联合德国、英国、意大利、西班牙等国家的空间技术研究机构和公司，专门负责经营并发射阿丽亚娜系列运载火箭的阿丽亚娜空间公司（Arianespace）；以及创建于1889年，以生产各种类型的轮胎和出版《米其林指南》（*Guide MICHELIN*）而享誉全球的米其林（Michelin）公司等。

此外，法国还有主导健康、教育、文化、

标致—雪铁龙

雷诺

家乐福

道达尔

阿尔卡特·阿尔斯通

空客

阿丽亚娜空间公司

米其林轮胎

《米其林指南》

科研、能源等所有公益性公共服务领域，掌控着对国民日常生活有重大影响的国有企业。比如法国电力公司（EDF）、法国燃气公司（GDF）、法国国家铁路公司（SNCF）、巴黎公交运营公司（RATP）、法国航空公司（AF）、法国电信公司（FRANCE TELECOM）、法国邮政公司（La Poste）、法国国营电视台（F2、F3、F5）等。其中法国电力公司是国际大型能源公司之一，号称欧洲最大的电力企业。

法国航空公司机型

法国电力公司

法国燃气公司

法国航空公司

巴黎公交运营公司

法国邮政公司

法国国家铁路公司

法国电信公司

法国国家电视 5 台

法国国家电视 2 台

法国国家电视 3 台

在食品领域，主要经营新鲜乳制品、饼干和饮料等产品的世界著名食品集团—达能（DANONE）公司。该公司不仅在法国、意大利和西班牙是最大的食品集团，而且是当今欧洲第三大食品集团，旗下除了拥有达能、依云（evian）等多个国际品牌外，还有大家熟知的婴儿食品培婴乐(Blédine)、婴儿奶粉佳丽雅(Gallia)、多美滋(Dumex)等驰名品牌。

法国达能乳品公司

佳丽雅婴儿奶粉

培婴乐婴儿食品

依云矿泉水

多美滋婴儿奶粉

路易威登品牌

迪奥品牌

香奈儿 5 号香水

伊夫圣罗兰

此外，法国的时装和高级奢侈品同样举世闻名，诸如迪奥（Dior）、路易威登（Louis Vuitton）、伊夫圣罗兰（Yves Saint-Laurent）、香奈儿（Chanel）等国际名牌公司，每年带给法国的经济价值非常可观，仅名牌香水“夏奈尔 5 号”（Chanel N° 5）的女用香水一个产品，即占全球市场的 5%。

最后，法国的旅游业极为发达，是世界第一大旅游目的地，也是法国经济增长的主要支撑。据法国《财经》报报道，2015 年法国吸引了来自世界各地的 8000 多万海外游客，仅旅游收入一项占了法国国民生产总值的近 7.5%。2016 年因遭受恐怖袭击等因素影响，全国的旅游业直接经济损失超过 10 亿欧元。根据法国《世界报》2017 年 2 月 10 日的报道，旅游人数较 2015 年的 8500 万，下降到 8300 万左右，不过，仍然保有世界第一大旅游目的地国家的名号。

五、法国交通

（一）火车

法国的交通设施发达，交通极为便利。被世界公认为拥有欧洲大陆规划最完善的铁路系统。法国铁路局是 SNCF (Société Nationale des Chemins de Fer Français)，全国的铁路网以巴黎为中心。巴黎有蒙巴纳斯、奥斯特里兹、巴黎北站、里昂等 7 个火车站，通往法国各地及欧洲各国。

奥斯特里兹站(Gare d'Austerlitz) 主要前往波尔多(Bordeaux)、利摩日(Limoges)和图卢兹（Toulouse）等地。

贝尔西站（Gare de Bercy）和里昂火车站联合运营，主要前往克莱蒙费朗（Clermont-Ferrand）、第戎（Dijon）、里昂（Lyon）等地。

巴黎东站（Gare de L'est）主要负责前往阿尔萨斯（Alsace）、洛林（Lorraine）方向以及德国的柏林、俄罗斯的莫斯科等地。

巴黎里昂站(Gare de Lyon)主要前往里昂、马赛(Marseille)、阿维尼翁(Avignon)、贝桑松（Besançon）、第戎（Dijon）、尼斯（Nice）、蒙彼利埃（Montpellier）、

奥斯特里兹站

巴黎东站

贝尔西站

巴黎里昂站

格勒诺布尔（Grenoble）等城市，以及意大利的米兰、威尼斯，瑞士的苏黎世，西班牙的巴塞罗那等地。

巴黎蒙巴纳斯站(Gare Montparnasse)主要前往波尔多、南特（Nantes）、图卢兹、雷恩（Rennes）、布雷斯特（Brest）、昂热（Anger）、拉罗谢尔（La Rochelle）等城市。

巴黎蒙巴纳斯站

巴黎北站（Gare du Nord）主要负责前往里尔（Lille）、亚眠（Amiens）、拉昂（Laon）、敦刻尔克（Dunkerque）等城市；以及德国的多特蒙德（Dortmund）、英国伦敦（Londres）、比利时的布鲁塞尔（Bruxelles）、荷兰的阿姆斯特丹（Amsterdam）等地。

巴黎北站

巴黎圣拉扎尔站（Gare Saint-Lazare）主要负责前往鲁昂(Rouen)、卡昂(Caen)、勒阿弗尔(Le Havre)、瑟堡(Cherbourg)等地。

巴黎圣拉扎尔站

高速火车（TGV：train à grande vitesse），时速300多千米。既准点又舒适，它极大地缩短了各大城市之间的距离：1小时从巴黎到里尔，3小时从巴黎到马赛或巴黎到波尔多，2小时从巴黎至雷恩。

右图是法国国家铁路局推出的系列旅行优惠卡。从临时旅行（voyages occasionnels）的普通旅游卡（voyageur）到长期旅行（voyages fréquents）的大旅行家卡（grand voyageur）。每年旅行达到20次后即可升级为大旅行家卡，每年积分满2500点后自动升级为大旅行家银卡，满4000点后则升级为大旅行家金卡。

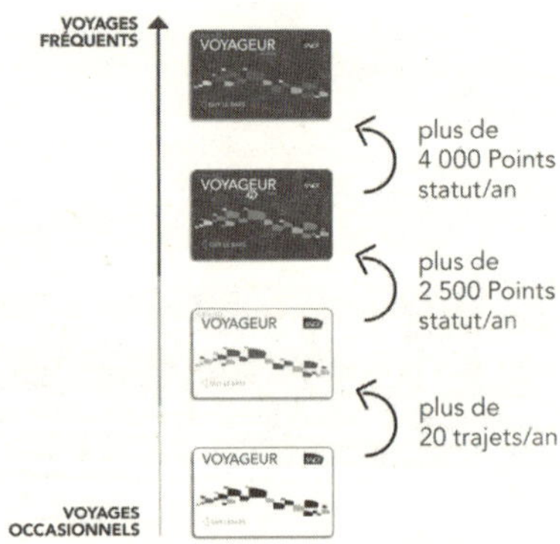

（二）公共汽车

巴黎共有 300 多条公交线路，布满了整个市郊，运营时间通常为早上 6 点到晚上 8 点半左右，间隔时间为 8 到 20 分钟。但部分公交一直运营到晚上 11 点左右。在巴黎和近郊，1 张车票只能用于 1 辆巴士或有轨电车(Tramway)。奥利机场巴士(Orlybus)票价为 7.7 欧，戴高乐或鲁瓦西机场巴士（ Roissybus ），12.50 欧元。巴黎夜班车（ Noctambus ）每天的运营时间为凌晨 1 点到 5 点 30 分，每张票价为 2 欧元。

巴黎的公交网络十分密集，管理也很完善。每个车站贴有运行时刻表，公交车会严格按时刻表上标明的时间运行，减少了人们等候的时间。靠近司机座位的地方有个自动检票机，乘客须自动检票，向司机买票，或刷验乘车证，全程只有一个司机服务。如果乘客要下车，车内扶手或部分座椅旁设有红色按钮，乘客只要按一下按钮，驾驶室上方的指示灯闪亮，司机就会主动停靠，否则，车辆有可能不停。

（三）巴黎航空

法国航空公司（ Air France ）的航线涵盖了绝大部分距离巴黎 1 小时左右的大城市，以及一些外省之间的城市。巴黎近郊有两个国际机场：一个是位于巴黎以北约 25 千米的戴高乐机场（ Aéroport Charles de Gaulle ），又叫鲁瓦西机场（ Aéroport Roissy ），另一个是位于巴黎以南 14 千米的奥雷机场（ Aéroport Orly ）。国际航线大部分都在戴高乐机场起降，而国内航线、近距离航线以及廉价航空公司的航班通常使用奥雷机场。

中国和巴黎航班主要在戴高乐机场，国际航空公司一般在戴高乐机场 1 号航站楼；东方航空公司一般在戴高乐机场 2 号航站楼。

奥雷南机场

戴高乐机场 1 号航站楼

（四）巴黎地铁

巴黎地铁（Métropolitain de Paris，简称 Métro）是法国巴黎的地下捷运系统，由巴黎公交运营公司（RATP：Régie autonome des transports parisiens) 负责营运。经过一个世纪的发展，目前巴黎地铁无论从其覆盖范围，管理质量还是运行效率都堪称世界一流。

巴黎地铁有两个系统：运行范围在二环之内的，叫 Métro，地铁站入口通常有一个 M 作标志，这个系统一共有 14 条线，用数字表示，即 M1 到 M14；运行范围超出二环的是跨区火车（RER），一共有 5 条线，用字母表示，即 RER A、B、C、D 和 E。地铁票对两个系统是通用的，只是根据区域不同，票价不同。

巴黎的地铁票：通常有单程票，10 次票 Carnet，1 天票 Mobilis，巴黎观光票 Paris Visite，周票，月票或年票，称作“Passe Navigo”，简称 Navigo。这些票证，在各地铁站，旅游局以及有 SNCF 标识的自助售票机上均可购买。同时可以向咨询处或售票人员索取地铁图和旅游景点图。

考虑到巴黎地铁票名目繁多，区域不同，价格不一，经常变动等特点，为了更直观地了解，请参见下列图表：

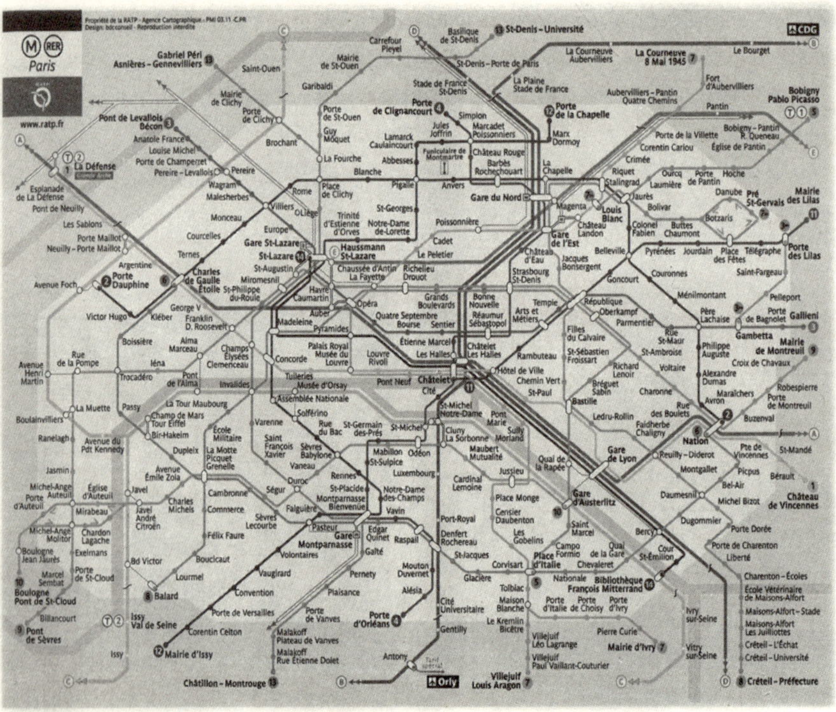

2017 年巴黎公共交通票价一览表

名称	价格	说明
大众通用单程票（Billet valable pour tous）		
单程票 （1 billet）	1.90 € 巴黎市内	地铁、RER（1、2 区）、无轨电车、以及蒙马特高地缆车均可使用。注意公交车单张票价为 2 €。地铁，以及和 RER 之间换乘 2 小时内有效；公交车，有轨电车之间的转换 1 小时 30 分内有效。
10 次票 （Carnet）	14.90 €	比单张价便宜 25%。建议在巴黎 1、2 区活动，出行次数有限者购买。
郊区火车 单程票 Origine- Destination	价格 不定	乘坐 RER 和郊区火车者，价格根据行程，即从一个火车站到另一个火车站的距离确定。对特殊人群优惠 50%。
机场单程票 accès aéroports	1.90 € 起价	巴黎到戴高乐机场的 RoissyBus: 12 €，RER B 线到戴高乐机场: 10.30 €，乘 Bus 350/351：6 €； 巴黎到奥雷机场的 OrlyBus：8.30 €，RER B 线：12.10 €，在安东尼（Antony）站乘坐 Orlyval：9.30 €，Bus 183:2 €，Tramway T7:1.90 €，Navette GO C Paris:6.35 €。
大众通用套票（Les forfaits valables pour tous）		
1 天票 Mobilis	7.50 € 起价	价格根据出行区域有所不同（机场除外）：7.50 €（1-2 区），10.00 €（1-3 区），12.40 €（1-4 区），17.80 €（1-5 区）。
周票 Navigo Semaine	22.80 € 1-5 区	直接用 Navigo 卡充值，非常方便。可无限次在地铁、巴士、RER 火车、和有轨电车上使用，有效期从星期一到星期日，可在星期五至星期一购买。22.80 €（1-5 区），20.85 €（2-3 区），20.20 €（3-4 区），19.85 €（4-5 区）。
月票 Navigo Mois	75.20 € 1-5 区	直接用 Navigo 卡充值，一个月内可无限次在地铁、巴士、RER 火车、和有轨电车上使用。区域不同，票价不同: 75.20 €（1-5 区），68.60 €（2-3 区），66.80 €（3-4 区），65.20 €（4-5 区）。
年票 Navigo annuel	827.20 € 1-5 区	经济实惠，方便快捷。一年内可免费更换两次。如果丢失、被偷可随时挂失。具体价格：754.60 €（2-3 区），734.80 €（3-4 区），717.20 €（4-5 区）。
年轻人使用的交通票 Titre et forfait pour les jeunes		
学生年票 Imagine R	350 € 1-5 区	年龄在 26 岁以内的小学生、中学生和大学生使用。可无限次在地铁、巴士、RER 火车、和有轨电车上使用，有效期为一年。
学校交通卡 （Cartescol'R）	297.30 € 1-5	针对 26 岁以内的大、中、小学生，专门用于从家到就读学校的公交系统。

年轻人周末票 Ticket Jeunes Week-end	8.95 € 1-5 区	年龄在 26 周岁以内的年轻人。可无限次在地铁、巴士、RER 火车、和有轨电车上使用。有效期为一天。可在周末或节假日的任意一天使用。区域不同，价格不同：8.95 €（1-5 区），4.10 €（1-3 区），5.25 €（3-5 区）。
低价交通票 titre solidarité transport		
低价票 Forfaits Navigo SolidatitéMois et Semaine	18.80 € 1-5 区	在巴黎大区定期出行并享受社会补助的人群。有周票和月票之分。月票价格：18.80 €（1-5 区），17.15 €（2-3 区），16.70 €（3-4 区），16.30 €（4-5 区）。周票价格：5.70 €（1-5 区），5.20 €（2-3 区），5.05 €（3-4 区），4.95 €（4-5 区）。
免费票 Forfait Navigo Gratuité Navigo	免费	在巴黎大区定期出行并享受低价交通的人群。主要根据家庭性质和收入等经济情况而定。Orlyval 等特殊交通工具除外。
参加公共服务机构培训的年轻人 Jeunes en insertion	免费	在本地区公共服务培训机构接受就业培训的 16 到 26 岁的年轻人。 Orlyval 等特殊交通工具除外。
优惠价票 les tarifs réduits		
退休，残疾和老战士的优惠票 Forfait Améthyste	价格 不定	残疾、老战士和退休人员根据收入和社会地位享受不同的优惠

2017 年巴黎观光（Paris Visite）票价一览表

天数 jour	区域 zone	价格 tarif
1	1-3 区（zones 1 à 3）	12.00 €
2	1-3 区（zones 1 à 3）	19.50 €
3	1-3 区（zones 1 à 3）	26.65 €
5	1-3 区（zones 1 à 3）	38.35 €
4 到 11 岁的儿童优惠票 Enfant（4-11 ans）		
1	1-3 区（zones 1 à 3）	6.00 €
2	1-3 区（zones 1 à 3）	9.75 €
3	1-3 区（zones 1 à 3）	13.30 €
5	1-3 区（zones 1 à 3）	19.15 €
成人票		
1	1-5 区（zones 1 à 5）	25.25 €

2	1-5 区（zones 1 à 5）	38.35€
3	1-5 区（zones 1 à 5）	53.75 €
5	1-5 区（zones 1 à 5）	65.80 €
4 到 11 岁的儿童优惠票 Enfant（4-11 ans）		
1	1-5 区（zones 1 à 5）	12.60 €
2	1-5 区（zones 1 à 5）	19.15 €
3	1-5 区（zones 1 à 5）	26.85 €
5	1-5 区（zones 1 à 5）	32.90 €

在使用 1 天票 Mobilis 前，一定要填好日期和自己的姓名，以免罚款。以下是 1 到 3 区使用的票样和 3 天有效，1 到 5 区的巴黎观光票 Paris Visite 的票样：

1 天票 Mobilis

巴黎观光票 Paris Visite

如果需要在巴黎经常使用公交，最经济实用的方法就是办一张 Navigo 卡（如下图所示）。

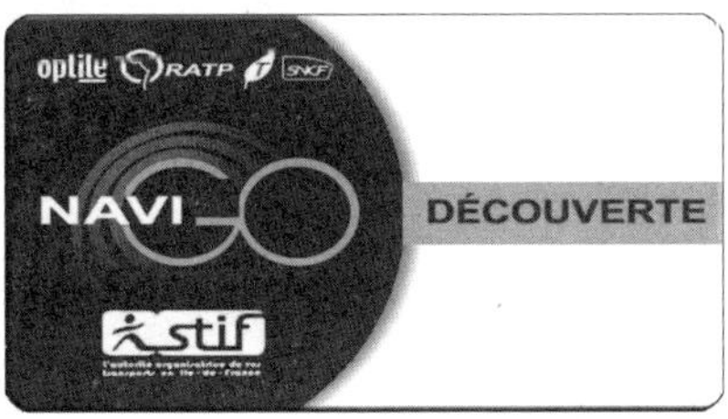

（五）出租车

法国的出租车价格监管非常严格，所有出租车都装有自动计费器。从戴高乐机场至巴黎（CDG-Paris）市中心的出租车费为 35—60 欧，从奥雷机场到巴黎（Orly-Paris）为 25—50 欧。起步价最高为 7 欧。而巴黎市内的每次平均车程费为 20 欧左右。晚间、星期天以及节假日的出租车费会按规定比例自动提价。

（六）温馨提示

交通高峰：

高峰时段一般为周一至周五的 7 点 30 到 9 点和 17 点 30 到 19 点 30。在大城市出入口和市中心交通非常拥堵，尤其是周末和节假日。

乘车须知：

上车前车票必须过一下检票机。如果没有检票，一定要尽快通知查票员，以免被罚款。在地铁，公交车等公共交通上经常有专人查票，如被发现逃票或忘记检票，一律受到处罚，而且罚金数目巨大。今年刚刚出台了更加严厉的处罚规则：如果拒绝检票，甚至逃逸，须坐 2 年牢，并交纳 7500 欧元的罚金。

买票须知：

1. 如果你只在巴黎市中心（1、2 区）游玩，只乘坐地铁（métro），那么你只要在遍布巴黎街角的烟草店（Tabac），或车站售票处购买一个前面提到的“10 次地铁票”（carnet）即可，方便实惠。

2. 如果需要乘坐火车去外地，最好提前半月以上在铁路局的官网上预订，可以订到对折甚至六、七折的优惠票。最优惠的车票往往不可以改、转、退，所以一定要事先计划好。如果因为铁路公司原因不能按时乘车，您可以获得免费签、改。最保险的做法是在网上用银行卡订票，临出发前再出票，以防意外。法国的火车通常提前 20 分钟左右开始检票，火车出发前 5 分钟停止检票。乘车的时间、月台和途经站名都会显示在车站的电子屏幕上。平时需要多关注站台告示，留心收听站台广播，以免耽误行程。详情请参见法国铁路局的官方网站。[1]

[1] https://www.oui.sncf

六、法国假日

（一）法国节日

法国的节日大多与宗教有关，因为绝大多数法国人信奉天主教。最著名的节日是家喻户晓的圣诞节。

1. 圣诞节（Noël）在每年的 12 月 25 日，是西方人的传统节日。圣诞节是为了庆祝耶稣的诞辰，所以也叫“耶诞节”。圣诞弥撒则是教会的一种礼拜仪式。大部分的天主教教堂都会在 24 日的平安夜，即 12 月 25 日凌晨举行子夜弥撒，而一些基督教会则在 12 月 25 日庆祝圣诞节。

圣诞老人是一位身穿红袍、头戴红帽的白胡子老头。每年圣诞节他都会驾驶着麋鹿拉的雪橇从北方而来，由烟囱进入各家，把圣诞礼物偷偷放在孩子们挂在床头或火炉前的袜子里。

圣诞装饰主要有圣诞灯饰和圣诞树等。室内以花环和常绿植物加以装饰，户外则以灯光和灯火装饰的麋鹿、雪橇、雪人和其它圣诞形象为主。市政当局也常常加入圣诞装饰的行列，在街道悬挂圣诞灯火、标语，在广场放置圣诞树等。

圣诞树（sapin de Noël）是圣诞节庆祝中的必备项目。人们通常在圣诞前把一棵松树放在屋内或户外，用圣诞灯和彩色的饰物装饰，并把 1 个天使或星星放在树顶上。

火鸡和树枝形蛋糕（Bûche de Noël）是著名的法国圣诞美食。传说从前有一个买不起圣诞礼物的年青人，在森林捡了 1 段木柴送给情人，不但赢得芳心，而且从此平步青云。因此，树枝形或木柴形蛋糕也成了祝愿未来好运的象征。

圣诞节期间，人们互赠贺卡和礼物，以表达对亲朋好友的祝福、或怀念之情。圣诞前夕，法国成年人一般会到教会参加子夜弥撒。随后，与父母团聚，全家一起吃圣诞大餐，谈天说地。此时即使

圣诞节

家人不和，也会摈弃前嫌，和好如初，所以圣诞节在法国是一个充满宽容、慈爱、温馨和快乐的幸福日子。

圣诞节本是宗教节日。19 世纪，圣诞卡的流行、圣诞老人的出现，使圣诞节变得越来越流行。如今，寄圣诞卡、戴圣诞帽、参加圣诞派对、圣诞购物等也逐渐成了中国年轻人和大城市许多家庭生活的一部分。

2. 帝王节（Fête des Rois）在每年的 1 月 6 日。人们通常会蜂拥到糕点铺购买国王饼（Galette des Rois），又叫“国王派”，由千层酥加上杏仁奶油馅烤制而成。节日期间，随处可见全家团圆、朋友聚会共吃甜饼的热闹场面。如果谁吃到饼内的“蚕豆”（Fève），现在多用小瓷人代替，将被封为“国王”或“皇后”，不仅要给自己戴上“皇冠”（通常用纸做成），还要挑选他或她的“皇后”或“国王”，给对方也带上“皇冠”，并给予拥抱。全家人或朋友们则会举杯高呼：“国王万岁，皇后万岁！”（Vive la Reine! Vive le Roi!）当选“国王”或“皇后”的人则要给在场的亲戚朋友重新买饼，并且邀请他们继续同样的游戏……这个节日有时可持续数日。

帝王节

3. 圣蜡节（Chandeleur）在 2 月 2 日，是宗教和美食的双重节日。这一天，家家都做鸡蛋薄饼。如果你想招财进宝，最好在翻饼的时候左手拿着一枚硬币、金币或戒指，以示诚意。

圣蜡节

4. 狂欢节（Mardi Gras），通常在 2 月或 3 月的某个星期二，也就是复活节前 40 天，也称“肥腻星期二”，意思是在斋戒前大吃一顿。它和圣诞节几乎同样重要，被称为“节日中的节日”。狂欢节的特色有吃煎饼、游行、彩车比赛等。在法国，最著名的是敦刻尔克彩车游行（Carnaval de Dunkerque），每年 2 月的某个星期日、星期一和星期二狂欢 3 天，全城人盛装打扮，倾巢出动，蔚为壮观。

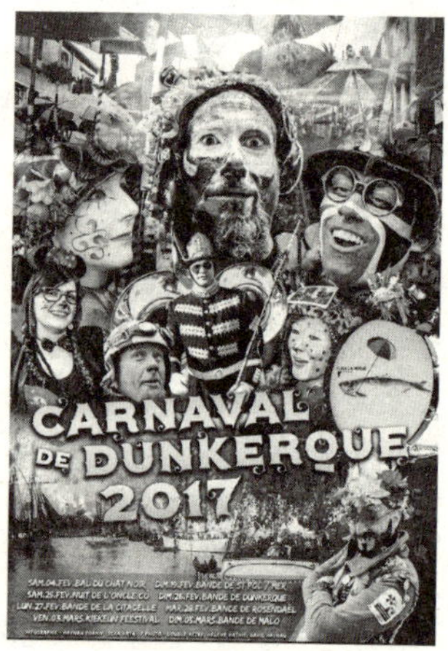

2017 年敦刻尔克狂欢节海报

5. 情人节（Fête des amoureux），在 2 月 14 日，法语也叫 la Saint-Valentin。这天，法国很多歌舞餐厅推出情人节浪漫夜套餐活动，环境幽雅，活动丰富。情人们常会举办烛光晚餐。男士们喜欢送红玫瑰或包装精美的巧克力给女友。吃完甜点或蛋糕之后，男士们也会非常绅士地邀请女友跳舞。晚餐后，情人们也会在法国香榭丽舍大街追逐嬉闹。

法国情人节这天，除了玫瑰花，男士也会给女士赠送香水、皮包或手表等其它礼物。香水是情人节礼物中的明星。著名的香水制造商，每年都会趁情人节的机会，推出特色香水来吸引顾客。包装香水的盒子也会特别考究。还有一些香水制造商则会用恋爱中女性的感觉来命名香水的味道，如激情、欲望、放纵、热烈等。首饰同样是情人节的热门选择。珠宝商特别为情人节准备的手镯、戒指、项链、耳环等同样让人眼花缭乱。有的还让商家在首饰上悄悄刻上情侣的名字。此外，情人节还是求婚的最好时机。如今，情人节已经成了一个全世界的节日，情侣们借此机会交换礼物，体味幸福。

情人节

妇女节

6. 妇女节（Journée internationale de la femme），3 月 8 日“三八”妇女节期间，法国各地的妇女会举行主题为“争取男女平等，维护妇女权益”的示威游行活动，以纪念自己的节日。

7. 复活节（Pâques），主要纪念耶稣的复活。这个节日每年的日期都不一样，却始终在 3 月 22 日到 4 月 25 日之间。像圣诞节一样，是大人和小孩热切期盼的日子。传说来自罗马的无数小钟，一路飞来将各种各样的巧克力彩蛋从空中撒向大地，并藏在花园或屋子里。这些彩蛋都是为孩子们准备的，而且需要孩子亲自去寻找，去发现。节日期间，人们不仅会举行大型的弥撒活动，还会旅游、团聚、吃复活蛋、互赠礼品等。

8. **愚人节**（Fête du Poisson）。每年的4月1日，是愚弄和捉弄人的日子。最流行的愚弄人的方式是把一条纸做的鱼偷偷地挂在被愚弄对象的背上。这一天，几乎所有人都会发明一些闹剧，或散布一些假消息，甚至报纸、收音机、电视等各大媒体都不放过这个机会。

9. **劳动节**（Fête du Travail）在5月1日。铃兰为五一劳动节的传统花卉。所以也称“铃兰花”节。节日期间，巴黎的大街小巷，到处是叫卖铃兰花的小商小贩。人们买花装饰屋子，并赠送亲朋好友。因为铃兰花是“幸福吉祥”的象征。

10. **二战胜利日**（Fête de la Victoire），5月8日是纪念1945年盟军战胜德国纳粹的胜利日，也是签订停战协定的日子。这一天，许多政要和老战士都会到烈士们的墓前敬献花圈、花篮，以示纪念。

11. **音乐节**（Fête de la musique），6月21日。从21日晚到22日，法国的城镇乡村，大街小巷，大小剧院，随处可见音乐家，歌唱家的身影。无论你是业余的还是专业人士，此时此刻都可以大显身手。这一天是普通民众的音乐盛宴，男女老少都会涌上街头、剧院，免费欣赏或亲身参与。

12. 国庆节（Fête nationale），7 月 14 日是法国的国庆节。是纪念 1789 年攻占巴士底狱的日子。国庆前夕，法国所有的城市燃放烟火。巴黎的大街小巷，人们畅饮美酒，载歌载舞，相互拥抱，到处是欢乐的海洋。次日清晨，人们在巴黎的香谢丽舍大街上观看大规模的阅兵式。法国总统将站在一辆缓缓开动的军车上检阅三军，并向人群挥手致意。还要在爱丽舍宫的花园草坪上宴请全国政要和各界名流。

13. 万圣节（la Toussaint），11 月 1 日。也叫诸圣节。是法国人祭奠祖先、缅怀战士亡灵的节日。这一天，所有的陵园，墓地皆被菊花点缀。

其实，在法国还有许多在日历上找不到的节日。例如 9 月 18、19 日的文化遗产节（Journée du Patrimoine）。此时，不仅许多文化遗产，名胜古迹对公众免费开放，普通民众还可以自由参观巴黎市政厅和法国总统府——爱丽舍宫等。

除了以上的官方节日，还有许多私人节日，例如生日、婚庆、生育、升职、乔迁、退休等等。

（二）法国假日

法国人几乎每逢节日就放假，所以假日非常多。例如，圣诞节，按规定全国从 12 月 25 日起放假 2 天，但事实上，从 12 月 24 日开始，节日的庆祝活动就达到了高潮，加上周末以及随之而来的元旦，假期可长达 15 天。

法国的大假于 8 月 1 日开始。几乎所有的法国人都在同一时间休假。许多工厂歇业，大批商店关门，只有个别餐馆、面包店等还在正常营业。整个 8 月份，全城几乎看不到本土的法国人。

更有意思的是，如果节假日和周末相差一天，则自然将这一天和周末连休。法语叫："跨桥"（Faire le pont），即"跨休"的意思。假如五一是星期四，那么，人们除了在星期四休假外，连带着星期五和周末就一起休息了。假如，五一是星期四，5 月 8 日的二战胜利日是星期四，耶稣升天节也是星期四，许多公司实行连休，结果出现许多小星期，一周工作时间由 5 天变成了 4 天。这时，您会惊奇地发现法国人在整个 5 月的工作天数全部加起来总共 16 天。这也是法国人最喜欢 5 月的原因，而不仅仅因为五月的自然风光。事实上，一个法国职员一年的带薪假期长达 5 到 8 个星期。在这些日子里，银行、政府和商业部门要正常运转，就不得不实行员工轮流休息的制度。

法国大学的校历大致相同。高等工程学院一般在 9 月中旬开学，综合性大学多在 10 月中旬开学。暑假约在 6 月底或 7 月初开始，将近 3 个月。法国的中、小学每年 9 月初开学。学生和教师每年有 5 个假期：万圣节、圣诞节、寒假、春假或者复活节假和暑假。法国的法律规定了 35 小时工作制，老师们每周授课时间是 14 至 18 个小时，通常不允许超过 20 个小时。对于法国学生、家长和老师来说，假期是神圣不可侵犯的。法国学生一年有三分之一的时间是假期，而且每星期三下午是不上课的，但有的学校星期六早上上课。

事实上，许多假日给法国人带来快乐的同时，也给政府管理出了个难题。为了避免交通堵塞等现象的发生，法国很早就实行了分区休假的制度。通常，整个法国被分成 A、B、C 三大区，错时休假。但是，休假区域的划分并非一成不变，国家有关机构常常根据需要进行适当调整。2017—2018 学年休假区域和假期安排如下：

学区（Académies）		
A 区	B 区	C 区
贝桑松（Besançon） 波尔多（Bordeaux） 克莱蒙 - 费朗（Clermont-Ferrand） 第戎（Dijon） 格勒诺布尔（Grenoble） 利摩日（Limoges） 里昂（Lyon） 普瓦捷（Poitiers）	艾克斯 - 马赛（Aix-Marseille） 阿棉（Amiens），冈城（Caen） 南锡 - 梅斯（Nancy-Metz） 南特（Nantes），尼斯（Nice） 奥尔良 - 图尔（Orléans-Tours） 汉斯（Reims），雷恩（Rennes） 鲁昂（Rouen），里尔（Lille） 斯塔列斯堡（Strasbourg）	巴黎（Paris） 克雷泰伊（Créteil） 蒙彼利埃（Montpellier） 图卢兹（Toulouse） 凡尔赛（Versailles）

假期安排			
开学时间	2017 年 9 月 4 日星期一		
万圣节假	2017 年 10 月 21 日星期六放假，11 月 6 日星期一上课		
圣诞节假	2017 年 12 月 23 日星期六放假，2018 年 1 月 8 日星期一上课		
三大区	A 区	B 区	C 区
寒假	2 月 10 日星期六放假，2 月 26 日星期一上课	2 月 24 日星期六放假，3 月 12 日星期一上课	2 月 17 日星期六放假，3 月 5 日星期一上课
春假	4 月 7 日星期六放假，4 月 23 日星期一上课	4 月 21 日星期六放假，5 月 7 日星期一上课	4 月 14 日星期六放假，4 月 30 日星期一上课
暑假	2018 年 7 月 7 日星期六开始放假		

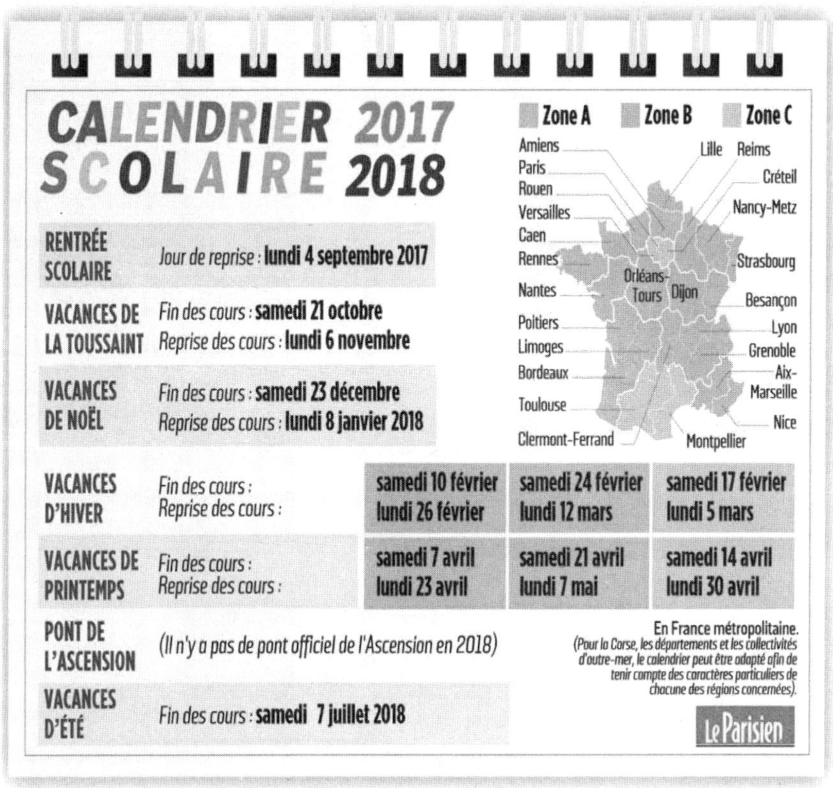

2017-2018 学年放假安排

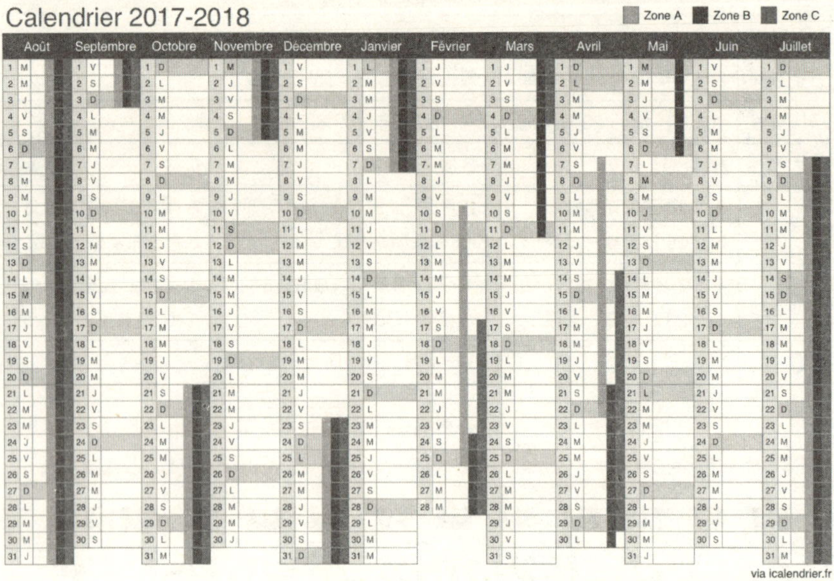

2017-2018 学年日历

假期使孩子们的学习不再局限于课堂。全国各种图书馆，博物馆和科技馆给学生们提供了很好的实践场所。在法国，26 岁以下的青少年可以免费自由出入这些场馆，而且各城市图书馆的借书证也可以全市通用。

弗朗索瓦·密特朗国家图书馆

第二部分 社交礼仪

一、公共场所

第一，出门在外，请自觉遵守公共场所的相关规定：不大声喧哗，不抢座，占座，不随地乱丢杂物，不随地吐痰。第二，乘坐电梯先出后进，排队有序进入；上下楼梯，或在人行道上行走，自觉靠右站立或行走。第三，在餐馆就餐应遵守当地的风俗习惯，不讲特殊，不随意挑剔。第四，参观博物馆时，一定要保持安静，遵守秩序，切忌相互追逐打闹；团队出行时应跟紧队伍，认真聆听导游或带队负责人的讲解。注意和参观的物品保持一定距离，不要随手触摸展品。不要使用闪光灯随意拍照，严格遵守馆内的规定。第五，参观景点，尤其是人多拥挤的景点，应有较强的集体观念，随时跟紧队伍，不要擅自离开。如有特殊需要必须离开时，请和导游或带队负责人打声招呼，获得允许后方可离开。严禁攀爬名胜古迹或在历史文物上随意刻画。第六，排队中、公交车上和社交场所，注意和邻座保持一定的“声音距离”。在公共场合，切记不要高声打电话或发表令人不快的评论。第七，去教堂参观时，注意尊重他人的宗教信仰。具体表现为：衣着得体，轻声细语，走路脚步轻移，不要盯着教徒看，最好不要在做弥撒的时候进入教堂参观。通常情况下，宗教场所是禁止拍照的。第八，观看演出时，无论是音乐会，还是看戏，尊重演员和其他观众最好的做法就是按时到场。不要在现场吃零食，窃窃私语，不要弄出任何声响，以免影响他人。第九，在公共场所，应该正确使用手机。比如在医院里，飞机上和其他一切可能干扰仪器正常运转的场合，必须关闭手机。在剧院、教堂、图书馆、教室、演讲厅，甚至在火车上、候车室、餐厅和会议室等人流密集的地方，要么关掉手机，要么调到静音状态。实在需要，最好到不影响他人的僻静角落使用手机。出席酒会，礼貌的做法也应该关闭手机。如有特殊情况需要通话时，应先告知主人，请求谅解，通话结束后应立即关机。第十，公共场所，一律严禁吸烟。如果确实需要，请注意周围的警示牌，尽量寻找“吸烟区”。比如，部分餐馆、咖啡馆和旅馆的室外平台等。常见的警示牌有：

无烟区

吸烟区

二、见面问候

法国人见面，首先相互问好，然后自我介绍或相互介绍。但是，根据性别、年龄、地位、身份、职位的不同，介绍的程序亦有不同。通常情况下，在男女之间，应先把男士介绍给女士；如果年龄有差异，应把年轻者介绍给年长者；如果地位有高低，应把地位低者介绍给地位高的；如果身份有别，应把身份不重要的介绍给身份相对重要的；如果职位不同，则应把下属介绍给上司。根据这个规则，性别和年龄应当优先考虑，而年龄又凌驾于性别之上，这和中国的习惯不尽相同。

在法国，白天打招呼用“bonjour”（你好），但是夏天晚上七八点之后或者冬天下午五六点之后则用“bonsoir”（晚上好）。当您一天内第二次见到同一个人时，可用“rebonjour”（再次问好），或报以会心的微笑即可。熟悉的同事、同学或朋友之间打招呼可以用“salut”（你好），更为时髦的是“coucou”（你好），尤其是在发送手机信息或网上聊天时更为常见。在称呼方面，遇到男士一律用“monsieur”（先生）。但是面对女士，用“madame”（夫人）或者“mademoiselle”（小姐）来称呼对方。不确定时，最好用“madame”（夫人）来称呼，如遇女方更正，再用“mademoiselle”称呼也无妨。但在朋友、同事、同学之间则可直呼其名。在日常会话中，法国人除了用“au revoir”（再见）告别以外，也常常用“ciao”（意大利语），“bye”或者“bye-bye”来告别。

法国人见面不但要打招呼，而且要行贴面礼（faire la bise）或握手。贴脸从右侧起，贴脸的次数根据地区、交情和分别时间的不同而不同，一般贴两次、三次或四次。

温馨提示：贴面礼只会在女人之间或者男女之间进行。女士只会在不认识对方的情况下才握手。男人之间一般相互握手。总之，入乡随俗就好。

三、沟通艺术

与人交际，个人的仪表着装和行为举止非常重要。

[2]

（一）着装

从参加婚礼，结婚纪念，节日庆祝，小孩的入教洗礼，到亲朋好友的生日聚会，法

[2] http://www.slevosvatba.cz/detail-novinky/nadychana-dekorace/

国人在穿着打扮上都比较考究。在服饰的选择上也是各有千秋，既不能过于拖沓，也不能太夸张，讲究大方得体、恰到好处。在正式场合，尤其是年轻人，千万不要为了博人眼球而着奇装异服，妆容怪异，其装束打扮应该符合场合以及自己的身份和年龄。

（二）言行

个人的行为举止要大方得体。平时与人交往需要注意以下几点：第一，与人说话时要双眼平视，尊重他人的感受。第二，多用“请”“对不起”“谢谢”“再见”等文明礼貌用语，最好带着微笑说“您好”“谢谢”等。向他人提出要求、需要帮忙或妨碍了对方时，及时说声“对不起”（Pardon）。第三，开门关门时一定要注意自己的前后有无旁人，切忌和他人抢道。正确的做法是为他人拉着门，请他人先行，尤其是主动为年长者、残疾人和女士让路等，证明他人在你的心中有一定位置。在任何场合，不论是公共的、私人的，在大街上，还是在商店或是沙龙里都要遵守这些礼仪。第四，如果有人向您致谢，或打错电话向您致歉时，记得说“De rien”或“Je vous en prie.”（不客气）。第五，迟到，挤撞了别人或从别人面前走过而打扰别人时，都要表达歉意，用“Pardon”（对不起）或“Excusez-moi”（请原谅）。第六，在法国做自我介绍时，最好由第三方引见。如果聚会中无第三者介绍，则可做自我介绍，但是一定要注意时机。另外，自我介绍宜简单明了：报上自己的姓名，同时讲“我很高兴（荣幸）认识您。”（Je suis heureux / honoré de faire votre connaissance.）第七，在日常交往中，除了礼貌用语，男士需要遵守的基本礼仪还有：拉着门让女士通过、为女士打开车门、帮女士拿外套、提行李，弯腰捡起掉在地上的东西等。

总之，与人相处，应该宽容待人。若有交流沟通方面的困难，需要礼貌、虚心地向他人请教，寻求帮助。如果有什么烦心事，请及时和导游或带队负责人沟通，以便获得及时排解。

四、拜访礼仪

人与人相处，应该学会分享互助，常来常往，礼仪至上。为了增强友谊，请客和被请在所难免，做客和待客时需要了解如下礼仪：

（一）守时

作为礼貌，应及时答复对方的邀请，并准时赴约。建议不要提前到场，这会给东道主带来不必要的尴尬，也许对方还没完全准备好。通常赴宴迟到 10 分钟很正常，迟到 20 分钟可以原谅，但是，如果迟到超过 30 分钟，最好电话通知主人并表示歉意。如果是熟悉的朋友聚会，可以边吃边等，没有问题，但是，如果是正式宴请，其他人也只能等待了。所以，正式的宴请最好不要让大家专门等待您一个人，以免给别人带来不必要的麻烦。

（二）送礼

赴约之前，可以准备一份礼物。礼物并非越贵越好，最好事先了解对方的爱好，投其所好是最理想的方式。您也可以送点具有中国特色的礼物，比如茶叶、丝绸产品、景泰蓝制品、或中国特色的字画等，都是不错的选择，关键要看送礼对象的爱好是什么。如果没有中国特色礼物可送，那就在法国当地购买一瓶葡萄酒或香槟，一盒巧克力，或者一束鲜花相送。熟悉的朋友之间，您甚至可以询问对方需要带点什么，尤其是小型或大型生日等聚会上，主人可以和客人商量带什么，以免重复。比如，前些日子参加一位朋友的金婚纪念午宴。受邀的亲戚朋友多达 50 人，主人给每人提早 1 个多月发了邀请函，答复邀请的时候顺便电话咨询下带什么礼物比较合适，主人则会告诉你带什么最合适。例如，稍显贵重的礼品有大蛋糕、马卡龙饼等，她的亲戚事先已经商量好了。值得注意的是，法国父母和子女之间小聚，吃团圆饭，相互从不空手，要么带一份甜点，要么带一瓶葡萄酒，或者一束花，也有送书或其它礼物的，依据情况而定。但是，最有意义的是为对方特制一份写有对方名字的礼物。没有要求的可以送一束鲜花、一瓶酒或一盒糖果，都是恰当的。这样，既可以表示对主人的尊重和谢意，也可以顺便偿还人情。

但是，到底该送什么花？什么酒？什么巧克力？对国人来说，一直是一个备受困扰的难题，对此我们提出如下建议供大家参考。

1. 送花

法国人喜爱鲜花闻名世界。尤其是探亲访友，应约赴会时，通常都会带上一束美丽的鲜花，通常不要送盆栽花，除非送给家人或要好的朋友。如果是盛大的晚宴，最好在赴约前一天晚上或者大清早就请花商连同名片一起送达东道主手中，以便给主人留足摆放鲜花的时间，否则难免忙中添乱，尤其是参加盛大的庆典等活动要特别注意。另外，不同的花有不同的花语，因此送什么花，什么颜色的花要根据具体情况而定。

法国人喜欢蓝色和粉红色，他们认为蓝色象征“宁静”和“安详”，红色则意味着“热情奔放”。粉红玫瑰代表“温柔”、“慈祥”和“忠诚”，赠送对象最好是女性。如果遇到家人或朋友的生日，母亲或祖母的节日，送一束粉红色的玫瑰花最理想，同样，一束水仙花或长寿水仙也是不错的选择。对于自己非常珍视的人，也可以送一束勿忘草，以表达“忠诚无二的思念”之情。为了表示喜欢和尊重，可以赠送白玫瑰和白百合。非洲菊预示着“是你照亮了我的生活”。向日葵表示“爱情似火”，“你是我的太阳”。铃兰花是“幸福”的象征。红玫瑰代表爱情，男士不能随便送红玫瑰给已婚女士。情人节的时候，送给爱人一束红郁金香，也不失浪漫和时尚。某些大胆、前卫的法国人甚至赠送爱人山茶花和大丽花来表达爱情。黄玫瑰象征“光明”、“热情”和“阳光”，常用来表达纯真的“友谊”，可是，千万别送给自己的爱人，因为黄玫瑰同时意味着“背叛”、“歉意”、“不忠诚”，甚至“绝交”，为了避免误会，最好附上一句温馨的话语[3]。

其次，送玫瑰花时，10 朵以内一定要送单数，10 朵以上则送双数，因为法国人认为这样更显美观和谐。对法国人来说，1 朵表示“一见钟情”，2 朵表达“歉意”，12 朵表达“谢意”，甚至“求婚”，24 朵代表“优雅、殷勤、风流之极”，36 朵红玫瑰预示着“浓浓的爱意”，36 朵白玫瑰或粉红玫瑰则是“定情”花束，101 朵玫瑰表示“爱到痴狂”[4]。但是无论如何，切忌送“13”朵花。

总之，每种花有自己的花语，送花时一定要注意，菊花代表忧伤，黄色象征不忠贞或歉意，如果要表示歉意可以送黄玫瑰。但是，千万不能送人黄菊花，这是专门用来纪念逝去的人的。白康乃馨象征不忠贞，也不可随便送人。另外，忌讳给法国人送纸花。

---

[3] https://www.interflora.fr/amour-le-langage-des-fleurs
[4] https://blog.interflora.fr/les -fleurs-et-moi/comment-offrir-des-roses

2. 送酒

法国人素来喜爱饮酒，他们通常爱喝开胃酒、香槟、葡萄酒、苹果酒、白兰地、威士忌、杜松酒等。如果您受邀参加朋友聚会或庆祝活动，需要带一份礼物，您不妨根据活动的性质，以及东道主的爱好，选择一瓶或两瓶酒相送。如果您不了解对方的爱好，通常送一瓶价格适中的香槟或红葡萄酒即可。如果要想让您的礼物有个性，给受礼人留下好印象，最好在瓶子上挂上一个有创意的标签，写上对方的名字，送上一句特别的祝福词等都是非常理想的方式。

（1）香槟

通常法国人在周末、节假日都有和家人聚餐的传统，如果您幸好参加小型、大型的朋友聚会，或庆祝生日、结婚纪念等活动时，都免不了一起适量饮用开胃酒和香槟，食用一些诸如饼干、薯片、香肠等小吃，或者自己亲手准备一些面包片，鹅肝酱、橄榄酱等作为开胃食料。因此，作为开胃酒，一瓶香槟任何时候都是适宜的。鉴于法国的香槟品种太多，达几百种，最简便的方法是看价格而定，20 欧元以上的香槟就是不错的选择。

（2）葡萄酒

葡萄酒也是法国人每天餐桌上几乎少不了的，不过，饮用葡萄酒也有讲究。通常情况下，鱼类、海鲜等白肉搭配白葡萄酒，红肉和奶酪则搭配红葡萄酒。在不了解主人喜好的情况下，选一瓶上好的红葡萄酒相送即可。但是要在几百种葡萄酒里挑出一种，实属不易。不过，国人熟知的品牌诸如波尔多（Bordeaux）、勃艮第（Bourgogne）出产的，价格在 10 欧元以上的均属品质不错的葡萄酒。如果您想了解更多，那就仔细看看酒瓶上的标签，上面有生产年代、葡萄酒质量和葡萄园等级标识等信息。

常见的 AOC 是 Appellation d'Origine contrôlée 的缩写，直译为“原产地命名控制”，是法国最主要农产品的质量认定系统。如果酒瓶标签上有这个标志，证明是法定产区生产的葡萄酒，也是法国葡萄酒品质的保障标志。AOC 也可细分为大产区级 AOC、子产区级 AOC、村庄级 AOC 和葡萄庄园级 AOC。葡萄酒的质量和价格与许多因素有关，比如产地水土、葡萄种类、修剪方式、采摘季节、当年天气等等。

虽然法国对葡萄酒的等级没有详细区分，但对产地却进行了严格的等级划分。比如酒瓶标签上的 Grand cru 表示“特级葡萄园葡萄酒”，Premier cru 是“一级葡萄园葡萄酒”，Village 代表“村庄级别葡萄酒”、Régional 则表示“地区级葡萄酒”。

波尔多葡萄酒口感细腻绵软，素有“法国葡萄酒皇后”的美誉。早在 1855 年巴黎召开世界万国博览会之际，当时的法国国王拿破仑三世就命令波尔多葡萄酒商会将波尔多产区的葡萄酒进行了等级鉴定，五大特级酒庄：Château Lafite-Rothshild、Château Margaux、Château Latour、Chateau Haut Brion 和 Château Monton-Rothshild 至今世界闻名。通常标有某某酒庄（Château）的葡萄酒，表明其品质有保障。

勃艮第葡萄酒口感浑厚有力，正好和波尔多葡萄酒的柔顺细腻对立，所以有“法国葡萄酒之王”的美称。勃艮第地区的绝大多数葡萄酒均属 AOC 级，大家尽可以放心挑选。

波尔多葡萄酒

波尔多葡萄酒瓶标签

勃艮第葡萄酒

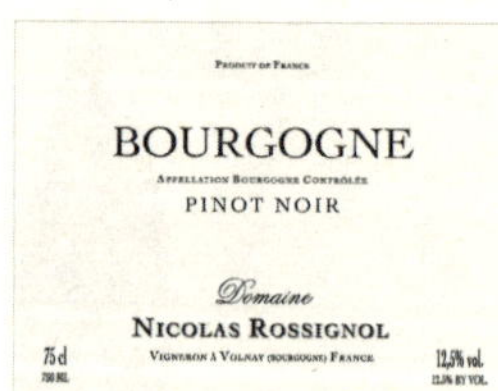

勃艮第葡萄酒瓶标签

法国白兰地 XO

（3）烈酒

对于饮酒很讲究的东道主，您也可以送一瓶威士忌、白兰地、朗姆酒或杜松子酒等。只是烈酒的价格普遍较高，尤其是享誉全球的名酒。建议根据自己的经济状况来决定。

如果您需要购买香槟、烈酒或葡萄酒，法国很多中、大超市都有出售，也可以去法国的烟草店（Tabac），或者法国最大、最著名的葡萄酒专营连锁店——尼古拉（Nicolas）专卖店购买，该店不仅销售葡萄酒和香槟，而且有酒杯、开瓶器等酒具出售。尼古拉葡萄酒专卖店已经有近 200 年的历史，遍布法国大小城市，仅在巴黎市中心就有 100 多家，在法国境内多达 500 家。在这里采购不仅便捷，而且质量有保障。

法国威士忌 Guillon

3. 糕点糖果

提到法国，我们就一定会想到法国人的浪漫和甜蜜。如果说时装、香水和美酒代表了法国人的浪漫，那么法国的糕点和糖果则代表了他们生活的甜蜜。所以，在法国人家里做客，送上一个特色蛋糕，一份美味点心作为饭后甜点，或者给有小孩的家庭送一盒精美的巧克力、特色糖果都是非常受欢迎的。法国的糖果糕点品种繁多，下面就给大家介绍几种方便购买且极具特色的经典产品。

法国朗姆酒 Neisson

（1）糕点

著名的糕点有百年老店 Dalloyau 推出的，带着浓浓的咖啡巧克力味的欧培拉蛋糕（Opéra）；有由苹果、砂糖和挞皮烘烤成的苹果挞（Tarte aux pommes）；还有由三层淡咖啡色的千层酥皮，夹两层芝士酱制成的诱人的千层饼（Mille-feuilles）；以及赋予法国大文豪普鲁斯特（Marcel Proust）撰写《追忆似水年华》（*À la recherche du temps perdu*）灵感的玛德莱纳（Madeleine）蛋糕等。

法国苹果酒

此外，还有几种富含寓意的传统经典美味甜点，比如，闪电泡芙（Eclair）不仅美味，人人喜欢，还有一

欧培拉

苹果挞

千层饼

玛德莱纳

闪电泡芙

舒芙蕾

Souffle

劳杜雷牌马卡龙

个美丽俏皮的故事：传说奶油和蛋糕结婚了，便有了奶油蛋糕，而面包从此就失恋了，它把对奶油的爱深深地埋进了心底，于是就有了泡芙。在法国传统庆典上，大小不同的象征着幸福的泡芙圆球被逐个累积成高高的泡芙塔，就成了法国人对满满的幸福的向往。而长条形的泡芙就成了圆形泡芙塔寂寞孤单的后代。

因原材料鲜奶和蛋白而得名的“蛋奶酥”甜点——舒芙蕾（Souffle），早在中世纪就诞生了。据说这种烤好的舒芙蕾要尽快品尝，否则二三十分钟之内就会完全塌陷，而且会破坏到它轻盈如云、入口若有若无的美妙感觉。事实上，并不是每个厨师都敢做舒芙蕾，因为稍有不慎，便会一败涂地，也不是每位食客都懂得吃舒芙蕾，因为稍有迟疑，便和它的美味擦肩而过。人们喜欢把它比喻成一个飘渺不定稍纵即逝的美梦，就像它的名字“吹气”，仿佛一声叹息，一时犹豫之际，眼前的一切立即化为乌有。

当今，世人趋之若鹜的法国名点大概要数马卡龙（Macaron）饼了，它被誉为“最具法国浪漫色彩的甜点”，甚至有人将其比喻为“少女的酥胸”，仅闻其名就已经令无数人浮想联翩，魂魄具散。据说 1533 年，美第奇家族的凯瑟琳（Catherine de Médicis），即后来的奥尔良公爵夫人（duchesse d'Orléans）将马卡龙从意大利带入凡尔赛宫的时候，马卡龙只是普通的杏仁蛋白饼而已，直到巴黎糕点师劳杜雷（Laudurée）的出现，这款甜饼才声名鹊起。他在杏仁蛋白饼中加入奶油和果酱，赋予了马卡龙外壳酥脆，内心柔软且略带粘性的丰富口感，从此，色彩缤纷的马卡龙一发不可收拾，成了风靡全球的经典。

不过，只有自己亲手制作的糕点才是独一无二，最受欢迎的礼物。

（2）糖果

在糖果领域，巧克力一直充当着非常重要的角色。法国著名的巧克力品牌主要有两个。一个是 Mathez 巧克力厂家（Chocolat Mathez）出产的松露巧克力（Truffe au chocolat），这种巧克力有各种口味，但其中 Truffles Chocmod 为著名的黑巧克力品牌，也是法国人最喜欢的十大巧克力品牌之一。外面一层松露粉带着一丝苦，里面的巧克力则带着一份甜，甘甜中夹杂着丝丝苦意，别有一番滋味，非常适合低甜度喜好者享用。松露巧克力比其它品牌的巧克力名贵，是法国人最喜欢的圣诞节礼物之一。另一个非常有名的法国巧克力品牌则是布鲁日的杰夫（Jeff de Bruges），Jeff 是巧克力公司领导者的名字缩写，而 Bruges 则是生产厂家所在地名。在法国各大城市都有它的连锁店，仅巴黎市中心就多达 20 家，其中一家店就开设在香榭丽舍大街上。

此外，法国的各色糖果也很出名，比如普罗旺斯艾克斯（Aix-en-Provence）出产

松露巧克力

布鲁日的杰夫巧克力

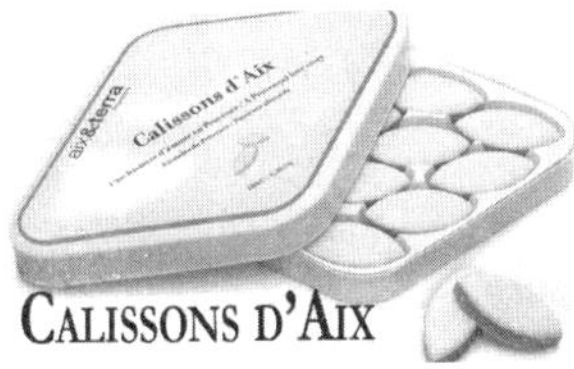

杏仁克丽松

的小杏仁克丽松（Calisson）饼，用料考究昂贵，价格相对较高，也是法国人赠送亲友的上好礼品。此外，还有各种水果软糖、黄油奶糖、冰栗子（Marron glacé）等等。

这些传统经典的法国糕点糖果在许多点心店或专卖店里均可找到，有的在各大超市就能买到，非常方便。

4. 其他

除了上面提到的礼物外，还可以送一份新颖独特的蜡烛，如果上面刻上有纪念意义的文字更好。如果彼此比较熟悉，送一幅别致并和主人家的装潢协调的相框，发送一张和主人的合影，或者放一张东道主的全家福都是不错的主意。列举一个自己的例子，两年前和久别的老房东见面，为了感谢他们以前对自己的热情接待，笔者特意在中国做了一个精致的相册，挑选了 20 张左右与房东及其家人的合影和生活照送给了老房东。他们非常开心，声称是一份最珍贵的礼物。对于喜欢烹调的主人，您也可以赠

送一套精美的瓶装调料。对于喜欢阅读的主人，完全可以选一本最新获奖的书籍相送。如果您是一个很有创意的人，也可以选一条浴巾或一套餐巾，亲自设计或绣好主人的名字后相送。如果您知道主人喜欢收藏酒，您也可以送一瓶市面上难以碰到的品牌酒。总之，只要主人喜欢，有纪念意义就好。

温馨提示：切记不要让收礼的人知道礼品的价格；礼品不必过于贵重，以免东道主觉得有压力；送礼时最好避开其他客人，以免给其他客人带来尴尬。此外，法国人接到礼物后，一般都会当着您的面打开。如果是鲜花，家庭主妇表达谢意后会立刻摆放到花瓶里；如果是糕点或酒类，通常都会在聚会的时候一起分享，除非主人预先准备了其他甜点；如果是巧克力或其他糖果，主人则会提议下次聚会时一起分享。这些都是法国人的传统习惯，千万别流露出惊讶之情。

五、餐桌礼仪

法国的饮食文化历史悠久，早在路易十四时期，法国的饮食外交已经闻名世界。当时的宫廷宴会以其精美奢华而风靡全球，据说餐桌一次可摆放两百道菜。直到法国大革命后，宫廷里的厨师纷纷沦为市井乡民，法国大餐才在民间得以传播。法国人认为，生活的艺术从餐桌开始，美好的一天则从早餐起步，因为只有坐在餐桌旁，人们的身体状态最放松，思想也最自由。于是，餐桌艺术和礼仪就成了法国饮食文化的重要组成部分，这一切在法国人的用餐程序、餐桌礼仪、餐具的摆放及其使用方面得到了淋漓尽致的展现。

（一）餐桌布置

法国人对餐桌艺术的一丝不苟首先体现在餐桌的布置上，场合不同要求不同，喜好不同，布置亦迥异，尽管如此，法国传统的餐桌摆放规则却一直延续至今。

1. 餐具摆放

如下图所示，首先，法国人对餐盘的尺寸、形状、功能和摆放形式均有要求。比如底部很浅的平盘，其直径通常在 24 公分左右，主要用于装饰，而且放在最下面。盛放主菜的盘子底部稍深，置于其上，必要的汤盘或汤碗则放在最上面。这种摆放形式和法国人的用餐顺序完全吻合。另外，还有专门放置点心的盘子，往往小巧精美，常常在享用正餐后使用，甚至不同的甜点有相应的盘子盛放。

其次，法国人对刀、叉、勺子和杯子的摆放同样一丝不苟。根据每种刀、叉、勺、杯子功能的不同，其摆放位置和排列顺序亦有差异。但一成不变的是，主菜平盘始终

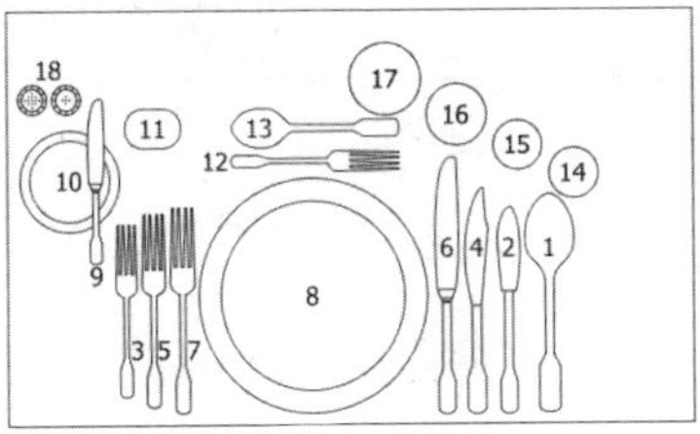

1 Cuiller à potage
2 Couteau à entremet
3 Fourchette à entremet
4 Couteau à poisson
5 Fourchette à poisson
6 Couteau de base
7 Fourchette de base
8 Assiette de base
9 Couteau à pain
10 Assiette à pain
11 Beurrier
12 Fourchette à dessert
13 Cuiller à dessert
14 Verre à vin pour l'entremets ou pour le dessert
15 Verre à vin blanc
16 Verre à vin rouge
17 Verre à eau
18 Salière et poivrière

1 汤勺	2 奶油刀	3 奶油叉	4 鱼刀	5 鱼叉	6 主餐刀
7 主餐叉	8 主餐盘	9 面包刀	10 面包盘	11 黄油蝶	12 甜品叉
13 甜品勺	14 甜点酒杯	15 白酒杯	16 红酒杯	17 水杯	18 调料瓶

放在餐席的正中心，盘上放置折叠整齐的餐巾，刀和勺子平行排列在盘子的右边，而且刀刃朝向主菜平盘，勺心向下；而各种叉子则平行摆放在盘子的左边，而且叉齿朝下。此外，各种刀叉的排列顺序完全按照上菜的先后顺序从外到内摆放，所以，使用刀叉时自然从外到里依次取用，并且随用随撤。面包盘通常放在来客的左手边，上面放置一把面包刀，主要供涂抹奶油、果酱等使用。各类酒杯和水杯则放在右前方，一般大号杯子用于喝水，放在最里面，其它则是酒杯，从里到外或从左到右依次是白葡萄酒杯，红葡萄酒杯和甜品酒杯，最多的时候一个人一次可以用到五种杯子。

在正式场合下，刀具、叉子和勺子又分好多种。比如，刀具有主菜用刀，顾名思义吃主菜时用，鱼刀则是切割鱼肉时专用，还有奶油刀等。叉子除了主菜叉、吃鱼用叉外，还有牡蛎和蜗牛专用叉等。勺子同样有多种：小的用于咖啡，蛋糕点心；扁平的用于涂抹黄油和分配蛋糕；尺寸较大的，用来喝汤或取用细碎的食物；最大的则为分食汤料时公用。

用餐结束后，还要记得将刀叉并排放在盘子上，而且注意叉齿朝上，表明自己吃好了。

2. 色调搭配

对于法国人来说，一次宴席就像一次人生的盛宴，庄严而热烈。佳肴尚未上桌，视觉的盛宴已经悄然上演，因为每一次的餐桌布局，都是主人艺术修养和智慧创意的凝结。法国人不仅喜欢展露自己的高超厨艺，而且喜欢展示自己的审美天分。

首先，法国人对餐饮用品的选购可谓精益求精，几乎家家户户的厨柜里都摆满了各式各样琳琅满目的精美餐具。有的家庭甚至拥有祖传的银质餐具，每逢重要庆典，或宴请贵客时都会拿出来使用。

比如，本人有幸在法国一位有名的老律师家小住，他家的厨房沧桑古老但宽敞明亮。据他本人讲，他很喜欢美食，所以对厨房的设施非常重视，即使是灶具也是选用当时饭店里才有的专业灶台，同时能开八个火头。

另外，法国人在桌布、餐具、餐巾、鲜花、花瓶、烛台、蜡烛和其它装饰品的花色品种和颜色的搭配上也是毫不含糊，甚至用足了心思。他们不仅关注这些餐具和装饰品之间的和谐美，而且还要考虑整个布局和宴会的主题是否密切相关。比如在圣诞节和元旦这样隆重喜庆的重大节日，餐桌的布置经常会选金色、红色、白色等。

另外，法国人常常根据宴会的重要程度或特性来确定自己所用餐具的风格色调。如果是朋友聚会，餐桌布置和餐具的选用朴素简约，赏心悦目即可；如果是具有特殊身份的贵宾来访，餐具格调则注重传统考究，营造一种隆重温馨的氛围。有的主人甚至会把珍藏已久的精美水晶杯和银质餐具拿出来使用。

（二）席位排列

法国人请客时，不仅重视餐桌的视觉效应，而且对宾客席位的安排也非常谨慎，尤其是在婚宴等盛大庆典场合。通常情况下，法国的宾客席位按照女士优先、长者优先、以右为尊、男女交叉、距离定位、职位高低和宴席性质的原则来排列。

首先，席位安排遵循女士优先的原则，第一主位总是留给女主人的，第二主位则给男主人，两人一般在中央席位面对面就座，主人右手席位即为上位，即贵宾席位，左手席位为次位。如下图所示，1、2、3代表宾客席位，1代表最尊贵的位子，依此类推。

另外，女性宾客在男主人的右边就座，其次是

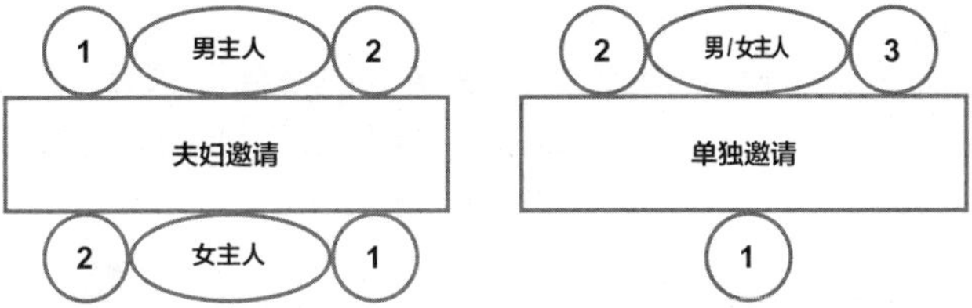

左边；男性宾客则在女主人的右边就座，其次是左边；应尽量避免同性宾客和夫妇俩面对面或肩并肩就座的局面，年轻夫妇除外。如果贵宾恰好是两对夫妇，为了公平起见，最好将一对夫妇中的女士，另一对夫妇中的男士分别安排在男女主人的右手上位。如果来宾是六个、八个成对出现，女主人则会主动向左移动一个席位，确保男女宾客能面对面、交叉就座，方便大家沟通交流。

但是，宴会的性质不同，相应的席位规则也会有差异。如果是朋友或家人聚会，根据年龄，年长者优先；如果不考虑年龄，相对家人和好友，初次来访的宾客优先；或者在亲朋好友之间，没有身份尊卑之别，大家一视同仁，席位没有主次之分，未尝不可。

如果是商务聚会，则根据大家的职位或社会地位的高低就座，或者根据大家的功绩大小排位。

总之，宾客的年龄、身份，宴会特性，以及是否初次造访等都是影响席位排列的重要因素，其中体现了主人热情好客的良苦用心，而应邀前来的亲朋好友只要服从主人、对号入座即可，切忌推三阻四给他人带来不必要的尴尬。

（三）用餐顺序

1. 开胃酒

通常，在各种聚会或庆祝活动上，东道主会一边招呼大家，一边等宾客的到来。在宴席正式开始之前，首先喝开胃酒，同时吃些小饼干、烤面包片等咸味小吃，让肠胃提前适应一下，这是宴席正式开始前的序曲。

2. 头菜

等所有宾客入席后开始上第一道菜，即头菜，通常是色拉、冷盘、或海鲜等冷菜，用中度深浅的盘子盛放；如果第一道菜是汤，那就要用专门盛汤、底部较深的汤盘和专门喝汤的大勺子；第一道菜吃完后，所有相关餐具就要全部撤走。

3. 主菜

第二道菜通常是主菜，也是热菜。需要用直径较大，底部较浅的大盘子盛放。其特点是一荤一素，也可以搭配面条或米饭。主菜无需太多汤汁，常常和法国传统面包和美味的葡萄酒相伴享用。等所有宾客的主菜盘子全部见底以后，主人会撤掉主菜所用餐具。

4. 奶酪

紧随主菜的是第三道程序，主人常常会拿出几种不同口味的奶酪供宾客选择，每位来客可根据自己的喜好和肚量有序取用，并用红葡萄酒相伴。

5. 甜点

奶酪过后通常是第四道程序，是饭后甜点的享用时刻。这时主人会换上一套小巧精美的甜点餐具，甜点的品种同样丰富多彩。要么是一个自制的特色蛋糕，要么是某位来客带来的法式传统糕点，大家一起分享。

6. 饮料

这么多美味佳肴下肚，需要一定的时间进行回味消化，主人会建议大家喝茶、咖啡或有助消化的酒，这也是法式宴席的最后一个节目。大家边喝边聊，直到曲终人散，一场盛宴才算正式结束。

（四）用餐礼仪

据法国人讲，评判一个人的修养如何，只要观察其用餐时的一举一动就了解得差不多了，可见，餐桌礼仪不可小觑。那么，用餐时该注意什么呢?

1. 耐心

用餐时要有足够的耐心，尤其是男士，一定要等主人招呼用餐（A table！）时，再去餐桌旁就坐。另外，等主人和所有宾客开始用餐时，自己再开始，既然头菜通常都是冷菜，就更不用着急了。

2. 坐姿

在餐桌旁就坐，首先把身体挺直，千万别懒洋洋地瘫坐在椅子里；其次，胳膊和身体自然平行摆放，胳膊肘悬空，只要将双手自然地摆放在桌边即可，切记一只手放在桌子上，另一只则藏在桌下，更不能将两只手都藏在桌下，否则容易让人产生不必要的遐想。身体也不要左右或前后摇晃，有的人很喜欢随意跷二郎腿，不停抖动，这个坏习惯一定要避免。

3. 用餐

首先，餐巾是西餐中的一个重要道具，有信号指示作用。在正式宴会上，如果主人把餐巾铺在腿上就表示宴会开始；如果主人把餐巾放在桌子上，则暗示宴会结束了。那么，您只要把折叠好的餐巾放在盘子的左边即可。注意不要用餐巾擦拭涂有口红的嘴唇，这时最好用纸质餐巾。

其次，用餐时，右手持刀，左手拿叉，先用叉子把食物按住，然后用刀切成小块，再用叉送入嘴内。吃沙拉时用叉子，可右手拿叉，叉尖朝上。另外，取食面包时则直接用手去拿，不要用叉子插取。拿好面包后，放在旁边的小碟中或大盘的边沿上。给面包涂抹黄油时，应从面包上掰下一块，用刀抹上黄油后再吃。吃面包时，也只能用手掰成小块送入口中，千万不要用牙齿去啃咬。

此外，法国人对切奶酪也很讲究，比如圆饼形的奶酪要像切蛋糕一样，从圆心开始切入；其它形状如三角形、长方形或正方形的奶酪，则需要切割成相应的三角形、长方形或正方形的块状或片状即可。如果不知道怎么切，那就看看其他人，不露声色地照做就可以，千万不要随心所欲。

还有，吃牛排等肉类时，应从角落切入，吃完一块后再切下一块，遇到不想吃的部分或配菜，放在盘边即可。如果嘴里有东西需要吐出来，应该把叉子放到嘴边接出，或用手指取出，放在盘边，整个过程最好不要引起别人注意为好。

最后，享用美食时，切记不要嘴巴张得很大，不断发出咀嚼食物的声音；每次取用食物时，要适量，不要一次性嘴巴里全部塞满食物。此外，在餐桌上，大家避免不了聊些逸闻趣事，切忌满口食物时侃侃而谈。饮酒、喝水或喝饮料时，记得一次呷一小口，切忌大口往嘴里灌。喝汤时，尤其要注意，不要把汤勺整个送入口中，满桌的人都能听到牙齿和勺子的磕碰声，最好是嘴巴贴着勺子一角让汤汁慢慢流入口中，切忌一下子吸入口中，发出可怕的声响。尤其是吃面条时，切忌将长长的面条用叉高高挑起，伸长舌头去接，或者把嘴巴贴着盘边使劲吸入，发出阵阵吸溜声，引来他人异样的目光。正确的做法是将面条优雅地卷在叉子上，一次性送入口中。

4. 举止

法国人习惯在正式开饭前，主人给所有宾客道一声："祝你胃口好！"（Bon appétit！），您也要礼貌回应"Bon appétit"后就可以用餐了。不过，为了保险起见，最好等主人或其他宾客开始后自己再取用也不迟。如果您不知道自己是否可以用手直接取用食物时，那就用刀叉吧。如果遇到从来没吃过，又没把握的食物，最好先不露声色地观察下其他宾客怎么操作，千万别盲目行动。刀叉用完后可并排放在自己的盘子里，而不应再次放到桌布上，以免弄脏桌布，给主人增加额外的劳动。如果您需要他人帮忙，别忘了用"请……"（S'il vous plaît），或者"谢谢！"（Merci）。如果您想给菜里加点盐和胡椒粉，最好一次性放足了。如果您还想多喝点酒或其它什么饮料，那就先把杯子清光再说。如果您不想要了，那就给杯子里有意留点。女士切忌在杯子上留下口红唇印。

在席间谈话时，不要求将刀、叉放下。但是，如果你讲话时喜欢手舞足蹈，那就最好先把刀叉放下再说，切忌用刀叉在空中比划。

此外，用餐时禁止抽烟；取用食物时，和餐盘保持适当距离，千万别把脑袋伸进盘子；不要当众剔牙，如果确实需要，可以和大家说声对不起，去卫生间进行处理；不要把钥匙、钱包、手机等私人或贵重物品放在餐桌上，更不能随意在餐桌旁打电话。如果需要打电话或接电话，最好先和大家说声打扰后再离开餐桌到僻静的角落或卫生间进行。

5. 言谈

法国人的一场宴席常常会持续好几个小时，大家都有边吃边谈的习惯，但是注意最好不要涉及性生活、政治观点、宗教信仰等敏感话题，也不要谈论他人的隐私、疾病和痛苦。恰到好处的谈吐常常是个人修养和优雅气质的最好诠释。

六、居家礼仪

（一）物品收纳

第一，个人物品：衣物，洗漱等个人用品定点摆放，不要擅自动用或拿取他人用品。第二，住家提供的物品，如床上用品等收放整齐，保持床铺整洁，不要随意摆放杂物。第三，杂物定点摆放，并定期及时清理。

（二）作息习惯

第一，早晚定时起床就寝，自备闹铃，早上起床后主动和住家礼貌问好，晚上就寝前记得道声晚安。第二，遵守开饭就寝时间，不搞特殊化。如果自己先吃完，最好等他人吃完，帮忙收拾下餐盘、餐桌再离开。如果有什么急事必须提前离开，也要和主人打声招呼，说声“对不起”（Pardon）再离开。第三，自身的行为习惯不要妨碍他人生活。比如，晚上用电脑、手机，清晨阅读，听音乐或其他活动千万注意。

（三）卫生习惯

第一，自己的衣物请主动、及时、定期清洗，脏衣物要定点摆放，切记不要随意丢放。通常住家都会提供一个专门存放脏衣服的箩筐。第二，使用卫生间后应恢复原样：马桶用完及时冲洗，洗手台面，镜面保持干净无水渍，洗澡后浴具擦干，按原位摆放，地面保持整洁。第三，进出房门要轻声关门，不要在楼道里大声和朋友聊天打电话。第四，请不要把阳台变成晾晒衣服的地方，也不要在天台或阳台上搞户外烧烤，或者高声闲聊，更不能往楼下乱丢东西。第五，不要随意搬动室内家具，不宜当着房东的面对室内装潢有所挑剔，保证家用电器在租期正常运转，损坏物品应及时照价赔偿。第六，最后离开时，应把房间彻底地清扫一次，并将所有物品归还原位。

总之，居住在他人家里，首先要了解住家的生活习惯，并尽量按照住家的作息习惯生活。其次，保证自己的房间和公用地方整洁有序。最后，遇到不懂的地方，随时礼貌请教。尽量给自己和他人营造一个温馨的居住环境。

第三部分 法语交际

一、法语地区

法国的官方语言为法语。法语被誉为世界上最美丽的语言，并冠以“贵族语言”的美称。法语既是联合国的工作语言，同时也是欧盟 27 个成员的官方语言，在欧盟使用最多的语言中排名第二。根据法语国家国际组织（Organisation internationale de la Francophonie），简称“OIF”或“La Francophonie”的统计，世界上讲法语的人口达 2 亿多，其中 1 亿多人完全讲法语，超过 7000 万人把法语作为第二语言。1990 年，该组织将 3 月 20 日设定为“国际法语日”（Journée internationale de la Francophonie）。2010 年，联合国又将这一天确定为“联合国法语日”。如今，法语的分布遍及世界五大洲，法语国家和地区联盟已经发展到 57 个国家和政府。

La francophonie

法语国家与地区在全球的分布

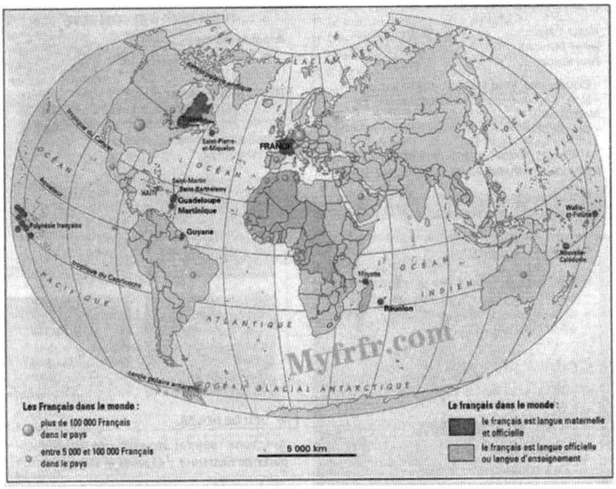

（一）以法语作为官方语言的国家

北美：加拿大（魁北克）Canada（Québec）、海地 Haïti

大洋洲：瓦努阿图 Vanuatu

南美洲：法属圭亚那 Guyane française

欧洲有 5 个国家：

法国 France	摩纳哥 Monaco	瑞士 Suisse	比利时 Belgique	卢森堡 Luxembourg

非洲有 21 个国家：

刚果（金） Congo Démocratique	刚果（布） Congo Brazzaville	科特迪瓦 Côte d'Ivoire	布基纳法索 Burkina Faso
卢旺达 Rwanda	中非 Centrafrique	多哥 Togo	几内亚 Guinée
马里 Mali	乍得 Tchad	喀麦隆 Cameroun	贝宁 Bénin
尼日尔 Niger	布隆迪 Burundi	塞内加尔 Sénégal	吉布提 Djibouti
科摩罗 Comores	塞舌尔 Seychelles	马达加斯加 Madagascar	加蓬 Gabon
赤道几内亚 Guinée équatoriale			

（二）通用法语的国家和地区

欧洲：安道尔 Andorre

非洲有 5 个国家：

阿尔及利亚 Algérie	毛里塔尼亚 Mauritanie	毛里求斯 Maurice	摩洛哥 Maroc	突尼斯 Tunisie

法国的海外领地及其具有特殊地位的地方行政区：

留尼汪 Réunion	马提尼克 Martinique	瓜德罗普 Guadeloupe	法属圭亚那 Guyane française
法属波利尼西亚 Polynésie française	新喀里多尼亚 Nouvelle Calédonie	瓦利斯和富图纳 Wallis-et-Futuna	圣皮埃尔和密克隆 Saint-Pierre-et-Miquelon

二、日常会话

（一）见面问候 Salutations

- Bonjour Madame/Monsieur!
- Bonjour !
您好，女士 / 先生！
你好！
- Enchanté(e).
- Je suis content(e) de vous connaître.
很荣幸认识你！
很高兴认识您 / 你们！
- Comment allez-vous ?

- Je vais bien. Et vous ?
- Moi aussi, merci.

您最近过得怎么样?
我很好。您呢?
我也很好，谢谢。

- Salut, Louis. Salut.
- Ça va ?
- Ça va. Et toi ?
- Bien.

你好，路易。你好。
你好吗?
还行。你呢?
很好。

- Tu vas bien ?
- Je vais bien.

你好吗?
我很好。

Salut. /Au revoir./ A demain. /A bientôt.
再见。/ 再见。/ 明天见。/ 一会儿见。

（二）自我介绍 Se Présenter

- Bonjour, je m'appelle Julie. Et toi, tu t'appelles comment ?
- Simon.

你好，我叫朱丽。你呢? 你叫什么名字?
西蒙。

- Vous vous appelez comment ?
- Lucie.

您叫什么名字?
吕西。

- J'ai 12 ans. Et toi, tu as quel âge ?
- Comme toi, j'ai 12 ans aussi.

我 12 岁。你呢，你几岁?
和你一样，我也 12 岁。

- Qu'est-ce que tu fais ?
- Je suis collégien.

你是做什么的?
我是初中生。

- Tu es français ?
- Non, je suis chinois.

你是法国人吗?

不是，我是中国人。

- Tu habites où ?
- J'habite à Paris.

你住在哪里?

我住在巴黎。

- Tu as un e-mail ?
- Oui, c'est fanny@gmail.com

你有邮箱吗?

是的，是 fanny@gmail.com

- Quel est ton numéro ?
- 06 33 21 88 66

你的电话是多少?

06 33 21 88 66

（三）兴趣爱好 Goûts personnels

- Qu'est-ce que tu aimes ?
- J'aime faire du sport. J'aime bien le tennis, et vous ?

你喜欢什么?

我喜欢运动。我喜欢网球，您 / 你们呢?

- Qu'est-ce que tu préfères ? Le film ou le théâtre ?
- Le film.

你更喜欢什么? 电影还是戏剧?

电影。

- Vous aimez le golf ?
- Oui, je l'aime beaucoup.

您喜欢高尔夫吗?

是的，我非常喜欢高尔夫。

- Tu veux faire un jeu vidéo avec moi ?
- Oui, je veux bien.

你想和我一起打电子游戏吗?

是的，我非常喜欢。

- Tu veux aller au cinéma avec moi ce soir?
- Non, merci. Je ne peux pas, je suis pas libre. Je vais faire mes devoirs.

你今晚想和我一起看电影吗?

不用了，谢谢。我不能去，我没有空。我要写作业。

（四）作息习惯 Habitudes quotidiennes

- Quelle heure est-il ?
- Il est une heure et demie.

几点了?

一点半了。

- Tu te lèves à quelle heure ?
- Je me lève à 7h15.

你几点起床?

我七点十五分起床。

- Tu prends la douche le matin ou le soir ?
- Le matin.

你是早上洗澡还是晚上洗澡?

早上。

- A quelle heure commencent les cours?
- A 8h30.

几点上课?

八点半。

- Quand tu regardes la télé ?
- Vendredi soir.

你什么时候看电视?

星期五晚上。

- Tu fais quoi à midi ?
- Rien, je me repose.

你中午做什么?

什么也不做，我休息。

- Quel jour sommes nous ?
- Lundi.

今天星期几?

今天星期一。

- C'est quand, ton anniversaire ?
- Le 1er octobre 1980.

你的生日是什么时候?
1980 年 10 月 1 日。

(五) 饮食习惯 Habitudes culinaires

- Qu'est-ce que tu prends au petit déjeuner ?
- Du pain ou des croissants, du lait et un chocolat chaud.
- Et vous ?
- Je ne prends pas le petit déjeuner, mais je bois un café.

你早饭吃什么?
面包或羊角面包，牛奶和一杯热巧克力。
您呢?
我不吃早饭，但是喝一杯咖啡。

- Qu'est-ce que vous prenez au déjeuner ?
- Du bœuf et des frites.

您午饭吃什么?
牛肉和薯条。

- Vous prenez quoi comme boisson ?
- Un jus de fruit.

您喝什么?
一杯果汁。

- Vous déjeunez chez vous ou à l'école ?
- Parfois chez moi, parfois à l'école.

您在家还是学校吃午饭?
有时候在家，有时候在学校。

- A quelle heure dînent les français ?
- A 8h00 environ.

法国人几点吃晚饭?
8 点左右。

- Tu veux un dessert ? Du fromage ? Un yaourt ? Une glace ?
- Non merci. J'ai bien mangé. Tout est très bon.

你要点心? 一点奶酪? 一杯酸奶? 一份冰淇淋?
不用了，谢谢。我吃好了。所有的东西都很好吃。

(六) 家庭介绍 Présentation de la famille

- Voilà mon adresse : 5, rue de Paris, 91230 Montgeron.

这是我的地址：蒙日龙，巴黎路 5 号，邮编 91230。

- C'est ma famille. Nous sommes cinq dans la famille, ma maman, mon papa, mon grand frère, ma petite sœur et moi. Mes parents sont professeurs, ils travaillent dans la même université. Mes grands-parents sont en retraite. Ils habitent loin de chez moi.

这是我的家庭。总共 5 口人，我的妈妈、爸爸、哥哥、妹妹和我。我的父母都是教师，他们在同一所大学工作。我的爷爷奶奶退休了。他们住的离我家较远。

- Voilà, j'habite ici. Entrez ! C'est le salon. Là, la salle à manger et la cuisine. Et les toilettes sont là. Voilà les trois chambres : la chambre de mes parents, la chambre de mon petit frère et ma chambre. Il y a encore deux salles de bain.

我就住在这里。请进！这是客厅。那儿是厨房和餐厅。卫生间在那儿。这是 3 间卧室：我爸妈的房间、我弟弟和我的房间。还有 2 个浴室。

（七）咨询线路 Demander son chemin

- Pardon, Monsieur. Il y a une poste près d'ici ?

- Oui, tout près d'ici. vous allez tout droit, et traversez la rue de Paris au feu rouge, juste après la banque ; et c'est la première rue à droite, en face du théâtre !

对不起，先生。附近有邮局吗？

有，就在附近。您一直往前走，在红灯处，穿过巴黎路，过了银行就是；也就是右边第一条街，剧院对面！

- Bonjour, Madame. La gare de Lyon, s'il vous plaît ?

- Faites trois cents mètres. Prenez la deuxième rue à gauche, tournez à droite après le feu. Vous allez la voir.

您好，夫人。请问里昂火车站怎么走?

有 300 米。走左手第二条街，过红绿灯右拐就看到了。

- Paul, où est la salle de réunion ?

- Suis la flèche, tu vas voir le café Sophie, la salle est à côté, sur ta gauche.

保尔，会议厅在哪里?

顺着箭头方向走，你就会看到索菲咖啡馆，会议室就在旁边，在左手边。

（八）学校生活 Vie scolaire

- Tu es dans quelle école ?

- Le collège Hugo. Et toi ? Le lycée Voltaire.

你在哪所学校?

雨果初中。你呢? 伏尔泰中学。

- Où se trouve votre école ?

- En banlieue de Paris, à 10 km du centre ville.

你们的学校在哪儿?

在巴黎郊区，距离市中心 10 千米。

- Combien d'élèves y a-t-il dans votre école ? 2000 élèves environ.
- Qui est ton professeur principal ?
- Madame Labbé, prof d'anglais, elle est très gentille avec nous.

你们学校有多少个学生？ 2000 名左右。
谁是你们的班主任?
拉贝女士，英语老师，她对我们很好。

- Ramy, le délégué, mon meilleur copain de classe, il est très fort en chinois.
- J'adore le français, les maths et l'histo-géo.

拉米，班长，我最要好的同学，他的汉语非常好。
我喜欢法语、数学和史地。

- Avez-vous combien d'heures de cours ?
- 35 heures par semaine.

你们有几节课?
每周 35 节。

- On a des cours tous les jours sauf le dimanche et le mercredi après-midi.

我们每天有课，除了星期天和星期三下午。

（九）商店购物 Achats

- Bonjour Mademoiselle, vous désirez ?
- Bonjour Monsieur, je cherche une chemise blanche.

您好，小姐，您要什么?
您好，先生，我想买一件白衬衣。

- Qu'est-ce que vous cherchez ?
- Une BD pour mon fils.

您在找什么?
给我的儿子找一本连环画。

- C'est la semaine du T-shirt. 3 T-shirts pour le prix de 2.

本周是 T 恤衫打折周。3 件 T 恤衫只要支付 2 件的价格。

-Tout est en solde, 50 % de réduction sur tous les produits.

所有商品打 5 折。

- Ça fait combien au total ?
- 220 euros.

总共多少钱?
220 欧元。

- Pardon, vous payez comment ? En espèce, par chèque ou carte bancaire ?

对不起，请问，您怎么付费? 现金、支票还是银行卡?

- Je préfère payer par carte bleue.
我更喜欢用蓝卡（银行卡）。

- Allons au supermarché Auchan. Voilà la liste d'achats : Un kilo de pommes de terre, pour faire des frites, c'est mon plat préféré. Un litre de lait, une douzaine d' œufs frais, un gros morceau de bœuf, et une boîte de chocolats pour partager avec des amis !

我们去欧尚超市吧。这是购物单：1 千克土豆，炸薯条用，是我喜欢的。1 升牛奶、1 打新鲜鸡蛋、1 大块牛肉、以及 1 盒巧克力和朋友一起分享！

（十）天气预报 Météo

- Quel temps fait-il ?
- Il fait très froid.
天气怎么样?
很冷。

- Que dit la météo?
- Il fera mauvais la semaine prochaine, il va neiger. Mais on peut faire du ski.
天气预报怎么说?
下周天气不好，有雪。但可以滑雪。

- Hier, il a plu toute la nuit. C'était un temps de chien.
昨晚下了一夜的雨。天气糟糕透了。

- Aujourd'hui, il fait un temps magnifique, il y a beaucoup de soleil, pas de vent, pas de nuage, le ciel est très bleu.
今天晴天，阳光灿烂，没风，天空湛蓝，万里无云。

- Le printemps est la meilleure saison pour moi. Il ne fait ni chaud ni froid.
对我来说，春天是最好的季节。不冷也不热。

- En été, il fait très chaud, il pleut souvent aussi, mais on peut nager.
夏天很热，经常下雨，但可以游泳。

- Il fait combien ?
- Il fait -10° （moins dix degrés）.
多少度?
零下 10℃。

- Quelle est la température ?
- La température est au dessous de zéro.
气温几度?
气温低于 0℃。

（十一）餐馆点菜 Au restaurant

- Garçon ! La carte, s'il vous plaît.
- Voilà madame.

服务员，请拿菜单来。

夫人，这是菜单。

- Quel est le plat du jour ?
- Des moules avec des frites.

今天的特色菜是什么?

贻贝和薯条。

- Pour l'entrée, un concombre à la crème, un melon au jambon.

前菜有奶油黄瓜和火腿甜瓜。

- Et comme plats ? Qu'est-ce qu'il y a ?
- Du bœuf, du poisson, du mouton grillé etc.
- Alors, du veau avec des tomates pour moi.

有什么主菜?

有牛肉、鱼、烤羊肉等等。

那给我来份番茄烧小牛肉。

- Je prends une côte de bœuf grillée.

我要一份烤牛排。

- Quelle cuisson ? A point, saignant, ou bien cuit ?
-À point.

几分熟? 恰到好处、带血的、还是煮熟的?

恰到好处。

- Ils sont bons, les plats?
- Très délicieux.

菜好吃吗?

很好吃。

- Vous désirez du vin ?
- Oui, un bordeaux. Merci.

您要葡萄酒吗?

好的，来杯波尔多酒吧。谢谢!

- Qu'est-ce que vous voulez comme desserts ?
- Je voudrais une crème caramel.

您想要什么点心?

我想要焦糖奶油。

-À votre santé /A la santé ! / Santé!/ Tchin tchin!
为健康干杯!

- L'addition, s'il vous plaît.
服务员，买单。

（十二）电话预约 Rendez-vous téléphonique

- C'est le cabinet Leblanc, bonjour.
- Bonjour, je voudrais prendre rendez-vous avec monsieur Marc Dupont.
- Oui, ce serait pour quand ?
- Cette semaine, ce serait possible ?
- Attendez, je vérifie son emploi du temps... Mercredi, c'est possible l'après-midi après 15 heures.
- Mercredi après-midi, ça va être difficile pour moi...
- Sinon, je peux vous proposer vendredi dans l'après-midi à 15h30, ça vous irait ?
- Ok, c'est parfait.
- Alors, je vais prendre votre nom.
- Thierry.
- Bien. Excusez-moi. Je confirme. Monsieur Thierry, rendez-vous le vendredi 14 mai à 15h30 avec monsieur Dupont.
- Merci. Bonne journée.
- Merci à vous aussi. Au revoir.

您好，这里是勒布朗事务所。
您好，我想和马克·杜邦先生预约一下。
好的，什么时候?
这个礼拜，可以吗?
等等，我看下他的工作安排……，星期三下午三点以后是可以的。
星期三下午对我来说有点困难。
要不，星期五下午三点半，您看可以吗?
很好。
好吧，我记下您的名字。
梯也尔。
不好意思，我再和您确认下。梯也尔先生，5 月 14 日星期五下午三点半约见杜邦先生。
谢谢，祝您一天过得愉快。
也谢谢您。再见。

（十三）银行开户 Ouvrir un compte bancaire

- Bonjour, j'ai pris un rendez-vous, ce serait pour ouvrir un compte bancaire.
- Oui, bien sûr. C'est Mademoiselle Lili, c'est ça ?

- Oui, c'est bien ça.

- Avez-vous votre passeport ?

- Oui, voilà.

- Un justificatif de domicile, s'il vous plaît.

- Oui, j'en ai, voilà.

- Merci. Nous avons les cartes MasterCard et VISA, laquelle désirez-vous ?

- Laquelle est meilleure ?

- La carte Visa est plus internationale.

- Alors, je vais prendre la VISA.

- D'accord. Je vais vous ouvrir un compte courant avec une carte VISA.

- Mais faites attention, votre compte ne peut pas être négatif.

- C'est bon. Mon compte est toujours positif.

您好，我和你们约好了，想在贵行开设一个账户。

好的，没问题。您是李莉小姐?

是的，是我。

您带护照了吗?

是的，给您。

请给我您的住宿证明。

我有，给您。

谢谢。我们这里有万事达卡和 VISA 卡，您想要哪种?

哪种更好?

VISA 卡在国际上更通用。

那就 VISA 卡吧。

好的。那我就用 VISA 卡给您开户了。

切记账户金额不要出现负数。

没问题。我的账户上一直都有余额。

（十四）电信邮局 Télécom et Poste

- Bonjour mademoiselle, j'aimerais envoyer cette lettre en Chine par avion, ça coûte combien ?

- 20 grammes, c'est 6,70 euros environ. Monsieur.

您好，小姐。我想寄一封航空信到中国，价格是多少?

20 克以内，大约 6.70 欧元。先生。

- En effet, j'attends un colis de Lille. Voici mon passeport et mon titre de séjour.

- Voulez-vous signer le formulaire ? Voici votre colis.

不瞒您说，我在等从里尔寄来的包裹。这是我的护照和居住证。

请您在包裹单上签名好吗? 这是您的包裹。

- Pour finir, je souhaiterais envoyer ce pli en recommandé à Londres.

- Remplissez l'adresse complète en lettres capitales.

最后，我想把这封挂号信寄到伦敦。

请您用大写字母填写一下详细地址。

（十五）车站购票 Achat de billets de train

- Bonjour, je voudrais un aller simple pour Paris, s'il vous plaît.

- Oui, mais pour quel jour ?

- Mercredi prochain. Le 3 juillet à neuf heures environ.

- Vous avez un train qui part à huit heures quinze, arrivée à Paris à neuf heures quarante-cinq. Il y en a un autre à neuf heures trente, arrivée à Paris à onze heures···

- Je vais prendre le premier.

- Oui, vous voyagez en première ou en seconde ?

- En seconde.

- Vous avez une réduciton ?

- Non.

- Alors, ça vous fera 34 euros.

- Tenez.

- Merci, bon voyage.

- Merci, au revoir !

您好，我想要一张到巴黎的单程票。

好的，要哪天的?

下个礼拜三。7 月 3 号 9 点左右。

有一趟 8 点 15 分出发，9 点 45 分到巴黎的火车。还有一趟 9 点 30 分出发，11 点到巴黎的，……

我坐第一趟吧。

好，您要一等还是二等车厢?

二等吧。

您有优惠卡吗?

没有。

一共 34 欧元。

给您。

谢谢，旅途愉快。

谢谢，再见。

- Bonjour monsieur, un carnet de tickets, s'il vous plaît.

- 14,90 euros, s'il vous plaît.

您好，先生，请给我一本 10 次票。

一共 14.90 欧元。

（十六）求医看病 Consulter le médecin

- Bonjour monsieur, en quoi puis-je vous aider ?

- Bonjour, je ne sais pas ce que j'ai. J'ai très mal au ventre.

- D'accord, je vais vous examiner. Couchez-vous sur la table. Si je vous touche ici, vous avez mal ?

- Non, c'est là, un peu plus bas.

- D'accord, je vois. Asseyez-vous. Mettez votre dos droit. Respirez un bon coup, je vais vérifier vos poumons.

- C'est bon, ouvrez la bouche, tirez la langue, dites ahhh.

- Excellent, ça me semble bien. J'espère que vous n'avez pas peur des piqûres, nous allons prendre une prise de sang pour une analyse. Je vais vous téléphoner demain pour obtenir le résultat.

- Merci à vous. Bonne journée.

您好，先生，需要帮忙吗?

您好，我不知道怎么回事，肚子好疼。

好，我给您检查一下。请躺下。按这里，疼吗?

不，这里，再往下一点。

好的，我知道了。请坐。背挺直。深呼吸，我检查一下您的肺。

好，请张口，伸舌头，说“啊”。

好，一切正常。我希望您不怕扎针，我们需要对您抽血化验。关于化验结果我明天打电话告诉您。

谢谢您。祝您一天过得愉快。

（十七）药店买药 A la pharmacie

- Bonjour, madame, je voudrais quelque chose pour la digestion, s'il vous plaît.

- Oui, monsieur. C'est pour qui ?

- C'est pour moi. J' ai mangé quelque chose que je n'ai pas digéré. Je voudrais aussi quelque chose pour mon rhume.

- Vous avez de la fièvre ?

- Non, je ne crois pas.

- Voilà, je vais vous donner ceci. Vous prenez deux comprimés, deux fois par jour.

- Vous toussez ?

- Oui, j'ai mal à la gorge.

- Alors, je vais vous donner un sirop qui est très efficace. Vous pouvez prendre une cuillerée à soupe de sirop, trois fois par jour.

- Merci beaucoup. Au revoir.

您好，夫人，我想买点帮助消化的药。

好的，先生。给谁用呢?

给我自己。我好像吃了什么难消化的东西。再买些治感冒的药。
您发烧吗?
我想没有。
这是给您的药。每天 2 次，1 次 2 片。
您咳嗽吗?
是的，喉咙疼。
这是止咳糖浆，非常有效。1 天 3 次，1 次 1 汤勺。
非常感谢。再见。

（十八）旅馆住宿 A l'hôtel

- Bonjour Monsieur.
- Bonjour Madame. Je voudrais une chambre pour deux personnes, s'il vous plaît.
- Vous avez réservé ?
- Non, nous n'avons pas réservé. L'hôtel est complet ?
- Vous avez de la chance : il me reste une chambre double avec salle de bain.
- Vous pensez rester combien de nuits ?
- Nous resterons deux nuits.
- Et vous prendrez le petit déjeuner ?
- Oui, et à quelle heure est le petit déjeuner ?
- De 8 heures à 10 heures dans la salle à droite.
- Est-ce qu'il y a un réveil dans la chambre ?
- Non, mais je peux faire sonner le téléphone pour vous réveiller.
- Très bien. Alors nous aimerions être réveillés à 8 heures demain matin.
- C'est noté. Voici votre clé. C'est la chambre 45 au premier étage.

您好，先生。
您好，夫人。我想要一个两人间。
你们预订过吗?
没有。住满了?
你们很幸运，这里正好有一个带浴室的双人房间。
你们打算住几个晚上?
两个晚上。
你们在这用早餐吗?
是的，早餐是几点?
八点到十点，就在右边大厅里。
房间有闹钟吗?
没有，但是我可以通过电话叫醒你们。
很好。麻烦明天早上八点叫醒我们。
记下了。这是你们的钥匙。房间在二楼，45 号。

三、法语信件

在法国，男性名字常见的有“Michel，Philippe，Olivier，Julien…”。女性名字主要是“Sophie，Hélène，Amélie，Claire…”。法国人的名字虽然单一，但姓氏却是千变万化的。书写时通常名在前，姓在后，并且以大写形式出现。如今在我们的生活中，最常见的信件有以下三种形式。

（一）邮件 E-mail

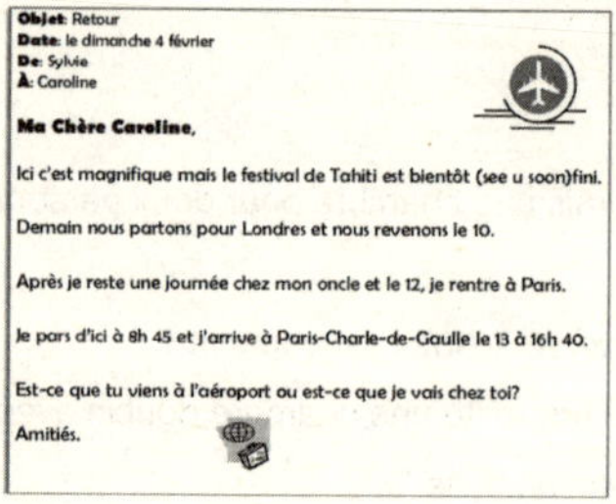

Objet: Retour
Date: le dimanche 4 février
De: Sylvie
À: Caroline

Ma Chère Caroline,

Ici c'est magnifique mais le festival de Tahiti est bientôt (see u soon)fini.

Demain nous partons pour Londres et nous revenons le 10.

Après je reste une journée chez mon oncle et le 12, je rentre à Paris.

Je pars d'ici à 8h 45 et j'arrive à Paris-Charle-de-Gaulle le 13 à 16h 40.

Est-ce que tu viens à l'aéroport ou est-ce que je vais chez toi?

Amitiés.

（二）明信片 Carte postale

假设您打算给朋友或家人邮寄一张明信片，常用格式如下：

________ville, date（城市，日期）
______Formule d'appel（称呼）
____
______________________________Le corps de la lettre（信文）
______Salutations（信末用语）
______Signature（签名）

例如：

> Lyon, le 1er décembre 2017
>
> Cher Paul,
>
> Merci pour votre jolie carte de vœux. Je n'écris pas souvent, mais je n'oublie pas les amis et je pense beaucoup à vous.
>
> Je vous souhaite une bonne et heureuse année 2018 et une excellente santé.
>
> Bonne chance pour vos projets !
>
> Avec toute mon amitié.
>
> Thomas

（三）贺卡 Carte de vœux

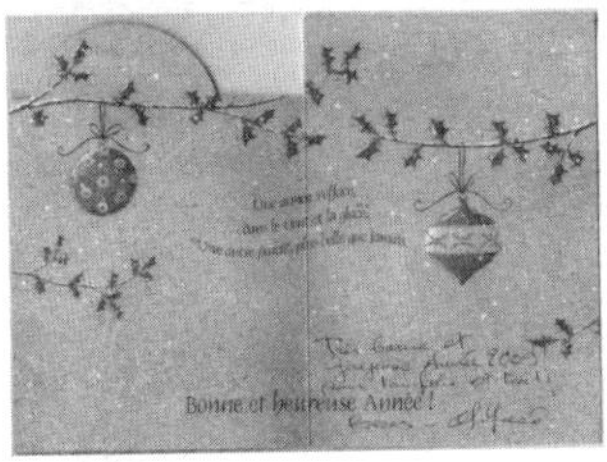

（四）书信 Correspondance

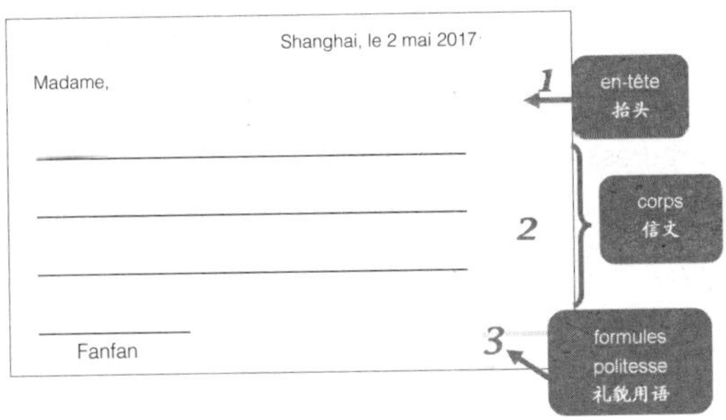

1. 抬头 L'en-tête

在信纸的右上方书写发信人的地名和时间（按日、月、年的次序）。

2. 信文 Le corps de la lettre

（1）给不太熟悉的人或年长者写信，开头称呼使用：

Monsieur，Madame，Mademoiselle

注：A. 不要使用缩写 M.（先生），Mme（女士），Mlle（小姐）。

B. 只写称呼，不加姓名。

C. 称呼后加逗号，而不是冒号。

（2）给熟悉的人写信，开头称呼使用：

Cher Monsieur，Chère Madame...，但不能写成 Mon cher Monsieur...

（3）称呼之后另起一行写正文，正文开头通常缩后五个字母书写。

3. 结尾 Formules finales

（1）给不熟悉的人写信使用：

Je vous prie d'accepter l'expression de mes sentiments les meilleurs.

Veuillez agréer, Monsieur, l'assurance de mes sentiments distingués.

（2）给熟悉的人或亲友写信使用：

Amicalement !

Cordialement !

Bien à toi !

Bisous !

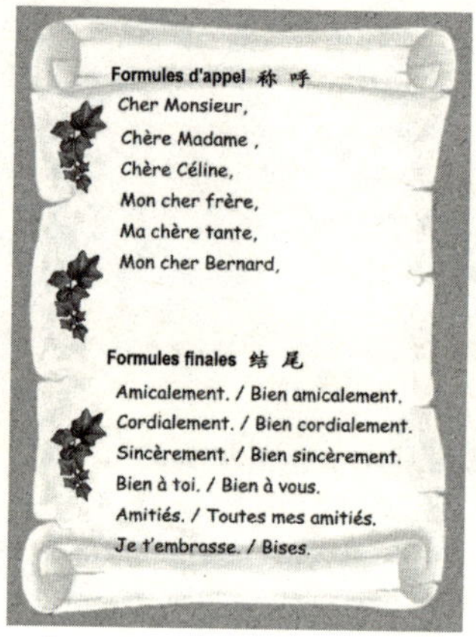

4. 写信封 Ecrire l'adresse sur l'enveloppe

收信人地址写在信封正面中间位置，发信人地址写在信封背面上方位置。顺序按人名、门牌和街道、邮政编码和城市、国家书写。邮票贴在信封正面右上角。

par avion（航空） timbre（邮票）

Madame Estelle DURACE （收信人）
10，rue du Vieux-Pont
13012 Marseille
France

Expéditeur（发信人）：Fanfan

Adresse（地址）：3, rue de Su Zhou, 21350 Shanghai, Chine

第四部分 法国景点

法国面积不大，却处处景色迷人。科西嘉岛（Corse）美丽的海滨，阿尔卑斯山（Alpes）和比利牛斯山（Pyrénées）热闹的雪场，普罗旺斯（Provence）鲜花般的世界，阿维尼翁（Avignon）的乡村风光，尼斯（Nice）迷人的蓝色海岸线，波尔多（Bordeaux）的美味葡萄酒、神秘的圣米歇尔岛（Ile Saint-Michel）等，都无愧为世界旅游胜地。

一、巴黎景点

法国首都巴黎是世界上最繁华的都市之一。巴黎位于法国北部巴黎盆地的中央，横跨塞纳河两岸，属温和的海洋性气候，夏无酷暑，冬无严寒，气候宜人。

巴黎有小巴黎、大巴黎之分。小巴黎指大环城公路以内的巴黎市区，人口 200 多万。大巴黎包括市区及周围的 7 个省：上塞纳省（Hauts-de-Seine）、瓦勒德马恩省（Val-de-Marne）、塞纳 - 圣但尼省（Seine-Saint-Denis）、伊夫林省（Yvelines）、瓦勒德瓦兹省（Val-d'Oise）、塞纳 - 马恩省（Seine-et-Marne）和埃松省（Essonne），它们共同组成巴黎大区，这片地区在古代就被称作“法兰西岛”（Ile de France），人口有 1000 多万，占全国人口的六分之一。

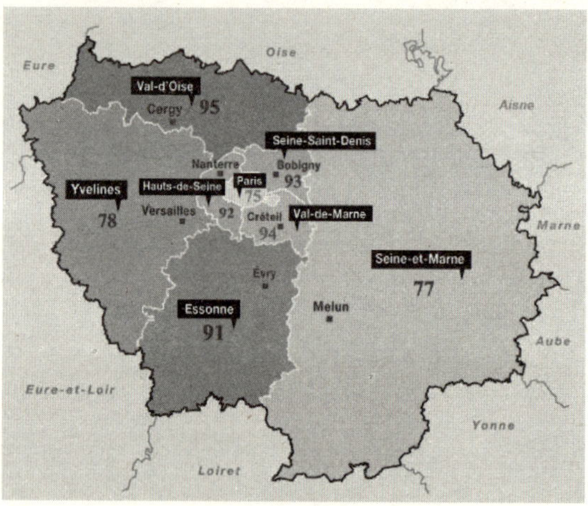

大巴黎区地图

（一）各区景点

巴黎市共划分为 20 个区，以卢浮宫及西岱岛（Ile de la Cité）的一部分为中心，呈螺旋状、按顺时针方向，向外扩展。

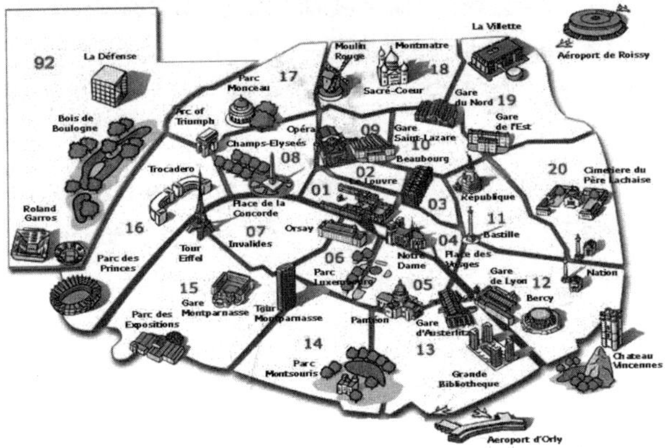

塞纳河就像巴黎市的分水岭，蜿蜒曲折地穿越整个城市，成就了南北两岸截然不同的风景。

第 1 区位于塞纳河北岸，有举世闻名的卢浮宫博物馆（Musée du Louvre）、皇家宫殿（Palais royal）、杜勒伊花园（Jardin des Tuileries）和雷阿勒大型综合商场（Les Halles）。

第 2 区有著名的国立图书馆（Biliothèque Nationale）和证券交易所（Bourse）等。

第 3 区有很多博物馆，比如毕加索博物馆（Musée de Picasso）、工艺博物馆（Musée des Arts et Métiers），国家档案局（Archives nationales）等。

第 4 区位于塞纳河北岸，包括西岱岛（Ile de la Cité）和圣路易岛（Ile Saint-Louis）两个河中岛。区内有著名的巴黎圣母院（Nôtre Dame de Paris）、巴黎市政大楼（Hôtel de ville de Paris）、巴黎警察局（Préfecture de Police）、蓬皮杜文化中心（Centre Pompidou）、巴黎古监狱（Conciergerie）、法院（Palais de Justice），以及塞纳河畔的怡人风光。

第 5 区被称为拉丁区（Quartier Latin），这里有闻名世界的先贤祠（Panthéon）、植物园（Jardin des Plantes）、著名的巴黎大学（Sorbonne）和法兰西学院（Institut de France），以及众多的书店和博物馆等，散发着浓厚的文艺气息。此外，露天咖啡馆和各国风味的餐馆遍布该区的各个角落。

第 6 区位于塞纳河南岸，也叫“卢森堡区”（Luxembourg），因为卢森堡公园（Jardin de Luxembourg）在此而得名。法国上议院（Sénat）议政大楼就坐落在卢森堡公园内。

第 7 区在塞纳河南岸，又称“波旁宫区”（Palais Bourbon）。巴黎地标埃菲尔铁塔（Tour Eiffel）、奥赛博物馆（Musée d'Orsay）、国民议会大楼（Assemblée nationale）、荣军院（Hôtel des Invalides）、军事博物馆（Musée militaire）、军事

学院（Ecole militaire）、联合国教科文组织（UNESCO），以及各国使馆、法国外交部、财政部、国防部、教育部等重要机构均集聚于此。

第 8 区因香榭丽舍大街（Avenue des Champs-Elysées）而变得世界闻名，成了巴黎最热闹、游客最多的市区。从协和广场（Place de la Concorde）到凯旋门（Arc de Triomphe），两旁的时装店、精品店、香水店、高级旅馆和餐厅让人目不暇接。还有大、小皇宫（Grand Palais, Petit Palais）、玛德莱纳教堂（Madeleine）等，尤其是警备森严的总统府——爱丽舍宫（Palais de l'Elysée）也坐落于此。

第 9 区以巴黎歌剧院（Opéra de Paris）、巴黎春天（Printemps de Paris）、老佛爷百货公司（Galeries Lafayette）而世界闻名。这里是各国游客的购物天堂，其热闹程度可想而知。

第 10 区有北站（Gare du Nord）和东站（Gare de l'Est）两大火车站，是有名的红灯区。

第 11 区则是巴黎普通市民的居住区。

第 12 区位于巴黎东部、塞纳河北岸，有著名的里昂车站（Gare de Lyon）、巴士底广场（Place de la Bastille）和巴士底剧院（Théâtre de la Bastille）。

第 13 区被称作华人区（Quartier chinois），是巴黎华人聚居最多的地区。意大利广场（Place d'Italie）属该区的中心地带。巴黎士多（Paris Store）、陈氏（Tang Frères）是华人光顾最多的两家超市，其中亚洲产品琳琅满目。该区的华人餐馆遍布各个角落，各种亚洲美食应有尽有。

第 14 区也叫“天文台区”（Observatoire）。区内有大学城（Cité universitaire）、蒙苏里公园（Parc Montsouris）、巴黎天文台（Observatoire de Paris）等。

第 15 区位于巴黎西南部，在塞纳河中有一座自由女神像，是美国纽约自由女神的原型。区内有蒙巴纳斯办公大楼（Tour de Montparnasse），此楼也是巴黎市内最高的大楼，顶楼设有咖啡馆，可以俯瞰整个巴黎。与第 14 区交界处有著名的巴黎蒙巴纳斯火车站（Gare de Paris-Montparnasse）。

第 16 区位于巴黎西边，是二十多个国家大使馆的集聚地。有著名的法国广播电台（Maison de la Radio）、夏佑宫（Palais de Chaillot），以及西部广袤的布落涅森林（Bois de Boulogne）。

第 17 区位于巴黎西北边，环境非常优美，是居家生活的理想场所。这里老年人、富商较多，被誉为小巴黎的富人区。

第 18 区在巴黎北边，有世界闻名的圣心教堂（Sacré-Cœur）、蒙马特高地（Montmartre）、小丘广场（Place du Tertre）和红磨坊（Moulin Rouge），是巴黎夜生活的著名场所。

第 19 区在巴黎的东北边，是巴黎第二大华人聚居区，因而被称为“小唐人街”。

区内有维耶特科学园区（Cité des Sciences et de l'Industrie de la Villette）和伯特肖蒙公园（Parc des Buttes Chaumont）等。

第 20 区有著名的拉雪兹神父公墓（Cimetière du Père Lachaise），法国大文豪莫里哀（Molière）、寓言家拉封丹（La Fontaine）等就长眠于此。美丽城公园（Parc de Belleville）和跳蚤市场（Marché aux puces）是周末和节假日的最佳去处。

（二）巴黎名胜

有着 1000 多年历史的文化古都巴黎不仅是法国，也是西欧的一个政治、经济和文化中心，拥有“艺术之都”、“电影故乡”、“芭蕾舞诞生地”、“欧洲启蒙运动中心”、“印象派美术发源地”、“现代奥林匹克运动会创始地”等多种美誉，大量的博物馆、图书馆、研究院、电影院、剧院、音乐厅分布于全市的各个角落。这里处处散发着浓厚的文化气息，尤其是塞纳河畔圣米歇尔林荫大道（Boulevard Saint-Michel）上绵延数千米的旧书市场，每天吸引着无数国内外学者、游客来此选购心爱的古籍，形成塞纳河畔古老的文化区——拉丁区的一大特色。巴黎还是一座“世界会议城”，联合国教科文组织、经济合作与发展组织等国际组织的总部均设在巴黎。

法国人说，“没有巴黎就没有法国”；而巴黎人说，“没有塞纳河就没有巴黎”。巴黎人深深地爱着塞纳河，称它为“母亲河”。美丽的塞纳河将整个城市分为左右两岸，沿岸的公园、绿地星罗棋布，如诗似画；37 座大桥横跨河上，其中 26 座的历史长达百年，令塞纳河妩媚动人，美轮美奂。塞纳河上最古老的桥居然称作“新桥”（Pont-neuf）。而最壮观最美丽的桥，则是“亚力山大三世桥”（pont Alexandre III），它建于 19 世纪末，是当年俄国沙皇尼古拉二世（Nicolas II）为了庆祝俄法结盟而送的礼物，而大桥的名称则取自于沙皇尼古拉二世的父亲亚力山大三世。俄法两国曾是世仇，拿破仑曾挥师攻打俄国，使莫斯科烈火屠城。百年后两国一笑泯恩仇，而且意味深长地将桥通向拿破仑墓。这座桥身的一面塑有俄国圣彼得堡（Saint-Pétersbourg）的城徽以及象征涅瓦河（Neva）睡神的雕塑，另一面则是象征巴黎与塞纳河成长历史的两个侏儒。

新桥

亚历山大桥

桥梁南北两端的四个桥头柱上是腾空而起的金色飞马雕像，桥上的雕塑、饰品均为金色，花朵灯饰由带着翅膀的小爱神托着。这座桥不论远观还是近看都象是一件精致的艺术品。传说只要和爱人坐上游船，穿过亚历山大三世桥，就能白头偕老，永不分离。

塞纳河把巴黎分为左右两岸，同时划出了两岸美丽的风景。比如，在塞纳河右岸市中心地带，您可以看到协和广场（Place de la Concorde）、巴黎歌剧院（Opéra de Paris）、玛德莱纳教堂（La Madeleine）、卢浮宫（Palais du Louvre）和杜勒伊花园（Parc des Tuileries）。从卡鲁索凯旋门（Arc de Triomphe du Carrousel）为起点，进入杜勒伊花园（Jardin des Tuileries），经协和广场（Place de la Concorde），沿着香榭丽舍大街到雄伟壮观的凯旋门（Arc de Triomphe），并一直到拉德芳斯（La Défense）的方形拱门（Grande Arche），这条由东南贯通西北的中轴线是巴黎最靓丽，也是举世闻名的一道风景。与此同时，巴黎的象征——埃菲尔铁塔（Tour Eiffel）、著名的荣军院（Les Invalides）和奥赛博物馆（Musée d'Orsay）则位于塞纳河的左岸。举世瞩目的巴黎圣母院（Notre-dame de Paris）就位于塞纳河中央的西岱岛（île de la Cité）上。

协和广场

杜勒伊花园

1. 巴黎圣母院（Notre-Dame de Paris）

全名叫巴黎圣母院大教堂，位于巴黎市中心，是一座哥特式风格的基督教教堂，也是古老巴黎的象征。圣母院大约建造于 12 世纪末到到 14 世纪中期，历时近两百年。它不仅是巴黎的代表性建筑之一，也是法国历史上最为辉煌的建筑之一。巴黎圣母院以祭坛、回廊、门窗等的雕刻和绘画艺术，及其堂内所藏的 13 到 17 世纪的大量艺术珍品而闻名于世。

巴黎圣母院的正面由 3 层构成。底层有 3 个桃形门：圣母门（Portail de la Vierge）、审判入口大门（Portail du jugement）和圣安娜门（Portail Saint-Anne）依次排列，雕刻栩栩如生。门上的塑像和雕刻作品是中世纪完成的，但大多数在后期被修复过。圣母院中央拱门描述的是耶稣（Jésus）在天庭的《最后的审判》（*Jour du jugement dernier*）。教堂最古老的雕像位于右边拱门，描述的是圣安娜（Saint-Anne）

巴黎圣母院

《最后的审判》

众王廊

的故事，以及巴黎大主教苏里（Maurice de Sully）和路易七世（Louis VII）将教堂献给圣母的情景。左边是圣母门，描绘圣母受难复活、被圣者和天使围绕的情形。

拱门上方为众王廊（Galerie des Rois），陈列着旧约时期28位君王的雕像。这些雕像在1793年法国大革命时被误认为是法国君王而被大肆破坏拆除，直到1977年才被找到，后来经过重新修复放回了原位。左右两侧顶上的塔楼是后来竣工的，没有塔尖。其中一座塔楼悬挂着一口大钟，即《巴黎圣母院》一书中，加西莫多（Quasimodo）敲打的那口大钟。

法国大革命时期，教堂的大部分财宝或被破坏或遭掠夺，许多雕像同样难逃厄运，只有大钟幸免于难，直到1804年拿破仑执政时，教堂才重新担负起宗教使命。1831年，法国浪漫主义作家维克多·雨果（Victor Hugo）的小说《巴黎圣母院》一出版，立刻引起强烈反响，人们纷纷请求对圣母院进行修复，并发起募捐计划。政府当局迫于压力不得不于1844年开始修复计划，工程持续了20年，终于还原了今日的巴黎圣母院。

同时，巴黎圣母院还见证了一系列重大历史事件。比如1430年英皇亨利四世（Henri IV）的加冕仪式；1455年为法国民族女英雄贞德（Jeanne d'Arc）在此平反昭雪。1804年，拿破仑一世（Napoléon I）在此举行盛大的加冕仪式。1944年，在圣母院里举行巴黎解放纪念典礼。1945年，在此宣读了第二次世界大战胜利的赞美诗。1970年，在此举行戴高乐将军（général de Gaulle）的国葬。1974年，乔治·蓬皮杜（Georges Pompidou）的国葬在此举行。1996年，这里举行了弗朗索瓦·密特朗（François Mitterrand）总统的国葬等。

如今，巴黎圣母院已将宗教、艺术和旅游价值集聚一身，成了法国、欧洲、乃至世界游客光顾最多的地方之一。

2. 卢浮宫（Musée du Louvre）

卢浮宫

卢浮宫位于巴黎市中心，塞纳河的北岸，位居世界四大博物馆之首，和英国的大英博物馆、俄罗斯的艾尔米塔什博物馆，以及美国的大都会博物馆并称为世界四大艺术殿堂。卢浮宫是法国最大的王宫建筑之一，它的历史悠长而深远。1190 年，奥古斯特·菲利普（Philippe Auguste）在此修建了一座通向塞纳河的城堡，主要用来监视塞纳河下游动静和海盗的侵扰。查理五世（Charles V）时期，将卢浮宫改成了皇宫。

提到卢浮宫的藏品，弗朗索瓦一世（François 1er）功不可没。他在 1515 年继位后，极力发展法国的文学和艺术，比如他请当时著名的画家让·克鲁埃（Jean Clouet）为他画肖像。同时，他像自己的母亲一样热衷意大利派画家及其画风，他甚至鼓励所有艺术家来法国居住和创作，而他则成了这些艺术家的支持者和保护人，据说意大利著名画家达·芬奇（Léonard de Vinci）就是在弗朗索瓦一世的怀中去世的。另外，他专门派人收购意大利文艺复兴巨匠米开朗琪罗（Michel-Ange）、提香（Titien）以及拉斐尔（Raphaël）的作品并运回法国，在他收藏的珍品中，最著名的是《蒙娜丽莎》（*La Joconde*）。弗朗索瓦一世因此被誉为法国文艺复兴式国王。1594 年，亨利四世（Henri IV）命人将卢浮宫和杜勒伊宫（Palais des Tuileries）连接起来，从而建造了卢浮宫最壮观的大画廊。路易十四（Louis XIV）是法国历史上著名的国王，他被称为太阳王（Roi-Soleil）。他登基时只有 5 岁，在卢浮宫度过了 72 年（1643-1715）的时光，是法国历史上在位时间最长的国王。路易十四把卢浮宫扩建成了正方形的庭院，并在庭院外面修建了富丽堂皇的画廊。他购买了欧洲各派的绘画，包括伦勃朗（Le Brun）等人的作品。他一生迷恋艺术和建筑，但遗憾的是 1678 年，路易十四将凡尔赛宫（Versailles）变成了自己的权力中心和生活居所，卢浮宫因此中断了皇宫的使命。路易十六（Louis XVI）在位期间，法国大革命全面爆发，卢浮宫“竞技场”的院子里安置了法国革命的第一个断头台。1792 年，国民议会宣布，卢浮宫将属于大众。1793 年，卢浮宫更名为“共和国艺术中央博物馆”（Musée central des arts de la République），卢浮宫正式对外开放，成为公共博物馆。这种状况一直延续了 6 年，直到拿破仑一世（Napoléon I）搬进了卢浮宫。

拿破仑对这座建筑进行了扩建，增强了宫殿的两翼，还在竞技场院里修建了拱门，拱门上的第一批雕刻马群就是从威尼斯的圣马可教堂（Basilique Saint Marc）上取来的。此外，拿破仑以前所未有的方式装饰卢浮宫，成千上万的艺术品从所有被征服国家的殿堂、教堂和图书馆源源不断地被运到了巴黎。他甚至将卢浮宫改名为拿破仑博物馆，巨大的长廊里布满了他从各国掠夺来的艺术品。拿破仑在卢浮宫里的荣光一直持续到滑铁卢战役（Bataille de Waterloo）的惨败，前后大约 12 年之久。拿破仑认为，每一幅天才的作品都必须属于法国。可是，德国人、意大利人、西班牙人和荷兰人对此并不买账。拿破仑失势后，他们来到卢浮宫，约有几千件艺术品物归原主。但由于法国人特有的外交手腕，许多拿破仑掠夺来的艺术品仍然被留在了卢浮宫。拿破仑三世（Napoléon III）在位时，对卢浮宫做了大量投资，据说他在五年内的建筑比所有的前辈在几百年内修建的还要多。竣工后的卢浮宫很快变成了皇家庆祝活动的场所。富丽堂皇成了拿破仑三世时期建筑的最大特点。

1981 年，密特朗（François Mitterrand）总统在一次记者招待会上许诺："让卢浮宫恢复原来的用途"，意思是让 1871 年以来一直占据"黎塞留侧翼"的财政部搬离此地，由卢浮宫收回并对外开放，从而使其展览面积和展品大大增加。卢浮宫博物馆占地约两百公顷，经过几百年的扩建和重修才达到今天的规模，宫前的玻璃金字塔形入口，面积约为 24 公顷，由华人建筑大师贝聿铭设计而成。

卢浮宫是法国文艺复兴时期最珍贵的建筑物之一，以收藏丰富的古典绘画和雕刻而闻名于世。卢浮宫共分为希腊罗马艺术馆、埃及艺术馆、东方艺术馆、绘画馆、雕刻馆和装饰艺术馆六大部分。卢浮宫拥有的艺术藏品多达 40 万件，涵盖了古代东方、古埃及、古希腊和古罗马的雕塑、绘画、美术工艺作品，还有数量惊人的王室珍玩和绘画精品等。其中断臂的维纳斯雕像、《蒙娜丽莎》油画和胜利女神石雕被誉为卢浮宫的三大镇馆之宝。

《汉谟拉比法典》

《带翅膀的牛身人面雕像》

（1）东方艺术馆（Département des Antiquités orientales）

建于 1879 年，共有三十多个展厅，六千多件展品。这些展品主要来自现在的印度和地中海地区，包括土耳其、叙利亚、伊拉克等国。这些展品的年代久远，比如著名的《汉谟拉比法典》（*Code de Hammurabi*）出自公元前 1750 年的巴比伦（Babylone），其中的法律条文反映了公元前 18 世纪巴比伦社会生活的方方面面，被誉为当时最完整的法典。黑色大理石碑上，司法之神向汉谟拉比国王亲授法律，国王则以右手致谢，表示对神授法律的敬重。此外，还有大众非常喜爱的公元前 8 世纪带翅膀的牛身人面雕像（Taureaux androcéphales ailés）。据史料记载，这些雄伟的牛身人面雕像在公元前 722—705 年，曾为当时的国王萨拉贡二世（Sargon II）把守宫门，传说它们可以驱魔辟邪。而萨拉贡二世的儿子则认为这些雕像是不祥之物，随后迁都别处，这些雕像惨遭遗弃，并被沙土掩埋。1843 年，法国人保罗埃米尔·博塔（Paul-Emile Botta）发现了这五尊雕像，并和他的考古团队一起历经重重磨难将它们运到法国，其中第五尊雕像是唯一一头将头部转向参观者的公牛。

《盘腿而坐的书吏》

（2）古埃及艺术馆（Département des Antiquités égyptiennes）

该馆建于 1826 年查理十世（Charles X）时期。目前共有三十个展厅，收藏的珍贵文物多达六千件，而且年代久远，从公元前四千年史前末期到公元 4 世纪。它们是尼罗河两岸文明的延续和展现，这里有两岸居民的服装、饰物、玩具、乐器，以及古埃及神庙的断墙、基门、木乃伊和人头塑像等。其中最著名的作品是创作于公元前 2620 年—公元前 2500 年间的《盘腿而坐的书吏》（*Le Scribe accroupi*）。这位无名无姓，盘腿而坐的书吏，左手持一张没有完全展开的莎草纸，双目炯炯有神，脸部表情惟妙惟肖，令人叹为观止。这副作品活灵活现地展现了古埃及普通书吏的形象，被誉为古埃及艺术的杰出代表。

《萨莫特拉斯胜利女神》

（3）古希腊罗马艺术馆（Départements des Antiquités grecques et romaines）

该馆在 19 世纪初向公众开放，其藏品约有七千多件。这些藏品主要来自法国王室。拿破仑率领的法军在意大利获胜后，劫获了许多意大利的古代艺术品，并运回法国充实卢浮宫。除了大部分的大理石、铜、象牙等雕塑作品外，还有世界闻名的希腊陶瓷作品。在这些展品中，最受世人青睐的惊世之作有：《萨莫特拉斯的胜利女神》（Victoire de Samothrace）和《米罗岛的维纳斯》（Vénus de Milo）。

《萨莫特拉斯的胜利女神》创作于公元前 2 世纪，雕塑高 5 米多，是一座无头无手的雕像。据说是 1863 年从萨莫特拉斯岛（Ile de Samothrace）的神庙废墟中发掘出来的。该雕像虽然无手无头，却被公认为古希腊雕塑的杰作，因为无论从哪个角度观赏，您都能感受到胜利女神展翅欲飞的雄姿。海风似乎正从她的正面吹过来，薄薄的衣衫隐隐显露出女神那丰满而富有弹性的身躯，衣裙的质感和衣褶纹路的雕刻细腻生动，令人叹为观止。

根据研究，这是雕塑家为纪念希腊罗地岛的一场海战胜利而制作的。女神虽然失去了头部和双臂，但在人们的眼里却是完美的。胜利女神每天吸引着成千上万人的目光，是雕塑作品中表现热情、奔放和动感的典范。

《米罗岛的维纳斯》雕像于 1820 年发现于爱琴海（mer Egée）的希腊米洛（Milo）岛一座古墓遗址旁，是一尊手臂残缺的大理石雕塑。据史料记载，该雕塑是公元前 130—100 年的古希腊作品。该大理石雕像高两米多，为半裸全身像，其右臂虽然残缺，但面容俊美，身材匀称，端庄妩媚，展现了女性特有的曲线美，被誉为希腊美神。

在古希腊神话中，维纳斯被称为阿佛洛狄忒（Aphrodite），即爱与美的女神。在罗马神话中也是爱与美之神，同时也是象征丰饶多产的女神，她掌管着人类的爱情、婚姻、生育，甚至一切动植物界的生长繁衍。传说她在大海的泡沫中诞生，在三位时光女神和三位美惠女神的陪伴下，来到奥林匹斯山（Mont Olympus），众神被其美丽容貌吸引，纷纷向她求爱。传说她嫁给了丑陋驼背的火神伏耳甘（Vulcain），但她却爱上了战神阿瑞斯（Arès），并生下小爱神厄奈（Enée）。后曾帮助特洛伊（Troie）王子帕里斯（Pâris）拐走斯巴达（Sparte）国王墨涅拉斯（Ménélas）的妻子、全希腊最美的女人海伦（Hélène），从而引起希腊人远征特洛伊（Troie）的十年战争。

据说“维纳斯”雕像收藏在卢浮宫纯属巧合。1820 年，希腊爱琴海米洛斯岛上的一位农民在挖土时意外发现了一尊美神。当时正好有一艘法国军舰停泊在米洛港，舰长得知消息后立即赶到现场，打算买下，却没有现金。结果“维纳斯”被一位希腊商人买下，准备运往君士坦丁堡（Istanbul）。法国人不甘心，立即乘船追赶，结果双方发生了混战，致使雕像的双臂被打碎。双方争执不下，后经米洛地方当局出面调解，最终由法国人出钱买下雕像并献给法国国王。雕像运到法国后立即引起轰动。

维纳斯雕像

女神的形象表现出古希腊女性的典型特征：椭圆的脸，笔直的鼻梁，丰满的前额，微翘的嘴角，圆润的下巴。神情端庄、娴静、凝重，体形修长、体态丰盈，柔美高贵，充满了青春活力和意趣。这是灵与肉的完美统一，是爱与美的和谐交融，是神与人的自然合一，是人类追求女性美的理想化标志。法国雕塑大师罗丹（Rodin）曾情不自禁地感叹道：“这简直是真的肌肤，抚摸她可以感到体温的！”

《蒙娜丽莎》

《蒙娜丽莎》（*Portrait de Mona Lisa*）是达·芬奇（De Vinci）在 1503 年到 1506 年间创作完成的。当时，这副半身肖像一面世，立即引起巨大震动，许多艺术家纷纷效仿，并揣摩画像背后的传奇故事。《蒙娜丽莎》因此成了艺术家们议论的焦点，举世瞩目的杰作。

《蒙娜丽莎》又称《永恒的微笑》（*La Joconde*），被认为是西欧画史上首幅侧重心理描写的作品。它代表达·芬奇绘画艺术的最高成就，成功塑造了资本主义上升时期一位城市有产阶级的妇女形象。画中人物坐姿优雅，笑容微妙，背景山水朦胧幽远，画家力图使人物丰富的内心世界和美丽外形达到高度一致，画像中眼角唇边等表达感情的关键部位精确而含蓄，可谓传神之笔，使蒙娜丽莎的微笑具有一种神秘莫测的奇妙魅力，因而被许多美术家称为“神秘的微笑”。最奇妙的是，在这幅画面前，不论你从哪个角度看，蒙娜丽莎那温和的目光总是微笑地注视着你，仿佛你永远都走不出她的视线。

1518 年，弗朗索瓦一世（François 1er）购买了《蒙娜丽莎》，并珍藏在枫丹白露的城堡（château de Fontainebleau）。1646 年，路易十四（Louis XIV）把这幅画带到了巴黎。后来，他又把此画从共和国中央艺术博物馆（Musée central des arts de la République），也就是现在的卢浮宫（Musée du Louvre）移到了凡尔赛宫（château de Versailles），直到 1798 年才与公众见面。

在卢浮宫的所有绘画作品中，《蒙娜丽莎》堪称世界上最杰出、最受人瞩目的不朽之作。如今，世界各地的游客纷至沓来，只为了一睹蒙娜丽莎永恒的微笑。

（4）卢浮宫的绘画馆（Département des Peintures du Louvre）

该馆所收藏的绘画之全、之珍贵是世界上任何艺术馆都无法比拟的。据说这里的展品多达两千多件，其中三分之二是法国画家的作品，三分之一来自外国，有 14 到 19 世纪各种画派的作品。其中杰出的作品有：15 世纪富凯（Jean Fouquet）的《查理七世像》（*Portrait de Charles VII*）、16 世纪拉斐尔（Raphaël）的《美丽的园丁》（*La Belle Jardinière*）、17 世纪路易·勒南（Louis Le Nain）的《农家》（*l'Heureuse famille*）、18 世纪亚森特·里戈（Hyacinthe Rigaud）的《国王路易十四像》（*Portrait de Louis XIV*）、19 世纪路易·达维德（Louis David）的《拿破仑一世加冕大典》（*Le Sacre de Napoléon 1er*）、欧仁·德拉克鲁瓦（Eugène Delacroix）的《自由引导人民》（*La Liberté guidant le peuple*）等。

《查理七世像》

《美丽的园丁》

《农家》

《国王路易十四像》

《拿破仑一世的加冕大典》

《自由引导人民》

(5)卢浮宫雕塑馆(Département des Sculptures du Louvre)

成立于 19 世纪初期的雕塑馆是法国雕塑作品最丰富的地方。这里有意大利文艺复兴时期著名画家兼雕刻家米开朗琪罗(Michel-Ange)的两部杰作:《垂死的奴隶》(*L'Esclave mourant*)和《被缚的奴隶》(*L'Esclave rebelle*)。1824 年后,开始展出 18 世纪文艺复兴的作品。1850 年增补了中世纪的雕塑,1893 年后,该馆也收藏了许多来自 17 世纪马利城堡(château de Marly)花园的雕塑作品。马利城堡是路易十四的临时避难所,城堡花园主要展示了路易十四和路易十五定制的雕塑作品,其中最著名的是其御用雕塑家纪尧姆·古斯都(Guillaume Coustou)创作的《马利骏马》(*Chevaux de Marly*)。遗憾的是,马利城堡在 19 世纪初拿破仑第一帝国时期遭到毁坏,但花园中的雕塑则被移至卢浮宫的马利中庭(Cour Marly)进行展出。

《被缚的奴隶》

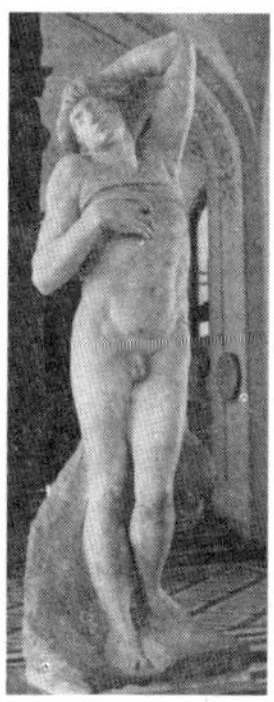

《垂死的奴隶》

《马利骏马》

该馆还收藏了意大利著名新古典主义雕塑家安东尼奥·卡诺瓦(Antonio Canova)的杰作:《因丘比特的吻而复活的普赛克》(*Psyché ranimée par le baiser de l'Amour*)。据资料记载,这尊雕像取材于希腊神话故事,一位不速之客受到普赛克美貌的引诱,每天深夜趁普赛克熟睡之际来拜访,后来两人约好只能在黑暗中相会,但是普赛克禁不住好奇之心的驱使,开灯看了对方的脸,原来此人正是自己心仪的爱神(Dieu de l'Amour)丘比特(Cupidon),而对方则因普赛克的失信逃走,再也没有露面,可怜的普赛克一直念念不忘旧情，四处寻找自己的情人。此事遭到美神维纳斯（Venus）的嫉妒，她给普赛克设置了重重磨难，最后命她去地狱之神那里取回“睡眠”药瓶，并嘱咐她千万不能打开，哪知普赛克实在好奇，就打开了药瓶，结果陷入了“永恒的睡眠”。后来爱神丘比特用箭射中了她，把她从昏睡中惊醒。丘比特对普赛克忠贞不渝的爱情打动了众神，于是他们将普赛克的手交给丘比特，并给了她长生不老酒和食物，封她为灵魂之神（Âme）。普赛克的故事告诉人们，只有经历各种磨难，才能获得灵魂的美丽和永生。

卢浮宫雕塑馆里另一个里程碑式的雕塑，是17世纪法国雕塑家皮埃尔·皮热(Pierre Puget）于1671至1682年完成的《克罗顿的米隆》（*Milon de Crotone*）。该作品是皮热在土伦（Toulon）为国王路易十四装饰船只时而作。出生于克罗顿的米隆是公元前6世纪古希腊著名的运动员和大力士，常在比赛中获奖，他的生与死都成了那个时期的传奇。该雕塑的主题新奇大胆，通过对人、兽和自然三者不同层面的处理，提醒人们对时间战胜人力和自我虚荣心的思考，米隆脚边的运动会奖杯预示着：人的辉煌时刻转瞬即逝；大力神斗士面对凶猛的狮子束手无策说明：人在自然面前的渺小以及最终难逃命运的安排。据说这座雕像于1683年在凡尔赛宫展出时，路易十四的妻子——王后玛丽·泰蕾莎（Marie-Thérèse）曾忘情地嚷道：“可怜的人啊！”可见，皮热精湛的雕塑技艺已经使人身临其境：狮子的爪子和獠牙似乎深深地嵌入了人物的大腿。此外，皮热的创作风格对古代雕塑进行了重新诠释，对现代雕塑有着非常深远的影响。

（6）卢浮宫金字塔（Pyramide du Louvre）

卢浮宫金字塔是著名美籍华裔建筑师贝聿铭为博物馆设计的新入口。据说这个伟大设想的实现完全归功于法国前总统密特朗的独具慧眼。“金字塔”的建成为卢浮宫提供了合理的参观路线，游客从此不必绕行。此外，地下采光更加理想，天气晴朗时甚至无需灯光照明。而且，卢浮宫的服务空间被大幅提升、功能也更加齐全。如今，它已经成为卢浮宫，乃至巴黎市的一道美丽风景。

卢浮宫金字塔

《克罗顿的米隆》

3. 奥赛博物馆（Musée d'Orsay）

奥赛博物馆外景

奥赛博物馆属法国国家博物馆，位于巴黎七区，在塞纳河左岸，和卢浮宫隔河相望。这里曾是巴黎到奥尔良铁路线的终点——奥赛车站（Gare d'Orsay），1986 年，被改建为博物馆。

奥赛博物馆内景

奥赛博物馆主要收藏了从 1848 年到 1914 年间的西方艺术作品，涉及绘画、雕塑、装饰、建筑、摄影等领域。其中印象派（impressionnistes）和后印象派（post-impressionnistes）画家的作品最为壮观，多达上千幅，世界著名印象派画家的杰作在这里几乎都能找到。

《拾穗》

以描绘农村生活，反映乡村风俗而闻名的法国最伟大的田园画家——让弗朗索瓦·米勒（Jean-François Millet），他童年曾帮助父母在田间劳作，对乡村生活了如指掌，后来因贫困潦倒，不得不一边作画，一边耕作。他曾在枫丹白露森林附近的巴比松（Barbizon）村居住，所以有巴比松派画家的美称。他的代表作有《拾穗》（*Des Glaneuses*）和《晚祷》（*L'Angélus*）等。

《晚祷》

被誉为印象画派奠基人的爱德华·马奈（Edouard Manet）的作品《草地上的午餐》（*Le Déjeuner sur l'herbe*），在传统画法上进行了大胆创新，以鲜亮明快的色彩取代传统画法的黯淡色调，将古典的高贵气质和艳丽的印象派色彩完美融合。马奈的艺术风格曾被人讥讽为“马奈帮”，但后来的他却成了印象派画家的领袖。其杰作还有《阳台》（*Le Balcon*）等。

《草地上的午餐》

被誉为“后印象派和立体派的先驱”、“现代艺术、造型艺术之父”的法国著名画家保罗·塞尚（Paul Cézanne），他在法国传统绘画精神的基础上力求创新，这在他对人物肖像，自然界静物，以及法兰西岛和他的家乡——艾克斯 - 普罗旺斯乡村风景的几何处理艺术上表现得淋漓尽致。他的系列画作中的《圣维克多山》（*Montagne Sainte-*

Victoire）明显突出了立体画风。后来，他汲取印象派画风的灵感，以明亮的色彩、细腻的笔法、结实而粗犷的特色，创作了《自缢者之家》（*La maison du pendu*）等杰作。此外，在《咖啡壶边的女人》（*La femme à la cafetière*）中，他把女人的身体、杯子和咖啡壶三个重要部分，用纵横轴线进行简明布局，这种几何化处理方式远远超出了物体本身的造型，有明显的立体特征，是画家艺术革新的杰出代表。

《自缢者之家》

《咖啡壶边的女人》

荷兰后印象派代表画家文森特·威廉·梵高（Vincent Willem van Gogh），出生在法国瓦兹河畔奥维尔村（Auvers-sur-Oise），因多年精神疾病的困扰，37岁时就自杀身亡。他的作品散发着浓郁的自然气息，处处透着印象派和点彩画法的灵感，他的作品对西方20世纪的绘画艺术影响深远。其代表作有《自画像》（*Autoportrait*）、《罗讷河上星夜》（*La Nuit étoilée sur le Rhône*）等。

法国印象派画风领军人物之一的皮耶-奥古斯特·雷诺阿（Pierre-Auguste Renoir），擅长人物、肖像、风景、静物和人体，在妇女肖像画中体现了严谨正规的画法。他笔下的人物甜美、丰满，尤其是脸和手最为经典，给人一种温馨、愉悦的感觉。他是一个多产画家，60年间，他的画作将近4000件，其中在奥赛博物馆展出的代表作有《煎饼磨坊的舞会》（*Bal du moulin de la Galette*）和《弹钢琴的少女》（*Jeunes filles au piano*）等。

《自画像》

除了上面提到的名家外，在奥赛博物馆，还有法国印象派创始人之一的阿尔弗雷德·西斯莱（Alfred Sisley）的代表作《圣马丁运河》（*Le canal Saint-Martin*）。法国19世纪学院唯美画派重要人物，以表现希腊神话爱神维纳斯出世情景著名的威廉·阿道夫·布格罗（William-Adolphe Bouguereau）的《但丁和维吉尔》（*Dante et Virgile*）等作品。

《罗讷河上星夜》

《煎饼磨坊的舞会》

《弹钢琴的少女》

《圣马丁运河》

《但丁和维吉尔》

《圣·让·巴普蒂斯特》

《舞蹈》

《阿那克里翁》

除了以上各位印象派大师的油画杰作外，在奥赛博物馆，还可以看到法国著名雕塑家奥古斯特·罗丹（Auguste Rodin），于1878年创作的代表最新青铜雕塑技术的《圣·让·巴普蒂斯特》（*Saint Jean Baptiste*）；法国著名画家、雕塑家让·巴普蒂斯特·卡尔波（Jean-Baptiste Carpeaux），于1869年完成的石材群雕《舞蹈》（*La Danse*）；法国著名雕塑家欧仁·纪尧姆（Eugène Guillaume），在1849-1851年间创作的、以古希腊著名诗人阿那克里翁为原型的大理石雕像《阿那克里翁》（*Anacréon*）等等。

4. 凯旋门（Arc de triomphe）

凯旋门位于巴黎戴高乐（De Gaulle）广场中央，香榭丽舍大街的西端。意思是迎接军队外出征战凯旋而归的荣誉之门，也是当今世界上最大的一座圆形拱门。戴高乐广场是配合凯旋门而建的，因为凯旋门建成后，给交通带来了许多不便，于是，19世纪中叶，环绕凯旋门修建了一个圆形广场和十二条道路，它们形似天上的星星"光芒四射"，因此这个广场又叫"星形"广场。

凯旋门高约50米，宽约45米，厚约23米。在凯旋门两面门墩的墙面上，有四组以描写战争为主的大型浮雕，分别是"出征"、"胜利"、"抵抗"和"和平"；其中有些人物雕塑高达五、六米。凯旋门的四周都有拱门，门内刻有跟随拿破仑（Napoléon）远征的将近四百名将军和近百场胜战的名字，门上还刻有1792年至1815年关于法国战事的历史。

凯旋门

“出征”

“胜利”

“抵抗”

“和平”

巴黎凯旋门是欧洲一百多座凯旋门中最大的一座。1806 年，拿破仑下令修建一个纪念帝国军队在奥斯特利兹（Austerlitz）战役中凯旋的标志性建筑。这个建筑最终被定为凯旋拱门，它代表了拿破仑军队的战无不胜和坚不可摧。这个宏伟计划被委托给著名建筑师夏尔格兰（Chalgrin）等。但在建造过程中因拿破仑帝国的灭亡和旧君主制的恢复而逼迫停工。直到 1830 年波旁王朝被推翻后，工程才得以继续。1836 年，凯旋门最终竣工。它是帝国风格的代表性建筑，其灵感主要来源于罗马帝国时期，这种风格的崛起与拿破仑的大力倡导密不可分，同样，其兴衰也与拿破仑的命运紧密相连。它们的外形高大宏伟、冷静威严。凯旋门虽然以古罗马凯旋门为例，但其规模更为宏大，结构风格更加简洁。

1920 年 11 月，第一次世界大战后，在凯旋门下又修建了一座“无名烈士墓”，里面埋葬着一位在大战中牺牲的无名战士。他代表了整个大战中死难的 150 万法国官兵。这里几乎每天都有人来献花并悼念死难的将士，为凯旋门平添了几分悲壮。1970 年戴高乐将军逝世后，“星形”广场改名为戴高乐星形广场，以表达对这位伟人的纪念。

凯旋门内设有电梯，可直达 50 米高的拱门。也可沿着将近 300 个台阶的螺旋形石梯拾级而上。上面还设有一座小型历史博物馆，陈列着凯旋门的历史和建筑资料，以及拿破仑生平事迹的图片。另外，还有两间电影放映室，专门放映一些反映巴黎历史变迁的资料片，并用英、法两种语言解说。此外，游人还可以抵达凯旋门顶部的大平台，俯瞰巴黎市的壮丽景色，欣赏香榭丽舍大道的繁华景象、埃菲尔铁塔的挺拔英姿、圣心教堂的巍峨耸立，以及塞纳河畔的万种风情……

5. 埃菲尔铁塔（Tour Eiffel）

埃菲尔铁塔矗立在塞纳河南岸的战神广场，现更名为“三月广场公园”（Parc du Champ de Mars）。它是巴黎的地标，也是全市最高的建筑物，被法国人亲切地称为“铁娘子”。

埃菲尔铁塔建于 1889 年，因设计它的著名建筑师古斯塔夫·埃菲尔而得名。铁塔由很多分散的钢铁构件组成，看起来就像一个庞大的钢铁模型组合件，除四只大脚用钢筋水泥建成而外。塔身高 300 米，天线高 24 米，总高 324 米，钢铁构件近 18000 多个，铆钉多达 250 万个，塔身重 7000 吨。铁塔共分为三层，其中一、二层设有餐厅，第三层则建有观景台，从塔座到塔顶近两千级阶梯。据说每隔 7 年油漆一次，每次用漆达 52 吨。

1880 年，普法战争刚刚结束，法国为了摆脱耻辱、显示国力，决定在 1889 年庆祝法国大革命胜利 100 周年、巴黎再次举办世博会之际，建造一个超过英国“水晶宫”的博览会建筑。于是，政府出面向全球招标，计划在巴黎战神广场设计一座高塔，但必须满足两个条件：第一高塔能吸引大家购票参观，第二世博会结束后能容易拆除。

1887 年 1 月，埃菲尔铁塔正式开工。同年 2 月，抗议活动开始，据说参与者达 300 之多，全是建筑和文艺界的名人，他们还起草了《反对修建巴黎铁塔》的抗议书。其中代表人物就有法国著名文学家莫泊桑（Maupassant）和小仲马（Alexandre Dumas fils）。很快，普通民众也加入请愿队伍。他们认为这个黑乎乎的庞然大物会掩盖巴黎圣母院、卢浮宫、凯旋门等著名建筑物。这根奇丑无比的铁柱子，将会给这座有着数百年历史的古城投下令人厌恶的影子。甚至有位数学教授预言，当高度达到 229 米之后，这个建筑就会轰然倒塌。还有“专家”声称铁塔的灯光将会杀死塞纳河里所有的鱼类等等。不过铁塔的建造工程并未因此停下脚步。相反，建筑师埃菲尔通过《时代报》的一系列答记者问，成功地解除了大众的疑惑，建造工程继续照常进行。

埃菲尔铁塔

1889 年 3 月，埃菲尔铁塔建成，并成了当年世博会最经典的建筑。

1887 年 7 月—1889 年 3 月埃菲尔铁塔的建设过程[5]

1991 年，铁塔被列入世界文化遗产。如今，埃菲尔铁塔成了法国政府举办国内外大型活动的主要场所。1925 年，安德烈·雪铁龙（André Citroën），法国雪铁龙汽车公司的创始人，在埃菲尔铁塔上为本公司品牌打出了巨型电子彩色广告，用了 25 万只 6 色灯泡，这是字母装饰艺术的第一次成功尝试。在跨入 2000 年之际，埃菲尔铁塔被装饰得像一个巨型灯塔，光芒四射。2004 年 1 月，铁塔曾被装扮一新以庆祝中国新年。同年同月，为申办 2012 年夏季奥运会，巴黎市政府特意选择在埃菲尔铁塔上介绍他们为申奥的各项准备。2008 年 7 月到 12 月欧盟议会之际，法国政府用灯光在铁塔上“悬挂”了欧盟的旗帜。2015 年 11 月，铁塔“身着绿装”，以迎接联合国全球气候大会（COP21）的召开。同年同月，铁塔上的灯光也曾全部熄灭，以悼念在恐怖活动中不幸遇难的同胞，也曾“身披”法国三色旗帜，向全世界宣告“法国永生”的信念。

一个世纪以来，埃菲尔铁塔在见证历史事实的同时，也给世界各地游人带来了视觉的盛宴。它被法国人亲切地誉为“首都的瞭望台”。因为铁塔设有上、中、下三个瞭望台，可同时容纳近5000 人，三个瞭望台提供给游人的是不同的视野、不一样的情趣。据统计，每年的游客多达 300 万人。

如果拾级而上，不仅塔外的风景一览无余，而且塔身的内部结构也可尽收眼底，角度不同，风景各异。大约 20 分钟即可登临第一个瞭望台。当然也可乘坐电梯登高。站在最高处，极目可望 60 千米开外。中层瞭望台离地面 100 多米，据说从这一层翘望可以看到最佳景色。这一层还有一个装潢考究的全景餐厅，终年都是顾客盈门，座位必须提前预订才行。第一层瞭望台面积最大，是观赏近景的理想平台。而且餐厅、商店等服务设施一应俱全。人群穿梭如织，仿佛置身于闹市，完全忘却这里是 50 多米的高空。

每年，铁塔都要完成一次自己的壮举——自动升高。因为在炎热的夏天，铁塔因

[5] https://fr.wikipedia.org/wiki/Tour_Eiffel

受热膨胀而自动升高约 17 厘米，但在天气变冷时，铁塔会自动收缩至正常水平。同时，每层瞭望台上都设有最佳的观景点及其说明，第一层过道四周还布置了丰富的展板，使游客在休闲之余，了解铁塔的历史，甚至世界各国电视塔的精准高度。

如今，埃菲尔铁塔不仅成了著名景点，吸引着世界各地的游客，给巴黎每年带来 15 亿欧元的旅游收入，而且在科学实验中起着巨大作用：空气动力实验、无线电研究、气象观测等等。在第一次世界大战中，铁塔在无线电通讯方面做出了重大贡献。一百多年来埃菲尔铁塔已然完成了从技术到艺术进而成为巴黎标志性符号的华丽转身。它代表着当时欧洲正处于古典主义向现代主义过渡的特定时期。它是世界建筑史上的创举，曾经在世界最高建筑领域，独领风骚 40 年。如果说巴黎圣母院是古代巴黎的象征，那么埃菲尔铁塔则是现代巴黎的标志。

6. 凡尔赛宫（Château de Versailles）

凡尔赛宫坐落在巴黎西南 18 千米的凡尔赛镇，是巴黎著名的宫殿之一，也是世界五大宫殿：北京故宫、法国凡尔赛宫、英国白金汉宫、美国白宫、俄罗斯克里姆林宫之一，1979 年被列为世界文化遗产。

（1）建筑历史

凡尔赛宫所在地区原来是一片森林和沼泽。1624 年，法国国王路易十三买下这块荒地，修建了一座二层的红砖楼房，用作狩猎行宫。二楼有国王办公室、寝室、接见室、衣帽室、随从人员的卧室等，一层为家具储藏室和兵器库。当时的行宫拥有 26 个房间。1643 年路易十三去世时，路易十四近 5 岁，当时的皇家行宫位于卢浮宫和圣日耳曼昂莱（Saint-Germain-en-laye）宫内。1682 年，路易十四宣布将法兰西宫廷从巴黎迁往凡尔赛，并在父亲当初修建的狩猎小屋基础上建造行宫。1688 年，凡尔赛宫主体部分建筑工程完工。路易十四在位 50 年间，凡尔赛宫兼收并蓄了很多法国艺术家与建筑师的设计精髓，成为欧洲最宏大、最华丽的宫殿。1710 年，整个凡尔赛宫殿和花园的建

凡尔赛宫

设全部完工并旋即成为欧洲最大、最雄伟、最豪华的宫殿建筑和法国乃至欧洲的贵族活动中心、艺术中心，以及时尚文化的发源地。在其全盛时期，宫中居住的王亲国戚、贵族、主教及其侍从仆人竟达 3 万之多。在凡尔赛还驻扎有瑞士百人卫队、苏格兰卫队、宫廷警察、6000 名王家卫队、4000 名步兵和 4000 名骑兵。因此修建完成后，整个宫殿巨大无比，仅房间就多达上千。为了安置他的情妇，路易十四还修建了大特里亚农宫（Grand Trianon）。后来，路易十五和路易十六又修建了小特里亚农宫（Petit Trianon）等，并对凡尔赛宫进行了重新装饰，融合了法国古典主义、洛可可式和新古典主义风格，使这座建筑的最终占地面积达 5 万多平方米。

除了 1715-1723 年法国奥尔良公爵摄政时期（Régence），在 1682-1789 年，凡尔赛宫一直是路易十四（Louis XIV）、路易十五（Louis XV）和路易十六（Louis XVI）的王宫。直到 1789 年 10 月，路易十六被愤怒的民众挟持到巴黎城内，后被推上断头台斩首，凡尔赛宫作为王宫的历史才宣告终结。法国大革命时期，凡尔赛宫中陈设的家具、壁画、挂毯、吊灯和其它物品几乎被洗劫一空，宫殿门窗也难逃厄运。1793 年，宫内残余的艺术品和家具被全部运往卢浮宫。此后凡尔赛宫沦为一片废墟达 40 年之久，直至 1833 年，奥尔良王朝的路易·菲利普（Louis Philippe）国王才下令修复凡尔赛宫，并将其改为历史博物馆。

关于凡尔赛宫的修建有许多传说。据说 1660 年，国王路易十四参观财政大臣尼古拉·富凯（Nicolas Fouquet）的沃子爵城堡（Chateau de Vaux-le-Vicomte）时，为其房屋与花园的宏伟壮丽所折服，当时王室在巴黎郊外的行宫无一可以与其相比。于是，路易十四怒其不尽职守，以贪污罪将富凯投入巴士底（Bastille）监狱，并命令沃子爵城堡的设计师安德烈·勒诺特（André Le Nôtre）和著名建筑师路易·勒沃（Louis Le Vau）为其设计新的行宫。路易十四当时已决定将王宫迁出因市民不断暴动而鸡犬不宁的巴黎城，打算以路易十三在凡尔赛的狩猎行宫为基础建造新宫殿。1667 年，勒诺特设计凡尔赛花园及喷泉，勒沃在狩猎行宫的西、北、南三面添建了新宫殿，将原来的狩猎行宫包围起来。原行宫的东立面被保留下来作为主要入口，并修建了大理石庭院。

镜厅

花园

参观入口

桔园

1674年，建筑师孟莎（Jules Hardouin Mansart）从勒沃手中接管了凡尔赛宫工程，他增建了宫殿的南北两翼、教堂、桔园和大小马厩等附属建筑，并在宫前修建了三条放射状大道。为了吸引居民到凡尔赛定居，还在凡尔赛镇修建了大量住宅和办公用房。为确保凡尔赛宫的建设顺利进行，路易十四甚至下令十年之内在全国范围内禁止其它新建建筑使用石料。

（2）建筑风格

正宫前面是一座风格独特的法兰西大花园。园内树木花草的栽植别具匠心，景色优美恬静，令人心旷神怡。站在正宫前极目远眺，人工河上波光粼粼，帆影点点，两侧大树参天，郁郁葱葱，两旁的雕塑栩栩如生。凡尔赛宫的建筑风格为古典主义，立面为标准的古典主义三段式处理，即将立面划分为纵、横三段，建筑左右对称，造型轮廓整齐、庄重雄伟，被誉为理性美的代表。它虽然全是人工雕琢，却巧夺天工，极其讲究几何图形的排列和对称。其内部装潢则以巴洛克（Baroque）风格为主，少数厅堂为洛可可（Rococo）风格。

如果说凡尔赛宫的外景给人以宏伟壮观的感觉，那么其内部陈设及装潢则给人更多的艺术享受，室内装饰的富丽奢华实属罕见，这也是凡尔赛宫的一大特色。五百余间大殿小厅处处金碧辉煌，豪华非凡。内壁装饰以雕刻、巨幅油画及挂毯为主，配有17、18世纪造型优美、工艺精湛的家具。其中大理石庭院和镜厅最为突出。此外，“太阳”也是凡尔赛宫最重要的主题之一，“太阳”的标志无处不在。因为“太阳”是路易十四的象征，他自诩为“太阳王”（Roi Soleil）。凡尔赛宫的室内装饰，除了用人像外，还有狮子、鹰、麒麟等动物形象，有的楼梯栏杆用金属铸造而成，有的金属配件甚至镀了一层金，再配上各色大理石，显得富丽堂皇、光彩夺目。天花板则有平滑、拱形、半球形等各种形状，配上巨幅壁画和浮雕，精美恢弘，令人震撼不已。

据说，凡尔赛宫喷泉用掉的喷水头就多达1400个，耗费的水比整个巴黎的用量还要多，而那时的巴黎人却因为长期缺水而时常患病。而国王为了每日能看到喷泉，愉

左右对称的巴洛克风格宫殿

对称的几何图形园林

门楣和栏杆上的太阳王标志

喷水池之一

悦自己，则下令命 3 万名士兵连夜建造了一个由 14 个巨型水轮、两百多个水泵组成的庞大取水机，仅仅为了把塞纳河的水输送到喷水池而已。

整个修建过程动用了 3000 名建筑工人、6000 匹马。建筑工人负责完成石方工程，马匹则用来搬运东西。即便如此，修建还是持续了 47 年之久。过分追求宏大奢华使得居住功能极不方便。宫中没有一处像样的盥洗设备，据说连王太子都不得不在卧室的壁炉内便溺，但这对路易十四来说可能不算什么，因为他一年只洗一次澡。路易十五同样非常厌恶寝宫，认为它虽然宽敞豪华，却并不保暖。

（3）王宫活动

为了消除势力强大的法国地方贵族的割据和叛乱，路易十四在凡尔赛宫落成后立即将全国的主要贵族集中于凡尔赛宫居住。从 1682 年到 1789 年，法国的内政外交都在凡尔赛宫谋划，凡尔赛成了事实上的法国首都。为了显示王权的威严，路易十四和路易十五经常在宫中举行场面浩大的典礼、晚会、舞会、狩猎和其他娱乐活动。1751 年，路易十五为庆祝长孙勃艮第公爵（duc de Bourgogne）降生而举办的烟火晚会消耗了 60 多万里弗尔（livre：1 里弗尔相当于古时的 1 斤白银）的焰火。1770 年，路易十五为王太子举行的婚礼花费达 900 万里弗尔。路易十五晚期和路易十六早期，仅凡尔赛宫廷的费用就占法国收入的四分之一。但这些活动也收到了一定成效：路易十四登基以前势力雄厚、心怀不满、屡屡反叛的法国大贵族至路易十四时代已被宫廷的奢靡生活所腐化，甚至以受邀居住宫中为荣，争先恐后仿效国王及宫中的礼仪、着装，担心失去国王的宠幸。

路易十五时的里弗尔

（4）参观路线

大理石庭院是凡尔赛宫的正面入口，由三面围合而成的小广场。中央的建筑原为路易十三的狩猎行宫，路易十四时加以改造，保留原来的红砖墙面，并增加大理石雕塑和镀金装饰。庭院地面用红色大理石装饰。庭院正面一层为玛丽·安托瓦内特（Marie-Antoinette）的私室和沙龙，二层为国王寝室。

海格力斯厅（Salon d'Hercule）位于主楼二层东北角与北翼的连接处，连接中路宫殿和北翼与王家教堂。路易十四时代，这里是王家小教堂，后改为国王接见厅。路易十五时对大厅进行了许多装饰，其中最为有名的是大厅天花板上弗朗索瓦·勒穆瓦纳（François Lemoyne）的巨幅壁画“海格力斯众神”（Apothéose d'Hercule），其中有丘比特（Jupiter）、阿波罗（Apollon）等众神形象，近 150 名人物，形态各异，形象生动，仅靠这副壁画，勒穆瓦纳就可当之无愧地成为御用画家的第一人。可惜这部巨作完成不久，他就因疲劳过度而离开人世。

皇家剧场（Opéra royal）由路易十五下令修建，位于凡尔赛宫北翼。由加布里埃尔（Ange-Jacques Gabriel）设计。剧场可容纳七百多名观众，仅大厅照明就需要三千多根蜡烛。1770 年，在王太子，即后来的路易十六大婚之际，进行了剧场的落成典礼，王家剧场从此成了欧洲最漂亮的演出大厅之一。精致的芭蕾舞歌曲表演成为宫廷里最主要的娱乐项目。来自意大利佛罗伦萨的著名舞者和作曲家吕里（Lully）就曾在这里演出过。

丰收厅（Salon de l'Abondance）是国王套房的一部分，王室成员在此享用晚餐，厅内存放有历代国王的奖章及珍宝收藏，尤其是路易十四收藏的各种艺术珍品，其中门楣上放的国王帆船最为有名，当时路过此处的所有人都必须向它致意。如今，丰收

“海格力斯众神”

皇家剧场

丰收厅

厅则作为路易十六的游戏室展出。

维纳斯厅[6]

维纳斯厅（Salon de Vénus）又名金星厅，该名的来由和太阳的传说有关。大厅拱顶上的壁画都是古希腊传说中爱神维纳斯（Vénus）的形象。这里是觐见国王的主要入口之一，内设“大使荣誉通道”。每当夜幕降临，花灯初上，桌上就会摆满花篮和奇珍异果。据说路易十四的婚姻就是维纳斯厅拱顶浮雕启发的结果。维纳斯厅的装饰是典型的巴洛克风格，也是勒布伦（Charles le Brun）将建筑、雕塑和绘画融为一体的唯一代表作，给人一种亦幻亦真的感觉。窗户两旁雕像的原型就是路易十四。

接见大厅

接见大厅（Appartement de parade）是国王大套房的一部分，也是国王召见达官贵族、国家政要和进行国事活动的场所，因此，接见厅的装饰仿照当时意大利的宫廷风格极尽奢华。白天大厅向公众开放，每当国王去王家教堂路过此地，大家都有机会目睹国王的风采。

狄安娜厅

狄安娜厅（Salon de Diane），狄安娜（Diane）是太阳神阿波罗（Apollon）的妹妹，拉托纳（Latone）的女儿，也是月亮和狩猎女神的化身，所以狄安娜厅也叫月神厅。该厅是通向国王套房的主要通道之一。路易十四时期，晚上国王在此休息，打桌球。同时有两个看台是专门留给为国王鼓掌喝彩的贵妇们的。国王擅长桌球，并且时常听到大家的喝彩欢呼，这个大厅因此也叫“喝彩厅”。天花板中央是加布里埃尔（Gabriel Blanchard）的作品，呈现的是狄安娜主持狩猎和航海场面。四周画面则介绍了历史上久负盛名的狩猎和航海英雄，用来影射以打猎出名的路易十四。狄安娜厅中央放置的是路易十四（Louis XIV）的半身像，是路易十四 27 岁时的样子，大气、高贵、威严，象征着他最辉煌的时期。

玛尔斯厅

玛尔斯厅（Salon de Mars）又名战神厅或火

[6] https://travelikeme.wordpress.com/2014/03/20/chateau-de-versailles/

星厅，大厅的画面以军事题材为主。天花板上有克劳德（Claude Audran）的油画《战神驾驶狼驭战车》（*Mars sur un char tiré par des loups*）。大厅内壁炉两端有大理石平台，这里曾摆放过台球桌。波旁王朝时期的国王经常在此举行宫廷音乐会，因此该厅也叫“舞厅”。

墨丘利厅（Salon de Mercure）又名水星厅或御床厅，因为这里最早是通往国王寝房的接见厅或国王的临时游戏室。厅内有一张大床，冬天时，酷爱打桌球的路易十四常常命人将大床移走而安置球桌。1689 年，路易十四因为解决战争经费被迫命人将自己心爱的银质游戏桌全部被熔化铸币，仅留下了银质壁橱、镜子、天花板、壁炉甚至摆放柴禾的架子。御床前是保护隐私的银质围栏，墙壁上、大床四周挂满了金色和银色锦缎帷幔。不幸的是，这些帷幔最后同样被送到了当时的造币厂，用于连年不断的西班牙战争。事实上，国王很少在此就寝，只有路易十四的孙子安如公爵（duc d'Anjou），在成为西班牙国王前，以王子身份曾经在此居住过 3 个星期。1715 年，在此停放过路易十四的尸体。

墨丘利大厅天花板上的大幅壁画是法国擅长宗教题材画作的尚佩涅(Jean-Baptiste de Champaigne）的作品：《墨丘利驾驶鸡驭战车》（*Mercure sur son char tiré par deux coqs*）。墨丘利（Mercure）来源于拉丁语 Mercurius，在罗马神话故事中，他是商业、旅行、偷盗者的保护神，也是诸神的信使，因为他的名字和拉丁语 merx、mercari 和 merces 有关，在法语中则分别指代“商品”（marchandise）、“从商”（commencer）和“工资”（salaire），都和“钱财”相关，所以墨丘利，即希腊神话中赫尔墨斯的形象：一手拿着佩塔索斯帽和神杖，即赫尔墨斯（Hermès）所持的节仗，是诸神使者的标志。大厅的名字由此而来。

墨丘利厅

《墨丘利驾驶鸡驭战车》

墨丘利

阿波罗厅（Salon d'Apollon）又叫太阳神厅，和路易十四自诩的太阳神、和平之神以及艺术之神互相辉映。这里是法国国王的御座厅，其布置极其奢华，堪称凡尔赛中最华丽的大厅。天花板上有镀金雕花浅浮雕，中央曾经是纯银铸造的御座，高 2.6 米，位于铺有金色的波斯地毯的高台之上，绚丽夺目的华盖之下。但是，纯银御座和银质家具已于1689年被制币厂熔化，就此消失。如今看到的路易十四御座只是一个木质的镀金座椅。像所有的王宫居所一样，大厅四周墙壁和帷幔全部是深红色金银丝镶边天鹅绒，并且随着四季的交替更换花色。由于路易十四自诩为“太阳王”，因此凡尔赛宫内主要的大厅均以环绕太阳的行星命名。

战争厅（Salon de la Guerre）在主楼的西北角，北、西两面朝向花园，南面通往镜厅。顶部是勒布伦创作的大型浮雕，中心是腾云驾雾的法国军队被胜利场面保卫，四角则反映路易十四征服德意志、西班牙等国的宏大画面：一只雄鹰和屈膝下跪的德意志，一头怒吼的雄狮和胆战心惊的西班牙，倒在一头雄狮身上的荷兰，以及被战争激怒的战神。壁炉之上则为路易十四的骑马浮雕像。

阿波罗厅

镜厅（Galerie des Glaces）又称镜廊，位于战争厅与和平厅之间，是凡尔赛宫最华丽、最著名的大厅。是17世纪巴洛克风格的代表作，也是路易十四王权的集中表现。这个伟大的杰作由皇家大艺术家勒布伦和大建筑师孟沙合作建造。它全长73米，宽10米，连接两个大厅。长廊的一面是17扇面朝花园打开的巨大拱形窗门，另一面镶嵌着与拱形窗户对称的17面镜子，这些镜子由近400块镜片组成。镜廊拱形天花板上是勒布伦的巨幅油画，挥洒淋漓，气势恢宏，展现出一幅幅风起云涌的历史画面。漫步在镜廊内，碧蓝的天空、静谧的园景映照在镜墙上，仿佛置身于芳草如茵的园林中。装饰图案的主题是展开双翼的太阳，表示对路易十四的崇敬。天花板上为24具巨大的波西米亚水晶吊灯，以及歌颂太阳王功德的油画。大厅东面中央是通往国王寝宫的4扇大门。路易十四时代，镜廊中的家具及花木盆景都是纯银打造，国王经常在此举行盛大的化妆舞会。

战争厅

镜厅

和平厅（Salon de la Paix）和战争厅的装饰相似，两个大厅相互对称。拱形顶部是由勒布伦创作的大型浮雕，体现法国带给欧洲和平后的种种好处。壁炉上的油画题材为“路易十五创造和平”。厅内装饰有雄狮、罗马帝王像等。路易十四时期，

和平厅

这里曾是王后套房的最后一间。路易十五时期，周日这里就成了凡尔赛宫演奏宗教或世俗音乐的重要场所。

国王套房

国王套房（Grand appartement du Roi）在主楼东面，路易十三过去的狩猎行宫之内。中央为国王卧室，内有金红织锦大床和绣花天篷，床前是镀金护栏，天花板上是《法兰西守护国王安睡》的巨大浮雕。这里既是宫廷的政治活动中心，也是举行起床、问安、早朝、晚朝仪式的地方。寝宫北边为小会议室，南边为牛眼厅。

牛眼厅

牛眼厅（Salon de l'oeil-de-boeuf）因通往国王寝室大门上方的牛眼形天窗而得名，是王亲贵族和大臣候见国王的地方。每天早上最重要的王室成员在此等候国王起床。主要是国王的弟弟、子侄等和国王血缘关系最近的亲属。所以这里悬挂着王室最重要成员的画像，比如国王路易十四的弟弟奥尔良公爵及其夫人等。

王后套房[7]

王后套房（Grand appartement de la Reine）位于主楼南侧，包括王后的卧室、候见厅，宫妇退居室、王后的卫兵室等 7 间房间。王后套房的楼下为太子套房（Appartement du Dauphin）。

教堂

教堂（Chapelle）在北翼楼群的南端，1700 年修建，路易十四称这座教堂是奉献给圣路易的。路易十四修建凡尔赛宫是为了在气势上胜过西班牙的修道院、宫殿综合建筑群—埃斯库利亚尔宫（Palais El Escorial），但没有把教堂布置在主要轴线上，反映出在路易十四时期的法兰西，王权已经高于神权。路易十五及其王太子、路易十六、路易十八和查理十世都曾在这个教堂举行过婚礼。

战争画廊[8]

战争画廊（Galerie des Batailles）在南翼建筑群中，曾为王子和亲王的住所，展出了众多战争主题的绘画作品，其中最有名的画作有《布汶战役》（*Bataille de Bouvines*）、拿破仑《奥斯特里茨战役》

[7] http://www.oessa.co.uk/post/51974518307
[8] https://www.flickr.com/photos/thibaultchappe/5873250013

（*Bataille d'Austerlitz*）和《亨利四世进入巴黎》（*Entrée d'Henri IV à Paris*）等。

大特里亚农宫（Grand Trianon）于 1687 年由路易十四为其情妇曼特侬（Maintenon）夫人建造，只有一层，室内装潢相比之下比较朴素。路易十四时期，国王有时厌倦豪华的凡尔赛宫，就到此小住。1805 年至 1815 年，拿破仑经常居住于此。

大特里亚农宫

小特里亚农宫（Petit Trianon）由路易十五为其王后建造。是典型的古典主义建筑风格，主要房间有大沙龙、小沙龙、画室、卧室、化妆室等。附近有路易十六为玛丽·安托瓦内特（Marie-Antoinette）王后修建的瑞士农庄，有厕所、磨坊、羊圈等，王后常常化妆成牧羊女在这里游玩嬉戏。

大特里亚农宫路易十四的起居室

凡尔赛宫园林现存面积为 100 公顷，是法国著名的古典园林之一。全园以“轴线式”进行布局设计，在平坦的地形上应用了运河和大量水池，为全园增加了一种辽阔、深远的气势。园林主轴利用落差不大的地形变化营造了丰富多变、精美迷人的视觉盛宴，从而完成了建筑到自然的完美过渡。主轴两侧不同小园林的景观特色和园林中大大小小的喷泉为园林的整体布局增色不少。花园内共有 1400 个喷泉供游人观赏。园林中央一条近 2000 米长的十字形人工大运河尤其引人注目。路易十四（Louis XIV）时期曾在该运河上安排帆船进行过海战表演，也曾模仿威尼斯大运河（Grand Canal de Venise）风光布置贡多拉（Gondole）和船夫。此外，花园内还有森林、花径、温室、柱廊和众多大理石雕像等。

小特里亚农宫

玛丽·安托瓦内特王后卧室

总之，凡尔赛宫堪称法国封建统治时期一座华丽的纪念碑。它不仅是法兰西宫廷和当时社会生活的具体表现，也是欧洲自古罗马帝国以来，第一次集中如此巨大的人力、物力和财力的专制力量的体现。当时，路易十四为了建造它，动用了 3 万多名工人、技师和建筑师，除了要解决建造大规模建筑

凡尔赛宫花园

群所产生的复杂的技术难题外，还要解决引水、道路等各方面的问题。可见，凡尔赛宫的成功，是当时法国经济、技术和人民智慧的胜利。其宏伟壮丽的外观和整齐划一的设计，体现了法国古典主义艺术思潮的辉煌成就。此后几百年来，欧洲皇家园林几乎都遵循了它的设计理念。

凡尔赛宫的建造风格引起俄国、奥地利等国君主的极大兴趣，他们纷纷效仿。比如俄国彼得一世（Pierre Ier）大帝在圣彼得堡（Saint-Pétersbourg）郊外修建的夏宫（Palais d'été）、奥地利皇后玛丽亚·特雷西亚（Marie-Thérèse d'Autriche）在维也纳（Vienne）修建的美泉宫（Château de Schönbrunn）、普鲁士国王腓特烈二世（Frédéric II de Prusse）在波茨坦（Potsdam）修建的无忧宫（Palais de Sanssouci）等，都仿照了凡尔赛宫的宫殿和花园。

自 19 世纪下半叶，凡尔赛宫成了全世界瞩目的政治中心。1870 年，普鲁士军队占领凡尔赛，第二年德国皇帝在此举行加冕仪式。同年，梯也尔政府（Gouvernement Thiers）盘踞在凡尔赛宫，策划了镇压巴黎公社（Commune de Paris）的血腥计划。此外，1783 年，美国独立战争后，英美两国在此签订了《巴黎和约》（*Traité de Paris*）。1919 年，在镜厅，法国及英美等国同德国签订了《凡尔赛和约》（*Traité de Versailles*），第一次世界大战宣告结束。

如今的凡尔赛宫除供游人参观之外，也成了法国总统及其他领导人会见或宴请各国元首和外交使节的重要场所。法国总统和总理多次在宫中和花园中举办外事活动、召开国际会议、签署国际条约等。1937 年，凡尔赛宫作为历史博物馆对公众开放。

7. 枫丹白露（Fontainebleau）

枫丹白露是法兰西岛（île de France）塞纳 - 马恩省（Seine-et-Marne）最大的市镇，位于巴黎东南 61 千米处，周围被森林环抱，是巴黎人休闲度假的理想去处，也是闻名世界的旅游胜地。森林西北部的巴比松（Barbizon）村，则是法国众多画家以及前印象派大家的居住地。

枫丹白露外景[9]

枫丹白露后花园[10]

[9] http://www.thousandwonders.net/Palace+of+Fontainebleau
[10] https://www.clubshuttle.fr/transfert-fontainebleau

据记载，“枫丹白露”的名字最早来源于拉丁语 Fons Bleaudi，15 世纪时民间流行“Fontaine belle eau”的叫法，意思是“美丽的泉水”。1630 年起，出现了“Fontainebleau”和“Fontaine belle eau”两种叫法，后来就演变成了一种叫法：“Fontainebleau”，而译名“枫丹白露”则出自著名作家朱自清之笔。

以前，枫丹白露只是一个名不见经传的小村子。12 世纪，路易七世（Louis VII）将此地作为打猎据点，并建了教堂。13 世纪初，圣路易（Saint Louis），即路易九世（Louis IX）在位时，非常喜欢这里，称其为我的“荒漠”，随命人修建了亭阁和医院。直到 1528 年，弗朗索瓦一世（François 1er）梦想建立一个“新罗马”，巩固自己的政权。于是他便邀请意大利画家亲自设计建造，开阔的庭院环绕着美丽的宫殿，极富韵味。后来法国许多画家将文艺复兴风格和法国古典艺术完美地融合在一起，形成了独特的“枫丹白露派”，该画风统治法国画坛长达两个世纪。

从 12 到 19 世纪，经过历代君王的改建、扩建、装饰和修缮，枫丹白露成为一座富丽堂皇的行宫。这里先后居住过弗朗索瓦一世、亨利四世（Henri IV）、路易十四（Louis XIV）和拿破仑一世（Napoléon I）等众多帝王。拿破仑曾戏称枫丹白露为“世纪之家”，意思是枫丹白露承载着跨越世纪的丰富历史。1981 年，枫丹白露宫及其花园被列入世界文化遗产。枫丹白露不仅展示了世界一流的建筑艺术，而且拥有 6 至 19 世纪的绘画、雕塑和古董精品。

宫内的主要景点有舞厅、会议厅、狄安娜壁画长廊、瓷器廊、王后沙龙、国王卫队厅、王后卧室和教皇卧室、国王办公室、弗郎索瓦一世长廊等。其中弗朗索瓦一世的画廊最美，室内有许多寓意画作、水果装饰品、花环彩带和丰富的石膏花饰、雕塑等，是意大利文艺复兴艺术和法国古典艺术的典范。因为弗朗索瓦一世对意大利文艺复兴艺术非常痴迷，所以他希望枫丹白露成为文艺复兴艺术品博物馆。为此，他亲自邀请意大利著名画家达芬奇等大师到宫廷作画，如今在卢浮宫看到的《蒙娜丽莎》，奥赛博物馆的《岩间圣母》等杰作，都是弗兰索瓦一世的功劳。

亨利四世时不惜花重金对几个大厅做了扩建和修缮，尤其是办公厅和椭圆厅等，从而使枫丹白露可以容纳近千人。

弗朗索瓦一世长廊

皇帝御座厅

枫丹白露中的中国馆为拿破仑三世时建造，陈列着中国明清时期的古画、首饰、牙雕、玉雕、景泰蓝佛塔等上千件艺术珍品。这些藏品大多来自圆明园，枫丹白露宫成了收藏和展览圆明园珍宝最齐全的“博物馆”，也是法国侵略中国的一个有力证据。

1804 年，拿破仑一世将历代国王的卧室改为金碧辉煌的皇帝御座厅，厅内墙壁和天花板用黄、红、绿色调的金叶粉饰，地板用画毯覆盖，吊灯晶莹夺目，其装饰可谓集数百年之大成。其设计活泼的美术式样，对欧洲各地建筑产生了巨大影响，枫丹白露宫堪称 18 世纪室内装饰博物馆。

历史上，枫丹白露既是国王居住、狩猎的行宫，也是王室婚丧嫁娶、生儿育女的场所。1601 年，路易十三在此出生。1656 年，瑞典王后克里斯蒂安（Christine）下榻于此。1725 年，路易十五在此大婚。路易十四虽然拥有凡尔赛宫，但也时常把这里当作自己的“老家”。

同时，枫丹白露见证了无数的历史事件。1814 年，拿破仑被迫在这里签字让位，并对其近卫军团发表了著名的告别演说。1984 年，法国前总统弗朗索瓦密特朗（François Mitterrand）在此组织了欧洲经济共同体（Communauté économique européenne）政府首脑会议……

8. 巴黎荣军院（Hôtel des Invalides de Paris）

巴黎荣军院位于塞纳河左岸，距离亚历山大三世桥（pont Alexandre III）不远，与大、小皇宫（Grand Palais、Petit Palais）隔河相望。

荣军院又叫“巴黎残老军人院”，建造于法国国王路易十四时期。如今，这里继续保持接待残疾人员的传统。圣路易教堂（Cathédrale Saint-Louis）依然存在。原来用于安置伤残军人的部分建筑已经改成了多个军事博物馆和拿破仑的大型陵墓。这个宏伟建筑由路易十四时期的建筑师布鲁昂和孟莎设计，堪称法国古典建筑艺术的杰出代表之一。

荣军院

军事博物馆[11]

[11] http://patrimoine-de-france.com/paris/paris-7eme-arrondissement/hotel-des-invalides-90.php

1618到1648年，天主教和新教之间的战争在欧洲大陆持续了30年，法国也被卷入其中，伤残将士无数。路易十四为了安抚人心，加强军事力量，终于在1670年颁布御令“将那些用生命和鲜血来保卫他们君王的将士们安置到这里，让他们在宁静祥和的环境中度过他们的余生……”，修建一座旨在安置军队中伤残军人的建筑。最初只想修建一些简易的兵营，结果布鲁昂的设计不仅有营房，还有教堂和皇家庭院，整个计划宏伟壮观，在众多设计中脱颖而出。当时的荣军院有教堂、印刷作坊、军人医院和收容所。1671年开工，1677年全部竣工，整个工程仅用了6年，可谓神速。

布鲁昂将中央设计成一个很大的“皇家庭院”（Cour Royale），周围有五大建筑，每个建筑的大门直接通向“皇家庭院”。荣军院是路易十四统治时的标志性建筑，但后来的路易十五和十六对此地却很少问津。1717年，俄罗斯沙皇皮埃尔一世（Pierre 1er）到此造访。1804年，拿破仑一世在荣军院教堂举行了一场史无前例的豪华仪式，向获得荣誉勋章的将士们颁发了代表法兰西最高荣誉的勋章，这种授勋仪式在法兰西历史上还是第一次。

荣军院最初的功能主要是接待军人，后来逐渐演变成了兵器陈列馆等。1872年，建造了炮兵博物馆。1896年，成立军事历史博物馆。1905年，法国政府将两馆合并，统一称作法兰西军事博物馆。在荣军院，还陈列着中国清朝道光年间的大炮，乾隆皇帝的战袍和宝剑，而这些文物都是英法联军从圆明园掠夺来的。

如今，荣军院又增加了一项接待外国元首的功能。比如，2014年3月，法国前总统奥朗德在此接待了中国国家主席习近平。

9. 爱丽舍宫（Palais de l'Elysée）

爱丽舍宫是法国总统的官邸，位于巴黎八区，香榭丽舍大街的东端，福宝-圣奥诺雷（Faubourg-Saint-Honoré）大街55号。它背靠恬静的大花园，却临近热闹的街市。“爱丽舍”（Elysée）源于希腊语，意为“圣贤之士的乐土”。如今，“爱丽舍”已成了法国总统府的代名词。它和美国的白宫、英国的白金汉宫以及俄罗斯的克里姆林宫一样远近闻名。

爱丽舍宫

据网站[12]资料记载，爱丽舍宫始建于1720年，最初只是一个私人住宅，由法国著名建筑师莫莱（Armand-Claude Mollet）为艾弗瑞（Evreux）伯爵设计而成。1753年，路易十五（Louis XV）将

[12] https://fr.wikipedia.org/wiki/Palais_de_l'%C3%89lys%C3%A9e

这个礼物赠予了自己喜欢的蓬巴杜（Pompadour）夫人。1805 年，爱丽舍宫成了拿破仑妹夫缪拉（Joachim Murat）的宫殿。后来，缪拉的表侄，即拿破仑三世（Napoléon III）在此居住。1879 年，法兰西第三共和国颁布法令，正式规定爱丽舍宫为法国总统府，一直延续至今。如今，爱丽舍宫的主人是 2017 年 5 月上台的艾玛纽埃尔·马克龙（Emmanuel Macron）。

爱丽舍宫的外型朴实庄严，内部却金碧辉煌，墙上悬挂着著名的油画和精美的壁毯。室内陈设着 17 世纪、18 世纪的镀金雕花家具和各种精美的艺术品，置身其中如同进了博物馆，令人目不暇接。主楼两翼是两座平台，左右对称，入口处的旗杆上是法兰西的三色国旗，门楣上可见两个醒目的字母“FR”，即“法兰西共和国”（République française）国名的缩写。总统办公室和生活区在二楼，底楼主要是会议厅、会客厅、宴会厅等，其陈设仍保持古时的模样，迎宾厅设在主楼，中央是入口，也是总统迎接各国贵宾的地方。节日厅是新总统宣誓就职的场所，也是宴请外国贵宾的地方。据说，爱丽舍宫举行盛大国宴的豪华程度和繁复礼节一百多年来从未改变。除了闻名遐迩的法国大餐外，所用的餐具也很考究，其中大部分都是由法国著名生产商专门为爱丽舍宫精心打造的。据史料记载，戴高乐时期，已经将国宴缩短到两小时半，从原来的五道菜压缩到三道。如今的国宴持续时间更短，不到一个小时。

为了让更多的人了解本国文化，法国文化部于 1984 年出台了“历史名胜开放日”的政策，规定每年九月的第三个星期日为“法国遗产开放日”。这天，所有游人除了可以免费参观首都巴黎的国家博物馆、教堂、王宫等历史名胜外，还可以参观巴黎市政厅、卢森堡宫等官方人员办公场所，尤其是万众瞩目的爱丽舍宫。这个传统一直延续至今。据报道[13]，在 1977 年 7 月 14 日法国国庆节这天，爱丽舍宫的大门第一次对普通民众打开。时任总统德斯坦在爱丽舍宫前亲自接见来访的法国市民，面对记者，总统坦言：“今天是开放日，法国人民崇尚民主，爱丽舍宫只是为人民服务的办事机构，平时人们通过电视、电台、报纸等媒介听到或看到过爱丽舍宫，以为门槛很高，事实并非人们想象的那样。在这里任何人都可以自由自在地游览……”当天的参观队伍浩浩荡荡，一直延伸到了协和广场。2014 年 6 月 1 日，法国政府规定[14]每个月的第一个星期天，爱丽舍宫花园对公众开放一次。具体时间为夏令时的 11 点到 19 点，冬令时的 10 点到 17 点。

如今，普通民众都可以零距离欣赏爱丽舍宫的花园美景，亲临法国总统的办公圣地，爱丽舍宫再也不像人们想象的那样遥不可及了。

[13] http://www.ina.fr/video/CAB7701184201/portes-ouvertes-au-palais-de-l-elysee-video.html
[14] http://www.elysee.fr/la-presidence/ouverture-des-jardins-du-palais/

10. 蒙马特圣心教堂（Basilique du Sacré-Cœur de Montmartre）

圣心教堂

蒙马特圣心教堂位于巴黎十八区的蒙马特高地上，于 1875 年动工，直到 1923 年才正式竣工。由法国著名建筑家阿巴迪(Paul Abadie)设计而成。据说整个工程耗资巨大，花费了千万信徒将近半个世纪的奉献捐赠。

耶稣的圣心壁画

圣心教堂的建筑风格不再沿用传统的长方廊柱形，而是采用希腊十字架结构，四周以穹顶衬托，是罗马艺术和拜占庭风格的综合呈现。这种新巴洛克式建筑风格对 20 世纪的教堂建筑影响很大，传统的教堂往往是东西走向，而圣心教堂则是南北走向，面朝巴黎大都市，和巴黎圣母院遥相呼应。

圣心教堂的正面是三个拱形大门，上方矗立着两尊青铜骑马塑像: 法国国王圣路易(Saint-Louis)和民族英雄圣女贞德(Jeanne d'Arc)。中央穹顶直径 16 米，高达 83 米，如果没有埃菲尔铁塔，这里是当时巴黎的最高点。237 个台阶的螺旋形阶梯和穹顶的内外走廊相通，从内廊可观教堂内景，天气放晴时，从外面的走廊远眺，方圆 30 千米的景致可一览无余。教堂内最令人惊叹的半圆形后殿的马赛克壁画，代表着耶稣的圣心（Sacré-Cœur de Jésus）将通过天主教堂和法兰西永远被赞美和颂扬。这也是法国最大的马赛克壁画。

圣心教堂后面有一座方型钟楼，里面有一口法国最大的萨瓦钟（La Savoyarde），重达将近 19 吨。

圣心教堂也叫白教堂，因为整个教堂都用白色石灰石砌成，这也是阿巴迪的设想，主要因为这种石材不仅经久耐用，而且无需清洗，只要和雨水接触，石灰石就会分解出白色灰质，浑身焕然一新，洁白如玉。

在巴黎，蒙马特圣心教堂已成为继巴黎圣母院之后的第二大教堂游览胜地。除了圣心教堂，教堂前的广场也是一个极具吸引力的地方，因为这里经常会看到游人坐在台阶上，悠闲自在地欣赏着各种艺术表演。此外，蒙马特高地还是画家的摇篮。距离圣心教堂不远的方形广场，就像一个露天大画室，各派画家在此竞相献艺，热闹非凡。

11. 巴黎歌剧院（Opéra Garnier）

巴黎歌剧院又叫“加尼叶歌剧院”（Opéra Garnier），是迄今为止世界上最美的剧院。自从 1989 年巴黎市的另一家歌剧院——巴士底歌剧院（Opéra Bastille）建成后，人们更习惯把“巴黎歌剧院”称作“加尼叶歌剧院”，以示区分，因为两家歌剧院都叫“巴黎国家歌剧院”（Opéra national de Paris）。

17 世纪，受意大利歌剧影响，法国歌剧也日趋成熟，迫切需要一个展示的场所。1669 年，法国国王路易十四时期，法国“皇家音乐学院”应运而生，这是一个由众多歌唱家、芭蕾舞团、皇家舞蹈学院、以及法国第一家职业乐团组成的庞大队伍。简称“歌剧院”（Académie d'opéra），专门负责在巴黎等大城市推广法国歌剧，它就是巴黎歌剧院的前身。

1861 年，法国第二帝国时期，拿破仑三世打算在巴黎的奥斯曼（Haussman）大街上建造一个“新剧院”（nouvel Opéra），而加尼叶（Charles Garnier）的设计在众多竞争者中脱颖而出。1875 年，法国第三共和国（Troisième République）时期剧院完成落成典礼。

巴黎歌剧院是古希腊罗马式柱廊和巴洛克等几种建筑风格完美结合的典范，是意大利风格的杰出代表，也是拿破仑三世时期著名的建筑作品。它集金饰、雕塑、大理石和精美绝伦的壁画于一身，外观恢弘大气、细腻精美，内饰则金碧辉煌、尽显奢华。一踏进剧院，宽阔壮观的楼梯立刻映入眼帘，大理石台阶在金色的灯光照射下闪闪发光，据说是当时贵妇们的衬裙擦拭的结果，可见当时剧院的盛况。楼梯上方的中央天花板上则是大型壁画，静静地讲述着美丽的寓言故事。拾级而上可进入两侧的剧院走廊，两旁的镜子、玻璃和灯光交相辉映，亦真亦幻，如同身处戏中。这里是供观众中场休息和自由畅谈的场所，大家可倚栏相望或俯瞰楼下。楼梯左侧的休息大厅，是剧院最富丽堂皇的部分，其奢华程度一点也不逊色于凡尔赛宫的镜厅。演出厅设置在楼梯的右手边，整个大厅呈马蹄形，深红色，庄严温馨、高贵典雅。它如同剧院的心脏，由加尼叶亲自设计。据说他在研究当时欧洲剧院各种风格的基础上设计了马蹄形演出厅，以达到最佳的视听效果。

巴黎歌剧院是世界上最大的剧院，有 2200 个座位，拥有全世界最大的舞台，可同时容纳 450 名演员。此外，剧院还拥有一个举世闻名的芭蕾舞团和一个管弦乐团，仅演艺人员就多达千人。

从落成至今，剧院上演的每个节目都经过严格筛选。主要是古今的抒情作品和经典芭蕾。从作品翻译、舞台设计、服饰选择等，都有严格监管，这也正是剧院发展成世界最大、最著名的抒情剧场的原因。

加尼叶歌剧院

1672 年，路易十四授权法籍意大利人吕利（Lully）掌管法国歌剧界。吕利在他的十五年任期内，完成了自己 20 多部歌剧和芭蕾舞剧的演出，为法国歌剧的发展奠定了坚实的基础。从 18 世纪末开始，巴黎歌剧院除了主演本国作曲家的作品外，也引进外国剧目，如莫扎特

(Mozart)的著名歌剧《费加罗的婚礼》(*Mariage de Figaro*)等。另外，法国著名侦探小说家加斯通·勒鲁(Gaston Leroux)的《剧院魅影》(*Le Fandôme de l'Opéra*)的故事就发生在这里。1923年，巴黎歌剧院，即加尼叶歌剧院被列入国家历史名胜。

格雷万蜡像馆入口

12. 格雷万蜡像馆(Musée Grévin)

格雷万蜡像馆位于巴黎第九区蒙马特大街10号，是一家以“格雷万”命名的私人蜡像馆。阿尔弗雷德·格雷万(Alfred Grévin)是法国著名幽默漫画家、雕塑家和舞台服装设计师，他对博物馆做出了杰出贡献。格雷万博物馆于1882年开馆迎宾，当日即引起了巨大轰动。

魔幻宫

格雷万蜡像馆的入口长廊和拱形宫顶的装饰精美绝伦，体现了典型的洛可可风格。它主要由演示厅(Salle de spectacle)、魔幻宫(Palais des Mirages)和包罗万象的蜡像展示大厅组成。魔幻宫利用精美塑像和光影技术立刻将您带入一个色彩缤纷的梦幻世界。而丰富多彩、惟妙惟肖的蜡像大厅，令您仿佛在法国著名历史场景和人物的时光隧道里自由穿行，并与当今世界各国的风云人物或“相视以笑”、或“促膝相谈”、或“擦肩而过”……

这里集聚了两百多尊蜡像，既有路易十六被囚禁、贞德姑娘被烈火焚烧等历史画面，也有巴黎圣母院等文学作品中的主要人物，以及当今世界不同领域的著名人物。比如著名物理学家，相对论的创立者——爱因斯坦(Albert Einstein)、被誉为现代印度之父的甘地(Mahatma Gandhi)、著名英国女王—伊丽莎白二世(Her Majesty Queen Elizabeth II)、美国著名音乐家迈克尔·杰克逊(Michael Jackson)、中国香港著名功夫电影演员成龙、德国现任总理默克尔(Angela Dorothea Merkel)，俄罗斯现任总统普京(Vladimir Vladimirovich Putin)、中国前主席胡锦涛和美国前总统奥巴马(Barack Hussein Obama)等。

13. 拉雪兹神父公墓(Cimetière du Père-Lachaise)

拉雪兹神父公墓位于巴黎二十区，是巴黎最大的公墓，和蒙马特(Montmartre)公墓、蒙巴纳斯(Montparnasse)公墓并称为法国三大公墓。它不仅是世界最著名的公墓之一，也是最受游人青睐的公墓，每年吸引数十万游客前来参观。

拉雪兹神父公墓曾是路易十四的忏悔神父拉雪兹的豪华住宅。拉雪兹神父掌握宗

拉雪兹神父公墓

巴尔扎克墓

教事务将近 40 年，深得路易十四的宠信，这座住宅也是路易十四赐给他的。1804 年这里被改为公墓，人们也习惯称其为拉雪兹神父公墓。

这里埋葬着曾经在过去两百年里为法国做出卓越贡献的诸多名人。有法国喜剧作家莫里哀（Molière）、寓言大师拉封丹（Jean de La Fontaine）、有着“现代法国小说之父”美称的巴尔扎克（Honoré de Balzac）、歌剧《卡门》（*Carmen*）的作曲家比才（Georges Bizet）、油画《自由引导人民》（*La Liberté guidant le peuple*）的作者德拉克罗瓦（Eugène Delacroix）、现代意识流作家，《追忆似水年华》（*À la recherche du temps perdu*）的作者普鲁斯特（Marcel Proust）等。同时，长眠于此的还有在世界各领域有突出贡献的人物，比如波兰钢琴家肖邦（Frédéric Chopin），爱尔兰作家王尔德（Oscar Wilde），意大利作曲家罗西尼（Gioachino Antonio Rossini）等。

这里不仅是名人的长眠之地，也是平民的“栖身”之所。这得归功于拿破仑在位时颁布的一道御令：“任何公民，无论何种民族、何种宗教信仰，都有权在此安葬”（« Chaque citoyen a le droit d'être enterré quelle que soit sa race ou sa religion »）。

此外，拉雪兹神父公墓还是法国历史上几大战场的纪念地。例如纪念巴黎公社运动（Commune de Paris）的巴黎公社社员墙（Mur des Fédérés），纪念两次世界大战为法国捐躯的将士墓地等。

如今，拉雪兹神父公墓不仅是一座墓葬博物馆，而且是巴黎的一大景点，每年吸引无数游客亲眼目睹法国的墓葬风情，瞻仰先贤，寄托哀思，摄影留念。

14. 梅松拉菲特（Maisons-Laffitte）

梅松拉斐特市位于法兰西岛区伊夫林（Yvelines）省，巴黎西北部 18 千米处，闻名世界的塞纳河左岸，圣日耳曼森林（forêt de Saint-Germain）西面。历史上曾被称为“塞纳河上的家”（Maisons-sur-Seine），而“梅松”则是 Maisons 的音译。直到 1882 年，银行家拉菲特（Jacques Laffitte）对城堡花园都市化后才有了如今的名字——“梅松拉菲特”。

梅松拉菲特以“马城”（Cité du cheval）著称。这里不仅拥有欧洲最长的直线赛马跑道，法国重要的赛马场——梅松拉菲特赛马场（Hippodrome de Maisons-Laffitte），而且拥有法国最重要的养马、驯马中心，是世界各地良种赛马的理想训练场所。

此外，梅松拉菲特还以美丽的园林和城堡闻名。梅松拉菲特“花园”就像是一个由树林、草坪、喷泉、驯马场和各色宅邸组成的美丽绝伦的梦幻世界。而梅松拉菲特城堡（Château de Maisons-Laffitte）则被誉为巴黎市郊最美建筑，是文艺复兴晚期建筑风格以及法国古典主义艺术特色的杰出代表。

梅松拉菲特城堡建于 17 世纪中期，最早是隆格伊（Longueil）家族的私人领地。其后代勒内·德·隆格伊（René de Longueil）除了继承这片广袤的领地外，又和国王财务总管的女儿联姻，如虎添翼。为了体现自己的显赫地位，迎接国王路易十四去圣日耳曼森林打猎，他委托当时伟大的建筑师孟莎在这片家族领地上建造一幢新的府邸，并修建一条从城堡通向圣日耳曼森林的宽阔大道。因为当时隆格伊是梅松（Maisons）侯爵，所以这座城堡最早被称为梅松城堡（château de Maisons）。梅松城堡从 1642 年动工，1649 年建成。1650 年，隆格伊荣升为巴黎最高法院主席（Président au Parlement de Paris）和财务总监（Surintendant des Finances），达到职业生涯的巅峰时期。1651 年，隆格伊为庆祝城堡的落成，特意为摄政太后“奥地利安娜”（Anne d'Autriche）、年仅 13 岁的路易十四、以及其他宫廷成员举办了盛大的欢迎宴会。

梅松城堡及领地一直归属隆格伊家族，直到 1777 年被阿图瓦伯爵（comte d'Artois），即路易十六的弟弟，后来的查理十世（Charles X）收购。他命人对城堡进行了重新整修，增建了“英式马厩”，以满足自己的赛马爱好。这也是梅松拉菲特赛马体育规划的雏形。1789 年法国大革命爆发，阿图瓦伯爵因国库空虚，无力偿债而流亡国外，梅松城堡和领地被查封，部分建筑被毁，雕塑作品被变卖。1804 年，拿破仑最宠爱的拉纳元帅（Maréchal Lannes）将其购入，并令人对城堡和园林进行了重新美化。拿破仑本人也经常出入城堡。1818 年，即拿破仑帝国灭亡后的三年，他的财务顾问兼银行家雅克·拉菲特（Jacques Laffitte）购买了这片领地，城堡也因此得名梅松拉菲特。后来拉菲特惨遭财政危机，被迫将园林土地分割出售，甚至拆除了原来宏伟的

梅松拉菲特赛马场

梅松拉菲特城堡

马厩，以致变成我们如今所看到的模样。随后，梅松拉菲特城堡经过了多次易主和改建，直到 1905 年被政府收购，才得以保留至今。城堡曾经住过不少各界名流和王公贵族，其中最出名的有路易十四、拿破仑和法国著名的思想家、文学家、哲学家和学者伏尔泰（Voltaire）等。

如今，梅松拉菲特吸引了世界各国越来越多的游客前来参观城堡、享受美景并观赏赛马比赛。

15. 圣日耳曼昂莱

圣日耳曼昂莱位于巴黎西部，法兰西岛区的伊夫林省。圣日耳曼昂莱最早是法国国王罗贝尔二世（Robert II le Pieux）于 1015 年为奥顿日耳曼（Germain d'Autun）而建的修道院，就在今天圣日尔曼教堂所在位置。奥顿日耳曼是 6 世纪中期的著名主教，也是圣日耳曼德佩（Saint-Germain-des-Prés）修道院的创立者，大家尊他为"巴黎日耳曼"（Germain de Paris）。"昂莱"（en-Laye）则源于古法语"Laie、Laide"，意思是"林中小道"，而"Laie、Laide"的最早形式是"Lida"，"Lida"，即圣日耳曼大森林最早的名字。所以，才有了圣日耳曼昂莱的全名，意思是"森林中的圣日耳曼"（Saint-Germain-dans-la-forêt）。

毫不夸张地说，圣日耳曼昂莱的历史即圣日耳曼城堡的历史。1124 年，路易六世（Louis VI le Gros）命令法兰西岛的王公贵族在圣日耳曼修道院的对面修建了第一个城堡，即现在城堡的位置。

1238 年，国王圣路易（Saint Louis），即路易九世（Louis IX）命人对城堡进行了扩建，并完成了圣路易礼拜堂（chapelle Saint-Louis）的建造。从此，宗教事务走上正轨。圣路易教堂是典型的哥特式建筑，也是 1240 至 1248 年竣工的巴黎圣夏佩尔教堂（Sainte Chapelle de Paris）的雏形。据说，耶稣被钉上十字架之前所戴的"荆冠"以及"真正的十字架"就珍藏在巴黎的圣夏佩尔教堂里。

1346 年，英法百年战（Guerre de Cent Ans）期间，英王子爱德华三世（Édouard III），外号"黑王子"领兵入侵，烧杀抢夺，将圣日耳曼城堡烧为灰烬，只有圣夏佩尔教堂幸免于难。20 年后，查理五世（Charles V）在原来的废墟上重新建造了一座城堡。1390 年，一场前所未有的狂风暴雨将圣日耳曼的森林、城堡和村庄几乎完全摧毁。据史料记载，当时电闪雷鸣，大树被连根拔起，教堂的窗户散落一地，到处一片狼籍。宫廷会议也被迫中断，四位国王大臣不幸被闪电击中，当场烧成炭人。1417 至 1440 年，城堡被英国人占领。

圣日耳曼城堡及花园

1514 年，法国国王弗朗索瓦一世（François Ier）在圣日耳曼“老城堡”（Château-Vieux）的教堂里举行大婚，并把城堡变成了适合国王居住的理想居所。1539 年，他又委托建筑师对城堡进行了重新改造，赋予了城堡浓厚的文艺复兴艺术气息。

圣日耳曼大露台

1519 年，亨利二世（Henri II）在城堡出生。他于 1547 年继承王位，在城堡广场上举办了盛大的婚庆仪式。1559 年，新国王下令建立“新城堡”（Château neuf），直到 1600 年亨利四世（Henri IV）在位时才竣工。“新城堡”后来遭到毁坏，只剩下亨利四世楼（Pavillon Henri IV）。

路易十四出生地

在圣日耳曼城堡先后诞生过多位国王和王子。例如，1550 年出生的查理九世和 1638 年出生的路易十四。而路易十三则于 1643 年死于城堡。1649 年，奥地利安娜王后和年仅 11 岁的路易十四曾在这里躲避暴乱。

1661 至 1682 年，路易十四的大部分时光在圣日耳曼城堡里度过。他委托勒诺特（Le Nôtre）将城堡花园改造成法兰西风格，命勒沃（Le Vau）等对老城堡进行了扩建，所有房间进行了修缮。1663 到 1680 年，路易十四又命人建成了宽约 30 米，长达 2400 米的“大露台”（Grande Terrasse）。如今这里成了法国人最理想的休闲娱乐场地之一，也是游人眺望埃菲尔铁塔和拉德芳斯区（La Défense）的最佳去处。此外，在“大露台”，还可以看到纪念“路易十四出生于此”（Ici Naquit Louis XIV）的醒目大字高悬于亨利四世楼的门楣上。

1682 年，圣日耳曼城堡的整修工程尚未结束，路易十四就急不可耐地将整个王宫搬迁到了凡尔赛，因此他成了居住此地的最后一位国王。

1777 年，路易十六把“新城堡”赠送给了他的弟弟，阿图瓦伯爵，即后来的查理十世。没想到阿图瓦一点也不喜欢这里，一心想推倒重建。法国大革命时期，“新城堡”被作为国有财产没收，后又卖给了城堡的老总管，结果他将土地分割出售，家当全部变卖，只剩下如今的亨利四世楼。

1809 年，拿破仑帝国时期，“老城堡”被改建成了“特种骑兵学校”（Ecole spéciale militaire de cavalerie）。1836 至 1855 年，城堡变成了军事监狱。1862 年，拿破仑三世（Napoléon III）下令在城堡里建造一个“凯尔特和高卢罗马古代艺术品博物馆”（Musée des antiquités celtiques et gallo-romaines），并在 1867 年亲自为其开馆揭幕。后来改叫“国家古代艺术品博物馆”（Musée des antiquités

国家考古博物馆

先贤祠

大皇宫

小皇宫

蓬皮杜国家艺术文化中心

nationales），现在则叫“国家考古博物馆”（Musée d'archéologie nationale）。1863 年，圣日耳曼城堡被列为法国历史古迹。

第二次世界大战时期，圣日耳曼昂莱曾经被德国占领，成了德军的总部。直到 21 世纪初，圣日耳曼昂莱才真正成了伊夫林省的区政府所在地。

如今，圣日耳曼昂莱是举世瞩目的旅游胜地，也是全球最适合人类居住的城市之一。此外，圣日耳曼昂莱还是购物爱好者的天堂。精美的商店鳞次栉比，商品琳琅满目，新颖独特，令人目不暇接。在市中心，您不费吹灰之力就能找到欧舒丹（OCCITANE）和伊夫·黎雪（Yves Rocher）等名牌产品。另外，圣日耳曼还是亲朋好友喝茶聊天的理想休闲场所。您不妨也到此领略一下法国“贵族”的生活情趣。

16. 巴黎其它景点

关于巴黎的景点还有很多。比如位于塞纳河左岸，建于 18 世纪末，用来纪念为法兰西作出卓越贡献的历史名人圣殿——**先贤祠**（Panthéon）。在这里安葬着伏尔泰（Voltaire）、卢梭（Jean-Jacques Rousseau）、雨果（Victor Hugo）、左拉（Emile Zola）、居里夫妇（Les Curies）和大仲马（Alexandre Dumas père）等七十多位作家、科学家和政治家。

位于香榭丽舍大街一侧，具有“美术馆风格”的巴黎**大小皇宫**（Grand Palais et Petit Palais），是巴黎迎接 20 世纪新纪元“现代理念”的重要建筑。如今已经成为法国文化、工商和艺术展览的重要场所。

坐落于巴黎拉丁区北侧，塞纳河右岸的**蓬皮杜国家艺术文化中心**（Centre National d'art et de Culture Georges Pompidou）是巴黎市第一座，也是唯一一座外观全部采用金属架构，管道裸露并根据其不同功能分别漆上红、黄、蓝、绿和白等颜色的现代建筑，因外形就像工厂，所以被称作“文化工厂”。1969 年，法国前总统蓬皮杜为纪念戴高乐总统倡议修建一座现代艺术馆。遗憾的是，身患绝症的蓬皮杜总统未等工程结束就于 1974 年突然离世，1977 年此建筑竣工时被直接命名为“蓬皮杜中心”以示纪念。如今，这里成了一座集工业设计、公共情报图书馆、现代艺术博物馆以及音乐与声乐研究中心于一身的现代艺术馆。

如果您对雕塑感兴趣，就可以去**罗丹博物馆**(Musée Rodin)参观。罗丹博物馆有两个。一个位于巴黎七区的瓦雷讷街（rue de Varenne），即原来的毕洪宅邸（Hôtel Biron），大家习惯称作“巴黎罗丹博物馆”，是罗丹主要作品的展示场所。另一个在上塞纳河省(Hauts-de-Seine)默东市(Meudon)，即以前的布里昂别墅(Villa des Brillants)的位置。这里是了解罗丹生活经历、个性创意的好去处。从 1908 年起，罗丹一直在毕洪府邸创作。1911 年，法国政府买下这幢楼。1916 年，罗丹把自己的作品全部捐给了国家，政府因此把这里命名为罗丹博物馆，并于 1919 年正式对外开放。遗憾的是，罗丹死于 1917 年。罗丹博物馆的主体建筑分上、下两层，主要用于小型雕塑作品的展出，最出名的有《吻》（*Le Baiser*）和《维纳斯的浴室》（*Toilette de Vénus*）等。而大型作品，包括罗丹的多数著名作品则陈列在花园中，诸如《地狱之门》（*Porte de l'Enfer*）、《思想者》（*Le Penseur*）、《加莱市民》（*Les Bourgeois de Calais*）等。该馆展示的大多是罗丹已完成的大理石和青铜作品，而体现罗丹最初创意的石膏模子则保存在默东市的罗丹博物馆里。如今，罗丹博物馆的雕塑作品达六千多件，画作和老照片各有 8000 件，精美艺术

罗丹博物馆及后花园

《思想者》

圣夏佩尔教堂外景

圣夏佩尔教堂内景

品 7000 件，每年接待的游客达 70 万之多，是法国最重要的博物馆之一[15]。

在巴黎，除了巴黎圣母院，**圣夏佩尔教堂**（La Sainte-Chapelle），或巴黎圣礼拜堂也是哥特式建筑爱好者必去的地方。该教堂位于巴黎西岱岛上，由路易九世下令兴建于 13 世纪中期左右。其目的是为了保存耶稣受难时所戴的荆冠、十字架碎片、以及其它圣物。该礼拜堂是第一座圣礼拜教堂，它像一个由无数块彩色玻璃窗拼接而成的巨大神龛，绚丽多彩，华贵典雅，神圣庄严，令人心驰神往。而且每一扇窗户玻璃上惟妙惟肖的彩画都在绘声绘色地讲述着上帝耶稣，以及这些圣物是如何历经艰难万险抵达法国的故事。这些彩绘玻璃已经成了圣礼拜教堂最宝贵的财富。如今，教堂除了定期举办弥撒，还常年举办丰富多彩的音乐会。每年来访的游客达百万。

二、外省景点

无容置疑，巴黎是世界上最美丽、最有文化底蕴的城市之一。也是世界各国旅游爱好者魂牵梦绕的畅游胜地，似乎来了巴黎，就了解了整个法国。而在法国人心目中，尤其对巴黎人来说，外省才是展现法兰西民族风情的真正所在。在法国，每个地区都有自己独特的人文风景。我们在这里不可能穷其所有，只能选取其中具有代表性的地区加以描述，比如诺曼底（Normandie）、布列塔尼（Bretagne）和普罗旺斯（Provence）。

（一）诺曼底

1. 位置

诺曼底是法国的一个行政大区，它位于法国西北部，濒临芒什海峡。曾经由上诺曼底（Haute-Normandie）和下诺曼底（Basse-Normandie）组成。上诺曼底包括滨海塞纳（Seine-Maritime）和厄尔（Eure）省，下诺曼底包括卡尔瓦多斯（Calvados）、芒什（Manche）和奥恩省（Orne）。上诺曼底最重要的城市是鲁昂（Rouen），它是上诺曼底的首府和过去的诺曼底省的省会。其它重要的城市有勒阿弗尔（Le Havre）、下诺曼底的首府卡昂（Caen）和瑟堡（Cherbourg）等。从 2016 年 1 月起，上、下诺曼底合并为诺曼底大区。

“Normandie”由“Normand”和后缀“ie”构成，“Normand”是外来词，意思是“北方人”。因此，从词源来看，Normandie，意思是“北方人的家乡”（pays des hommes du Nord）[16]。

[15] https://fr.wikipedia.org/wiki/Mus%C3%A9e_Rodin
[16] https://fr.wikipedia.org/wiki/Normandie_(r%C3%A9gion_administrative)

诺曼底区徽

诺曼底大区位置

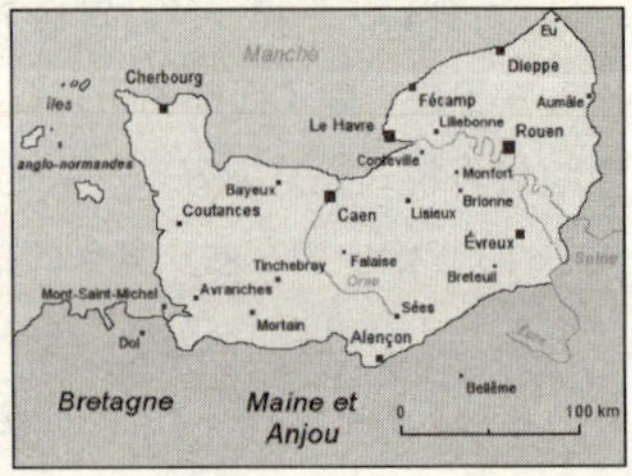

诺曼底大区

2. 简史

公元前 6 到 3 世纪，比利时人中的克尔特人（Le peuple celte des Belges）在诺曼底定居。公元前 56 年，当地居民自发组织起来抵抗罗马军团的侵袭，但最终以失败告终。公元前 51 年，整个地区臣服于罗马帝国。公元前 27 到 15 年，诺曼底像欧洲其它地区一样以建造道路和城市的方式被罗马化了，诺曼底也变成了古罗马的一个省。如今，在诺曼底依然能看到许多用砖、胶泥、石灰石等材料建造的高卢罗马式乡村别墅和豪华住宅。有些房间和浴室甚至沿用了古罗马浴场的采暖和加热系统。

公元 3、4 世纪，基督教变成了罗马帝国的国教，诺曼底居民也开始信仰基督教。314 年，鲁昂市已经有了自己的主教。从 406 年起，日耳曼人开始涌入欧洲，撒克逊人也开始在诺曼底沿岸、巴耶（Bayeux）地区和海峡群岛（îles Anglo-Normandes）定居。

自 8 世纪末起，北欧维京人（vikings）不断到诺曼底沿海进行骚扰。由于当时卡洛林王朝（dynastie des Carolingiens）的软弱无能，维京人一路劫掠到内陆。到法兰克王朝查理三世（Charles III），即“傻瓜查理”（le Simple）时，维京人曾一度包围了巴黎。最终，查理三世将鲁昂周围、赛纳河口等大片土地拱手让给了维京人部落首领罗洛（Rollon）。后来，罗洛的斯堪的纳维亚（Scandinaves）同胞大量移居此地，并使用了法语，接受了法国人的生活习惯和宗教礼仪。这批维京人后来就被称作诺曼人，他们所居住的地区则被称为“诺曼底”。

从 911 到 1204 年间，诺曼底成了法兰克王朝的一个重要公国，但是国王对公国的权力形同虚设。被罗洛征服的诺曼底公国继承人后来通过发动一系列战争扩大了疆土，并加强了对这片领地的统治，从而摆脱了法国王室的控制而独立。1066 年，罗洛的后代纪尧姆（Guillaume）征服了英格兰，成为英王，被称作“纪尧姆一世”。他把当时只是个小村镇的卡昂变成了自己的政治和司法首府，把鲁昂变成了经济和宗教中心，以及诺曼底的总主教府所在地。1087 年纪尧姆死后，其儿子们为继承权互相争斗。1106 年，英王亨利一世（Henri Ier）打败了大哥诺曼底公爵罗伯特（Robert），再次将英格兰和诺曼底统一起来。后来，被称为“安茹伯爵”（comté d'Anjou）的亨利通过母系继承了这两块土地，成为英王亨利二世（Henri II d'Angleterre）。由于和阿基坦（Aquitaine）埃莉诺（Aliénor）的联姻，形成了从比利牛斯山到北海的安茹帝国，仅在法国的领地就远远超出了法国王室的地盘，因此成了卡佩王朝（Dynastie des Capétiens）历代国王的眼中钉。

1204 年，菲利普·奥古斯托（Philippe Auguste）成了第一个法兰西国王（roi de France），即后来的法兰西菲利普二世（Philippe II de France），他的统治宣告了法兰克王朝（Royaume des Francs）的终结。1214 年，菲利普二世收复了包括诺曼底在内的三分之一的国土。

1216 年，9 岁的亨利继承了英国王位，即亨利三世（Henri III），也被称作“傻瓜亨利”（Innocent III）。1230 年，年轻的英王企图夺回被父亲丢失的诺曼底，结果以失败告终。1251 年，亨利三世代表英国王室和法国国王路易九世签署了《巴黎条约》（*Traité de Paris*），正式宣布放弃对诺曼底和其它法国地区领土主权的要求，将诺曼底交还给法国，从而结束了法国卡佩王朝和英国金雀花王朝（Dynastie Plantagenêt）长达一个世纪的纷争冲突。

然而，在 15 世纪初爆发的“英法百年战”（Guerre de Cent Ans）中，英国又重新征服了诺曼底，接着法国又收复了它。1449 年，法国国王查理七世（Charles VII）召集议会，决定组建国王军队向英国宣战。1450 年，在诺曼底战役（Bataille de Normandie）中，国王军队英勇善战，先后解放了鲁昂、卡昂和瑟堡等，重新收复了诺曼底。从此，诺曼底永久归法国所有。

16 世纪前半叶，诺曼底经历了一段快速发展的时期。乡村修建了许多庄园和小城堡，城市的面貌也发生了很大变化。同时，受文艺复兴风格的影响，法国上层社会的名流显贵们修造了许多漂亮的城市旅馆。16 世纪下半叶，30 年持续不断的宗教战争和沉重的苛捐杂税极大地遏制了当地经济的发展。

17 世纪初，诺曼港成了法国众多探险家和殖民者的出发地。17 世纪中期，诺曼底取得了一定的发展。1689 到 1694 年，英法再次进入交战状态，诺曼底沿海又一次受到重创。同时期，诺曼人还积极投身到法国人发现世界“新大陆”（Nouveau Monde）的活动中。

从 18 世纪起，诺曼底农业的现代化大大促进了诺曼底省经济的繁荣。法国大革命后的 1790 年，诺曼底被划分为五个省：卡尔瓦多斯（Calvados）省、芒什（Manche）省、奥恩（Orne）省、厄尔（Eure）省和下塞纳（Seine-Inférieure）省。1955 年下塞纳省改名为滨海塞纳（Seine-Maritime）省。

19 世纪，法国发生的一系列政治事件：第一帝国（Premier Empire）、法国王朝的复辟（Restauration）、七月王朝（Monarchie de Juillet）、第二共和国（Deuxième République）、第二帝国（Second Empire）和第三共和国（Troisième République）对诺曼底并未产生影响，塞纳河谷的勒阿弗尔和鲁昂等城市的工业得到了迅速发展。

19 世纪是法国艺术和文学的繁荣时期，诺曼底也成了画家和作家的摇篮。自从 1860 年诺曼底和巴黎之间的铁路开通后，当地风景吸引了无数画家前往作画。其中印象派大师克劳德·莫奈（Claude Monet）就曾在勒阿弗尔居住，并于 1872 年创作了著名的《印象·日出》（*Impression, soleil levant*），以介绍勒阿弗尔港的日出景象。同时，诺曼底人擅长建筑，因此，在诺曼底大区出现了各种风格的城堡、教堂及修道院。此外，这里还孕育了莫泊桑（Guy de Maupassant）和福楼拜（Gustave Flaubert）等法国著名作家。

1914 到 1918 年的第一次世界大战对诺曼底并未产生实质性损伤，但战争中人员的大量伤亡和战后出生率的下降，导致劳动力严重匮乏，极大地制约了经济的发展。1936 年，人民阵线[17]（Front populaire）第一次立法规定工人有权享受 15 天的带薪假期。这项规定大力发展了国家的旅游业。从此，诺曼底及其沿海迎来了一批又一批从未见过大海的法国人。

第二次世界大战（Seconde Guerre Mondiale）期间，诺曼底成了盟军（Alliés）攻克欧洲的一个重要出发点。1944 年 6 月 6 日是著名的尼普顿行动（Opération Neptune），其代号为“诺曼底登陆”（Débarquement en Normandie）。它是世界军事史上最大规模两栖作战—“霸主行动”（Opération Overlord）的进攻阶段，标志着诺曼底战役（Bataille de Normandie）正式拉开序幕。诺曼底战役从 1944 年的 6 月一直打到 8 月，是第二次世界大战在欧洲战场（Théâtre militaire européen）上最伟大的战役之一。为了推进陆地作战，截断德军的粮草供给，盟军决定炸毁德军占领的诺曼底城乡交通要道。1944 年 7 月，仅仅两天功夫，卡昂城区就被夷为平地。这里至今保留着许多关于战争的印记。比如许多巨大的军事公墓、无数的碉堡，以卡昂纪念馆（Mémorial de Caen）为代表的多家博物馆，以及无数条用盟军指战员或诺曼底解放兵团命名的大街小巷等。战后是诺曼底最艰难的时期，无数被摧毁的大小城市需要重建，尤其是卡昂和勒阿弗尔两大城市。

1956 年，法国实行了新的行政区划。把卡尔瓦多斯省（Calvados）、芒什省（Manche）和奥恩省（Orne）划为下诺曼底地区。把滨海塞纳省（Seine-Maritime）和厄尔省（Eure）归为上诺曼底地区。这种区域划分曾经引起不少争议，直到 2016 年 1 月上、下诺曼底统一为诺曼底大区后才得以平息。上诺曼底的省会是鲁昂，下诺曼底的省会为卡昂。自从 2016 年两省合并为诺曼底大区后，首府是鲁昂，但诺曼底区政府（Conseil

盟军登陆[18]

[17] https://fr.wikipedia.org/wiki/Front_populaire_(France)
[18] http://www.sport-histoire.fr/Histoire/2GM/Debarquement_de_Normandie_6_juin_1944.php

Régional de Normandie）所在地和政治中心则是卡昂。勒阿弗尔是诺曼底人口密度最大的城镇。瑟堡为芒什海峡和北海（mer du Nord）的海运基地。

2015 年，鲁昂为诺曼底大区的临时首府。但是，诺曼底区的部分服务性行业，比如文化、食品、农业、森林和医疗中心等仍然位于卡昂市。直到 2016 年 9 月起，鲁昂才成为诺曼底区的正式首府，但其行政职能和服务范围并未发生实质性变化。

3. 交通

如今，诺曼底的交通四通八达，极为便利。多条高速和国家公路联通了勒阿弗尔、鲁昂、卡昂和巴黎、里尔和雷恩等城市。每天三百多辆火车在二十多条铁道线上昼夜穿行，服务乘客，同时大大缩短了巴黎和诺曼底海滨的距离。在芒什海峡 600 千米长的海岸线上，诺曼底拥有非常繁忙的海运系统，其五大港口的运输量在欧洲排名第三，在法国位居第一，承载了全法 60% 的海运量[19]。其中勒阿弗尔和鲁昂已经跻身为国际大港口。勒阿弗尔和卡昂等港口是法国和英国、爱尔兰游客往返的主要通道，每年运输的乘客成千上万。此外，诺曼底还拥有诺曼底 - 多维尔（Deauville-Normandie）和卡昂 - 卡尔皮屈埃（Caen-Carpiquet）等五大国际机场。前者主要承担往返于本地和伦敦，以及地中海沿岸国家的航班。后者主要承担国内航线：里昂、波尔多、图卢兹和科西嘉岛的运营。

4. 经济

诺曼底的传统经济以农业为主，但畜牧业也很发达。由于诺曼底位于黄金纬度，气候适宜，富含矿物质和微量元素，被誉为“优质天然牧场”。同时，诺曼底牛奶的蛋白质含量远高于其它地区，加上严苛的科学管理，使诺曼底拥有“欧洲最优乳仓”的美誉。诺曼底 58% 的奶源用于制造世界闻名的卡芒贝尔奶酪（Camembert），剩余的 42% 用来制作奶粉，鲜奶或其它奶制品。据说，卡芒贝尔奶酪是英国皇室的唯一指定产品。诺曼底有机牧场是欧盟和法国农业部最严苛的双重有机认证牧场，是欧洲有机生活提倡者最重视的奶制品奶源地。

诺曼底除了农业和畜牧业发达外，工业也不例外。比如被誉为上诺曼底第一工业公司的雷诺（Renault）汽车公司在此拥有四大生产基地。而法国著名 PSA 集团，雷诺卡车（Renault Trucks）等汽车公司就位于下诺曼底地区，其公司员工超过两万多。

另外，诺曼底的芒什海峡省还是海上经济的枢纽，勒阿弗尔市则是海运的坚强后盾。除了阿勒弗尔的火力发电站外，诺曼底的三大核电站为本地经济的发展提供了充足的能源供应。诺曼底还是法国最大的亚麻织品基地，全国 60% 的亚麻产品出于此地。同样，旅游业也是诺曼底经济的支柱性产业。

---

[19] https://fr.wikipedia.org/wiki/Normandie

5. 旅游

诺曼底最著名的自然景观当属位于芒什海峡省的圣米歇尔山（Mont-Saint-Michel）和漫长海岸线上的白垩岩悬崖。天然石灰石在风力、雨水和海浪的综合作用下，形成了凹凸不平、形态各异、惟妙惟肖的悬崖峭壁。比如“象鼻崖”。大自然的鬼斧神工令人惊叹！而要观看“象鼻崖”，最好到翁夫勒尔（Honfleur）市，它是诺曼底卡尔瓦多斯省的一个美丽城镇，与勒阿弗尔市隔河相望，以风景优美的“老港”（Vieux Bassin）最为出名。这里的房子立面多用灰色板岩砌成，沧桑凝重，别具一格。迷人的海岸风光和变幻莫测的光影吸引了众多画家前来作画，其中以莫奈、库尔贝（Gustave Courbet）和布丹（Eugène Boudin）等著名画家形成的“翁夫勒尔流派”（École de Honfleur）为法国印象画派的诞生作出了巨大贡献。这里至今洋溢着浓厚的艺术气息，大街小巷到处都能看到前来写生的画家身影。此外，翁夫勒尔市还是法国人，尤其是巴黎人最喜欢的度假胜地之一。这里距离巴黎市有 200 千米，大约 2 个多小时的车程。

在诺曼底，除了观看两次世界大战遗留下来的堡垒炮台，二战“盟军登陆”之地外，还可以追寻印象派大师莫奈留下的画作和足迹。

目前，人们去的最多的地方是“卡昂纪念馆”（Mémorial de Caen）。这是一家展现 20 世纪历史的博物馆，目的是通过对 20 世纪战争残酷场面的回顾，提醒人们珍视和平。如今，“卡昂纪念馆”已经被法国文化部列为“法国国家博物馆”（musée de France），成为“国际和平博物馆网络系统”（International Network of Museums for Peace）的重要组成部分。2002 年，该馆进行了扩建，增加了新馆，用于展示“冷战”历史以及对和平文化的宣传。新旧两馆的史料覆盖了从 1919 到 1989 年，即从“凡尔赛条约”的签订（*Traité de Versailles*）到“柏林墙倒塌”（Chute du Mur de Berlin）的整个历史阶段。据统计，2007 年，卡昂纪念馆成为法兰西岛以外地区游客最多的一家博物馆，参观人数高达 40 万[20]。2009 至 2010 年，卡昂纪念馆经过重新翻修和扩建，新增了几个参观区域：二战时期的“世界战争，全面战争”（Guerre mondiale, Guerre totale）和“诺曼底登陆和诺曼底战役”（Le Débarquement et la Bataille de Normandie），以及冷战阶段的“冷战中的柏林”（Berlin au cœur de la Guerre froide）。

诺曼底象鼻崖

翁夫勒尔老港

卡昂纪念馆

[20] https://fr.wikipedia.org/wiki/M%C3%A9morial_de_Caen

6. 美食

诺曼底人，尤其是奥恩人非常喜欢吃带咸草味的羊肉（agneau de prés salés），圣米歇尔山海湾滩头略带咸味的牧场草料赋予了当地羊肉特有的风味。

除了上文提到的享誉全球的卡芒贝尔（Camembert）奶酪外，诺曼底还有著名的利瓦洛（Livarot）和蓬莱韦克（Pont-L'Evêque）奶酪。

卡芒贝尔奶酪

利瓦洛奶酪

蓬莱韦克奶酪

诺曼底地区还是法国牡蛎、贻贝和扇贝的盛产地，每年近四分之一的牡蛎产自诺曼底海域。牡蛎最肥美的季节是每年的 9 月到 12 月。

另外，著名的诺曼底料理总少不了内脏。比如卡昂的传统菜肴就有“卡昂牛肚”（Tripes à la mode de Caen），当地人很喜欢伴着清甜的苹果酒来享受这道美味佳肴。以及用猪的大、小肠加工制成的“维尔香肠”（Andouille de Vire）。

卡昂牛肚

维尔香肠

诺曼底地区最出名的酒有苹果酒（cidre）、梨酒（poiré）、苹果白兰地（Calvados）、以及当地人日常饮用的“苹果开胃酒”（pommeau），由苹果酒和苹果白兰地调制而成，主要用于出口。

提到诺曼底美食，当地人的饮食习惯不可避免。诺曼底人喜欢在餐间倒上一小杯苹果白兰地，常常一口喝干，起到开胃和消化作用。这个特色被称作“诺曼底小酌”（Trou Normand）。

苹果可谓是诺曼底人的名牌产品，诺曼底人不仅用它制成著名的苹果酒和苹果白兰地等饮料，而且用它做成美味的“诺曼底奶油苹果馅饼”（Tarte Normande aux pommes à la crème fraîche）和“诺曼底夹心苹果”（Douillon Normand）。“奶油苹果馅饼”的主要原料有奶油、鸡蛋、面粉、香草和苹果。“夹心苹果”的烹饪方法比较考究：将杏仁和核桃仁捣碎，加上些许葡萄干和肉桂粉，再浇上槭糖酱和朗姆酒

梨酒

苹果白兰地

苹果开胃酒

苹果酒

制成夹心原料备用；将苹果去皮、去核后填满刚刚做成的夹心用料，并加入适量黄油；然后用备好的面皮包裹夹心苹果，放入烤箱中烘烤即可。如果需要美观，可将蛋黄涂抹在面皮上。

诺曼底人的饭后甜点除了“奶油苹果馅饼”和“夹心苹果”外，还有一种味道香甜的“牛奶米糕”（Teurgoule）。它的历史可以追溯到17世纪，主要选用当地产的圆形米，在加糖的牛奶中慢火熬煮若干小时后，撒入少量肉桂粉制成。据说这道点心后来被诺曼底海盗带到了西班牙。

苹果奶油馅饼

诺曼底夹心苹果

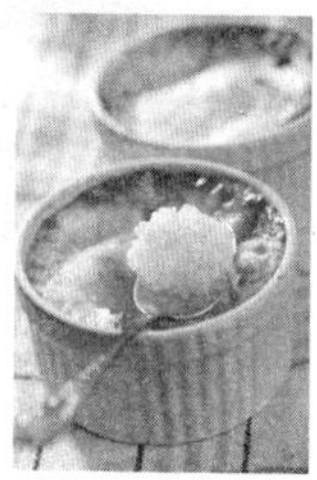

牛奶米糕

据说，诺曼底的特色美食至少有15种之多，这里无法一一列举。但是，每年10月，诺曼底大区首府鲁昂举办的一年一度的“鲁昂美食节”（Fête du Ventre à Rouen），对于喜欢美食的人来说是个千载难逢的好机会。“鲁昂美食节”创立于1935年，是当地秋季里的盛大节日。

（二）布列塔尼

1. 位置

布列塔尼位于法国最西端，北临芒什海峡，南滨大西洋，是一个拥有阿摩尔滨海

布列塔尼区徽

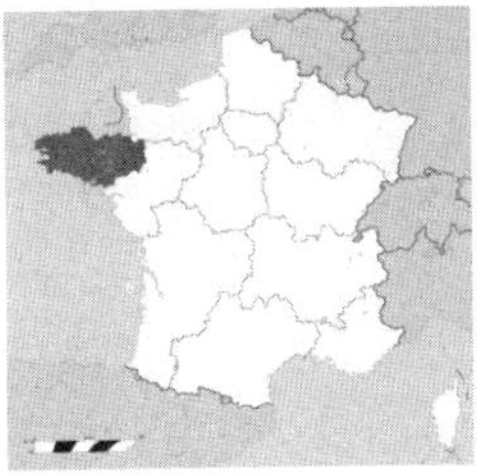

布列塔尼大区的位置

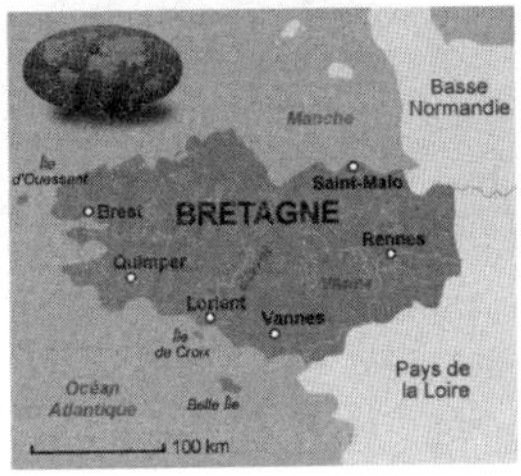

布列塔尼大区

省（Côtes-d'Armor），非尼斯泰尔（Finistère）、伊勒 - 维莱纳（Ille-et-Vilaine）和莫尔比昂（Morbihan）四个省的行政大区，首府是雷恩（Rennes）。其它著名城市有瓦纳（Vannes）、坎佩尔（Quimper）和圣马洛（Saint-Malo）等。

2. 简史

布列塔尼地区有自己的语言——布列塔尼语（breton）。当地人被称作布列塔尼人（Bretons）。该地区布列塔尼语叫“Breizh”，有“小布列颠”之意，由此可见布列塔尼和英国有着深远的历史渊源。

布列塔尼人的来源颇为复杂。罗马帝国（Empire romain）末期，曾发生过大规模的移民现象。布列塔尼半岛的人口剧增，高卢人（Gaulois）、英格兰、爱尔兰和威尔士人大量南迁至此。大量移民和当地居民，经过时代的变迁和岁月的磨合，逐渐形成了如今的布列塔尼民族。

公元 9 世纪，布列塔尼半岛的移民和居民建立了自己的王国。15 世纪之前，布列塔尼一直是一个独立公国。可是，1488 年，由于布列塔尼公爵弗朗索瓦二世（François II）在抵御法国人侵的战役中不断失利，被迫和法兰西国王查理八世（Charles VIII）签订了停战条约。不久，布列塔尼公爵身亡，其女布列塔尼·安妮（Anne de Bretagne）继承了爵位。查理八世以不遵守和约为由，不断挑衅。1491 年，当时年仅 15 岁的安妮被迫嫁给了查理八世。婚约中明确表示是“为了保证布列塔尼公国和法兰西王国之间的和平”而联姻。从此，查理八世顺理成章地也成了布列塔尼的永久代理人。1492 年，安妮在圣德尼（Saint-Denis）教堂被封为神圣的法兰西王后。同时，她也是在该教堂被册封的第一位皇后。1498 年，年仅 27 岁的查理八世意外身亡后不久，王室大权落到了他的堂兄奥尔良路易（Louis d'Orléans），即后来的路易十二（Louis XII）手里。路易十二当了国王之后，急不可耐地解除了自己和法兰西甄妮（Jeanne de France）的婚姻，迎娶了安妮，布列塔尼公国的独立地位因此暂时得以延续，但最后却因为安妮的过世而宣告终结。1532 年，布列塔尼公国正式归属于法兰西王国，变成了法国的一个省。

15 世纪到 18 世纪，被公认为是布列塔尼的鼎盛时期。随着法国第一殖民帝国不断向美洲和印度扩张，布列塔尼也发展成了贯通英国、荷兰和西班牙海上贸易的交通中心。布列塔尼的大麻和亚麻纺织品成了这个时期经济发展的标志，同时也给当地的建筑行业带来了一片繁荣，雷恩造币厂（Hôtel de la monnaie de Rennes）就是例证，而且是法国历史上的第一家。

1790 年法国大革命时期，布列塔尼被分成了 5 个省。后来又经过多次不同方式的划分，直到 1956 年，曾担任过法兰西第五共和国部长的埃德加·富尔（Edgar Faure）提出行政区划的新概念后，布列塔尼才成了拥有阿摩尔滨海省（Côtes-d'Armor），非尼斯泰尔（Finistère）、伊勒 - 维莱纳（Ille-et-Vilaine）和莫尔比昂（Morbihan）四个省的行政大区。

3. 交通

布列塔尼得天独厚的地理位置使它成为欧洲大西洋海岸的交通枢纽和海运中心。20 世纪 70 年代，最早由戴高乐将军推动的"布列塔尼道路计划"（Plan routier breton）得以实施，修建了长达 1000 多千米的双向公路，使布列塔尼和外界的联系变得非常便捷。如今，布列塔尼的公路四通八达。

19 世纪，第一条铁路线在布列塔尼建成。主要由两大铁路公司负责运营：西线铁路公司，1909 年被国家收购，和位于奥尔良的巴黎铁路公司。前者负责巴黎至布莱斯特（Brest）、圣布里厄（Saint-Brieuc）和雷恩的运营，后者负责巴黎到坎佩儿、洛里昂（Lorient）、瓦纳（Vannes）和奥尔良的运营。自从法国国家铁路公司于 1938 年成立以来，已经在布列塔尼建造了以雷恩为中心辐射四周的星形铁路网。

4. 经济

20 世纪上半叶，渔业及其辅助工业，布莱斯特的民用、军用船只制造业、圣纳泽尔（Saint-Nazaire）和南特（Nantes）的航空制造业，以及布列塔尼沿海旅游业构成了布列塔尼地区的经济命脉。20 世纪 60 年代后，布列塔尼的经济活动逐渐转向了以下产业：以时令产品为主的农产品加工业，以猪、牛、羊为主的密集型畜牧养殖业，以雪铁龙（Citroën）汽车为主的汽车制造业，以夏季旅游为主的海岸旅游业，以勒克莱尔（Leclerc）为主的大型批发业，以及位于布莱斯特、雷恩和拉尼翁（Lannion）的尖端科技工业。

据统计，布列塔尼的猪肉、鸡肉畜牧产品占据了全国 50% 的市场份额，花菜和洋蓟农产品分别为 60% 和 85%，远洋船舶制造业的市场份额则为 100%[21]，它们在法国地区产品中遥遥领先。另外，布列塔尼是全国牛奶、牛肉、禽、蛋的第一生产大户。63% 的猪肉销往法国各地。2010 年，布列塔尼地区的肉和鱼在海外市场上销量最大，分别占了法国出口贸易的三分之一和四分之一[22]。

---

[21] https://fr.wikipedia.org/wiki/Bretagne
[22] https://fr.wikipedia.org/wiki/Bretagne

5. 旅游

（1）阿摩尔滨海省

布列塔尼地区独特的地域风貌为法国提供了丰富的旅游资源。其中以阿摩尔滨海省（Côtes-d'Armor）的阿摩尔（Armor）海岸的自然景观最为出名。绵延 2000 千米的海岸，在风力和海浪长年累月的雕琢下，形成了形态各异的沙滩、悬岩和美丽的小港湾。这里不仅是鱼儿和鸟儿栖息的理想家园，也是人们夏日的度假胜地。阿摩尔北部的海岸更为壮观，有“玫瑰海岸”（Côte de granit rose）的美誉。许多奇形怪状、透着淡淡粉红色的花岗岩随意散落在 10 千米长的海岸上，经阳光照射后发出点点耀眼的光芒，并泛着浪漫的玫瑰红。这种罕见奇特的地质景观从东到西成拱形分布，宛如一道玫瑰色的彩虹镶嵌在蔚蓝色的海岸上，梦幻神奇。

玫瑰海岸

童魁德克城堡

另外，位于该省拉尼翁（Lannion）以南约 9 千米处的童魁德克城堡（Château de Tonquédec）是最受欢迎的历史遗迹之一，也是法国最令人难忘的中世纪古堡之一。它耸立于勒格尔河谷（Vallée du Léguer），依林傍水，自然环境静谧。该城堡的建造可追溯到 12 世纪，后来因为城堡主人和布列塔尼公爵之间的矛盾冲突，公爵下令拆毁了城堡。如今看到的童魁德克城堡重建于 15 世纪初期。后来城堡经过多次易主。1577 年，这里成了炮兵基地。路易十三在位时，王室认为该城堡为不祥之地，于是，当时的红衣主教兼国务大臣黎塞留（Richelieu）于 1626 年下令予以拆毁。如今，该城堡为建造者的后代所有。1862 年，法国文化部将其列入历史古迹。现在，城堡既可供游人参观，每年 4 月到 10 月对公众开放，也可租作影视基地，或派作其它用途。

（2）首府雷恩

和阿摩尔沿海的自然景观截然不同，布列塔尼的内陆则是广袤的原野绿地和森林树木，满目青翠，令人心旷神怡！雷恩现在既是布列塔尼地区的首府，也是伊勒 - 维莱纳省的省府。自从 1532 年布列塔尼公国回归法国后，雷恩逐渐跻身为省区大城市之列。16 世纪，雷恩是布列塔尼议会宫（Parlement de Bretagne）所在地。从 17 世纪到法国大革命时期，为布列塔尼议会法院（Palais du Parlement de Bretagne）所在地。如今，布列塔尼议会宫仍被用作法院，以精美的古典主义建筑风格著称，是雷恩的地标性建筑之一。1883 年被列为法国历史古迹。

20 世纪，雷恩迅速发展为布列塔尼地区的政治、经济、文化和旅游中心。而雷恩老城区（vieux Rennes）则如同古老历史和建筑艺术的博物馆，从 1734 年由加布里埃尔设计建造的市政旅馆（Hôtel de Ville）广场出发，漫步在老城的大街小巷，可以尽情领略道路两旁中世纪木筋墙房屋带给人们的沧桑之感和典雅之美。此外，还有教士集会街（Rue du Chapitre）上的文艺复兴建筑艺术，圣安娜广场（Place Saint Anne）周围古老墙面上精美的马赛克图案，以及圣米歇尔街（Rue Saint-Michel）附近各种风格的咖啡馆都在恭候您的到来。

莫德莱斯门

布列塔尼议会宫

如果您想了解老城更久远的故事，何不和“莫德莱斯门”（Portes Mordelaises）来场约会。15 世纪时，这里是通往雷恩城的主要通道，大门就是一座小城堡，两座塔楼像两个威严的勇士耸立两旁，还有古老的吊桥。11 世纪时，莫德莱斯门被称作“王室大门”，因为是皇家卫队出入的地方，吊桥则成了防御的双保险。同时，这里也是雷恩古老城墙（Remparts de Rennes）的一部分，而城墙的历史则可以追溯到公元 3 世纪。

著名的竞技场广场（Place des Lices）位于雷恩市北部。“Lices”的名字来源于中世纪，有“角斗场”“竞技场”之意。1327 年，布列塔尼公爵夫人（Duchesse de Bretagne）庞梯也夫（Jeanne de Penthièvre）和法国国王的侄子布卢瓦（Charles de Blois）在这里举行了盛大的婚礼，竞技场广场因此名扬四海。自 1622 年以来，这里成了集市，称作“竞技场集市”（Marché des Lices）。从广场望去，17 世纪各种风格的议会旅馆鳞次栉比。据史料记载，18 世纪初之前，这里曾经是军事训练基地。从 18 世纪到 19 世纪中期，这里变成了处决罪犯的刑场，罪犯被吊在审判柱上示众几天后，途径“无罪之路”（Rue des Innocents），因为人们相信并非所有罪犯都有罪，然后被安葬在旁边的墓地，即现在的圣安娜广场[23]（Place Sainte-Anne）。

此外，在雷恩值得一去的地方还有圣皮埃尔大教堂（Cathédrale Saint Pierre）、救世主教堂（Eglise Saint Sauveur）、塔博尔公园（Parc du Thabor）、圣乔治宫（Palais St-Georges）、雷恩美术馆（Musée des beaux Arts）、布列塔尼博物馆（Musée de Bretagne）、以及18世纪的雷恩市政厅（Hôtel de ville de Rennes）和雷恩歌剧院（Opéra de Rennes）等，因为它们从不同层面反映了布列塔尼地区的传统文化和艺术特色。

由于雷恩完好地保留了中世纪和古典文化艺术遗产，九十多处建筑被列入法国历史古迹，因此被誉为“历史和艺术之都”。此外，雷恩市积极推动当地艺术和文化的发展，

竞技场广场旅馆

圣皮埃尔大教堂

圣乔治宫

雷恩市政厅

雷恩歌剧院

[23] http://www.wiki-rennes.fr/Place_des_Lices

经常举办各种各样的节日活动，以吸引各地游客前来观赏。其中最著名的是每年 12 月举办的雷恩音乐节（Rencontres trans musicales de Rennes），如今已成为国际性的音乐狂欢节。另外，雷恩还是法国最大的大学城之一。2012 年，雷恩被 L'Express 杂志评为“法国最适宜居住的城市”（ville la plus agréable à vivre de France）[24]。

（3）莫尔比昂省

瓦纳（Vannes）是莫尔比昂（Morbihan）省的省府，整个城市就像一个巨大的罗马式圆形剧场矗立在布列塔尼南部的莫尔比昂海湾，是闻名遐迩的旅游城市，旅游观光业是当地的主要经济来源。

瓦纳的许多建筑墙面上装饰有花岗岩半身夫妇塑像，其中“瓦纳及其夫人”（Vannes et sa femme）最有名，该建筑因此被文化部纳入法国历史古迹，这些标志构成了瓦纳的一大特色。有人说它们是当地居民的象征，有的说是从商者的代表，至于其真正寓意，至今无人知晓。

瓦纳市

瓦纳及其夫人[25]

瓦纳美术馆

亨利四世广场上的木筋建筑

[24] https://fr.wikipedia.org/wiki/Rennes
[25] https://fr.wikipedia.org/wiki/Vannes_et_sa_femme#/media/File:Bustes_Vannes_et_sa_femme.jpg

瓦纳市中心的木筋建筑

加雅尔城堡

瓦纳拥有众多历史名胜，尤其是瓦纳老城，通过 17 世纪的宫殿，中世纪和 18 世纪的城门，以及许多木筋结构的房屋，向人们诉说着无数动人的故事。如果您想进一步了解当地的文化历史和风土人情，不妨游览一下瓦纳美术馆（Musée des Beaux-Arts）和 15 世纪初建造的加雅尔城堡（Château Gaillard），即现在瓦纳市的考古和历史博物馆（Musée d'histoire et d'archéologie de Vannes）。

游客还可以站在高高的老城墙上饱览整个城市的美景，眺望瓦纳港口停泊的各式船只。每当夜幕降临，华灯初上，城市的景色则更加绚丽夺目。

莫尔比昂省的卡尔纳克（Carnac），不仅是法国著名的海水浴场，而且是闻名全球的史前巨石阵地，也是世界上最大的史前石阵，被称作“卡尔纳克巨石阵”（Alignements de Carnac）。1889 年和 1996 年，该遗址先后两次被法国文化部纳入国家历史古迹。如今，正在申请加入世界文化遗产。

距今已有 4000 多年，数目多达 4000 个，绵延数千米长的巨石，以石柱、石冢、石棚、石廊等形式遍布在卡尔纳克的原野上，放眼望去，宏伟壮观。这些巨石用天然石块搭建而成，可能是为了举行葬礼和显示部族威望的纪念性建筑。它们被视作每个村落的守护神，并起着划分领地的作用。而且，这些巨石的排列似乎与春分、秋分、

瓦纳港

卡尔纳克巨石阵

夏至和冬至的太阳方位有着某种关系，但就此断言它们是根据天文学和星相学而建又似乎缺乏足够的依据。事实上，这些巨石的确切来源和真正用意至今仍是个难解之谜。为了保护这份珍贵的历史遗产，法国政府决定，从 1991 年起，只在冬季对外开放，因为夏季很容易造成倒塌和裸露等危险和损坏。

（4）坎佩尔市

坎佩尔市（Quimper）位于布列塔尼半岛的最西部，是非尼斯泰尔省的省会，也是几条河流的交汇处。坎佩尔市已被列入法国历史艺术名城，是布列塔尼风情和中世纪古镇的杰出代表。

位于市中心的坎佩尔圣科朗坦教堂（Cathédrale Saint Corentin de Quimper）可谓本市的标志性建筑，每年吸引无数游客前来观赏。教堂的名字因第一位具有传奇色彩的主教圣科朗坦而得名。法国大革命前，这里一直是坎佩尔市的主教管区。如今看到的哥特式建筑部分从 13 世纪开始建造，直到第二帝国（Second Empire）时期才竣工，工期长达 6 个世纪，但它的建筑风格仍不失完整和统一。教堂两侧的尖塔高耸入云，两个尖塔之间的格拉德伦王（Gradlon）骑马像是 6 世纪颇具传奇色彩的第一个阿尔莫尼克王（Roi légendaire d'Armorique），而阿尔莫尼克就是今天的布列塔尼地区。1862 年，该教堂被列入法国历史古迹。

如今，坎佩尔市城墙上的主教馆已改为布列塔尼省博物馆（Musée Départemental Breton）。在此可以观赏到布列塔尼地区独特而传统的白蕾丝发饰等。此外，坎佩尔市还是法国著名的彩陶产地。漫步在坎佩尔市的大街小巷，总能看到古香古色的木屋外墙上挂满了各式各样的彩陶制品，这种装饰无形中成了坎佩尔市最好的宣传广告。

另外，非尼斯泰尔省的阿旺桥（Pont-Aven）是伯纳德（Émile Bernard）和高更（Paul Gauguin）等艺术家的聚集地，被誉为“画家之城”（Cité des peintres），这个艺术家群体后来被称为“阿旺桥学派”（École de Pont-Aven）。如今，这里不仅有美术馆，还有许多画廊供游人欣赏参观，是艺术家和艺术爱好者的乐园。

坎佩尔市

坎佩尔圣科朗坦教堂

（5）圣马洛市

圣马洛城堡

圣马洛（Saint-Malo）位于布列塔尼半岛北部，伊勒 - 维莱纳（Ille-et-Vilaine）省，是大西洋海岸最美丽的城市之一，旅游业是该地的支柱性产业。

圣马洛市政厅，最早叫圣马洛城堡（Château de Saint-Malo），由布列塔尼公爵建于 15 世纪至 18 世纪，以保障圣马洛城的安全。如今，其主塔部分为圣马洛古国及城市历史博物馆（Musée d'Histoire de la Ville et du Pays Malouin）。该城堡于 1886 年被政府列入法国历史古迹。另外，圣文森教堂（Cathédrale Saint-Vincent）是圣马洛市的标志性建筑之一，也是罗马和哥特式两种建筑风格完美融合的杰出代表。而且，从 12 世纪中期到 19 世纪初，它一直是圣马洛的主教府所在地，也是法国历史古迹中的一个重要组成部分。

圣马洛圣文森教堂

圣马洛旧城区被两千米长的老城墙包围，登上城墙，可眺望整个城市的美景，城内多为 15 世纪至 17 世纪的建筑。这里的海滨、城墙和小街到处散发着独特的英国风情。美丽的圣马洛港口和沙滩每年吸引无数巴黎人来此度假。

“赦罪”仪式

在布列塔尼，除了优美的风景，带有显著民族特色的传统服饰（Costume breton）也是一大看点。在某种程度上，布列塔尼的民俗服饰几乎成了当地人的代名词。它们在颜色、布料、裁剪和装饰上带有明显的民族特点和地域风情。如今，这些服饰主要出现在布列塔尼地区特有的宗教“赦罪”（Pardon）仪式和克尔特传统圈舞（Cercle Celtique）上。

克尔特圈舞

6. 美食

布列塔尼优越的地理位置为当地提供了丰富的物产资源，这里不仅盛产鱼、蟹、贝等海产品，而且是法国牡蛎养殖的重要基地。布列塔尼人就地取材，将这些海鲜加工成各种风味美食。比如黄道蟹（Tourteaux）、杂烩鱼酱（Rouille）、新鲜牡蛎和家常烤海贝（Coquilles Saint Jacques à la bretonne）等等。

黄道蟹

杂烩鱼酱

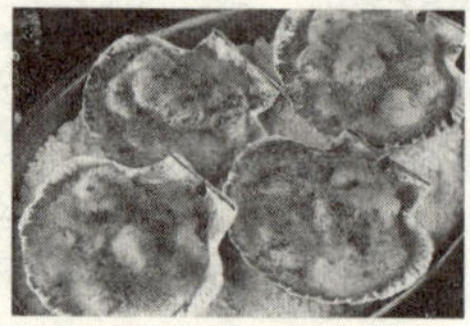

烤海贝

除了海鲜特色外，布列塔尼还有各种风味的薄饼。比如用荞麦粉、玉米粉、鸡蛋、奶酪、火腿和黄油做成的“十全”饼（Galettes Complètes），由水油酥面团做成的类似铁饼的布列塔尼酥饼（Palet），由等量面粉、糖、黄油和鸡蛋做成的“四合”糕（Quatre-quarts），用荞麦面粉做成饼，等饼放冷后卷上一根烤肉肠的“香肠夹心”饼（Galette-saucisse）等。据说，由于香肠夹心饼价廉味美，食用方便，因此每逢体育赛事，它就成了最抢手的风味小吃。但无论如何，最有名的还是布列塔尼薄饼(Crêpes bretonnes)，又名“可丽饼”。它主要由荞麦或小麦粉，加上适量水、牛奶或啤酒做成。根据需要，可冷可热，口味可咸可甜，可做主食亦可做饭后甜点，简单易做，美味实惠。据说，20 世纪中期，移居他乡的布列塔尼人将这一特色带到法国乃至世界各地。如今，在薄饼店或各大超市均能找到原味或加有不同配料的布列塔尼薄饼。

布列塔尼地区最有名的甜点当属黄油蛋糕（Kouign Amann：gâteau au beurre）。在布列塔尼语中，Kouign 是蛋糕的意思，而 amann 是黄油，合起来就是黄油蛋糕。据说，黄油蛋糕是一位名叫斯科尔迪亚（Yves-René Scordia）的面包师

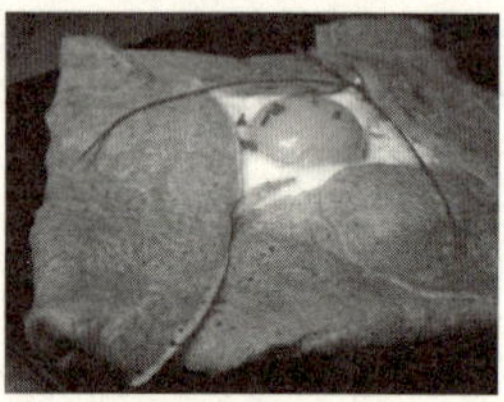

“十全”饼

酥饼

“四合”糕

香肠夹心饼

可丽饼

黄油蛋糕

苹果酒

基尔酒

蜂蜜酒

啤酒

可乐

无意中发明的。将黄油和焦糖浇在面包团上，放入炉火烘烤，黄油和焦糖慢慢融化并渗入面团，黄油蛋糕的特点是外焦里嫩，香甜可口。此外，布列塔尼的李子蛋糕（Far breton）和各种以焦糖为原料的酱也非常有名。

另外，布列塔尼的酒和饮料同样出名。比如，用苹果酒和黑加仑酒酿制的开胃酒，也叫布列塔尼基尔酒（Kir breton），用麝香葡萄酿制的麝香白葡萄酒（Muscadet），布列塔尼蜂蜜酒（Chouchen），布列塔尼啤酒（Britt），即古代高卢人喝的传统啤酒（Cervoises 或 Bières au sarrasin）和威士忌麦芽啤酒（Bières au malt de whisky）以及布列塔尼可乐（Breizh Cola）等都是本地的特色产品。

（三）普罗旺斯

1. 位置

我们通常所说的普罗旺斯，实际上是如今的普罗旺斯 - 阿尔卑斯 - 蓝色海岸（Provence-Alpes-Côte d'Azur）大区。它位于法国东南部，是一个拥有悠久历史和丰富文化的古老省区。包括阿尔卑斯上普罗旺斯（Alpes-de-Haute-Provence）、罗讷河口（Bouches-du-Rhône）和瓦尔（Var）等 6 个省。它南滨地中海，东靠阿尔卑斯山与意大利接壤，北邻奥弗涅 - 罗讷 - 阿尔卑斯（Auvergne-Rhône-Alpes）大区，西至

普罗旺斯 - 阿尔卑斯 - 蓝色海岸大区区徽

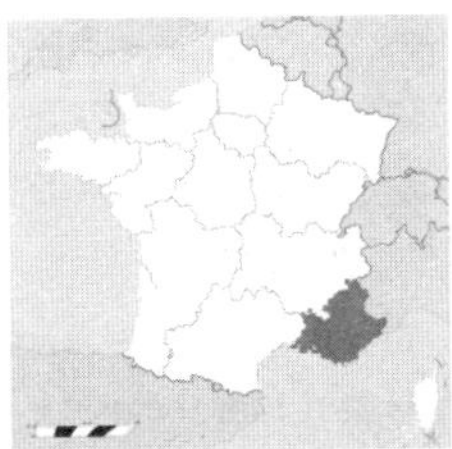

普罗旺斯 - 阿尔卑斯 - 蓝色海岸大区的位置

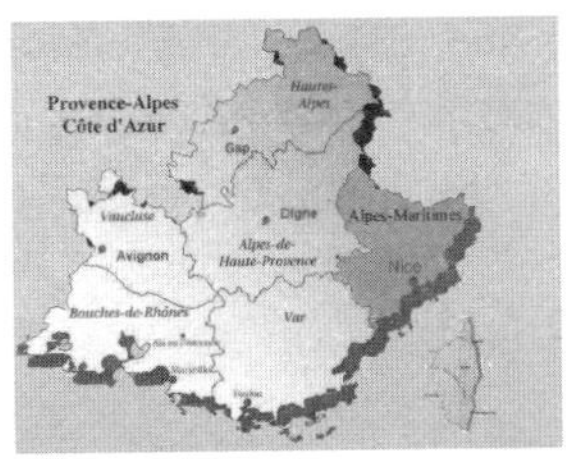

普罗旺斯 - 阿尔卑斯 - 蓝色海岸大区

欧西坦尼亚（Occitanie）区，地理位置非常优越。同时，该区的居民流动性很大，外来人口几乎占了一半。人口流动为当地带来了商业繁荣和经济发展。根据国民生产总值，该区是法国最富裕的五大区之一，居民人均收入名列法国第三。此外，这里物产丰富、阳光明媚、风景优美，从古罗马至今都是旅游胜地。普罗旺斯的薰衣草田园风光更是令无数人魂牵梦绕。

2. 简史

普罗旺斯的名字源于公元前 50 年代的古罗马，它曾是古罗马的一个省份。经过一千多年的历史变迁和地域纷争，1486 年，查理八世正式宣布普罗旺斯和法国合并。1487 年，他又通过法律规定，无论是法国国王，还是普罗旺斯伯爵对该地区拥有同样权利，普罗旺斯从此真正成为法国的一部分。

1562 至 1598 年，普罗旺斯成了天主教和新教八次激战的主要场地。而 1545 年的梅兰多大屠杀（Massacre de Mérindol）则是这场宗教之战的前奏。1589 年，亨利三世（Henri III）遇刺身亡后，亨利四世（Henri IV）继承王位。一开始遭到许多人的反对，尤其是信仰天主教的普罗旺斯地区的反对，因为他们绝不允许一位新教教徒做他们的国王。亨利四世受到王宫贵族的多种排挤，被迫在 1592 年离开普罗旺斯。考虑到法国是一个以天主教为多数的国度，1594 年，亨利四世逼迫放弃新教，宣布改宗天主教，之后，在法国占多数席位的艾克斯国会（Parlement d'Aix）才承认了他的合法国王身份。1598 年，他颁布了“南特敕令”（*Edit de Nantes*），宣布天主教为国教。同时给予新教徒充分的信仰自由，体现了在那个时代难得的宗教宽容精神，结束了 30 多年的宗教内战，从而收获了不少民心。法国经济在他统治时期也得到很大发展，亨利四世也因此成为法国历史上一位颇受人民爱戴的君王。

除了宗教战争，普罗旺斯也曾遭受过不少自然灾害。1608 年，艾克斯 - 普罗旺斯（Aix-en-Provence）的市郊几乎被“血雨”淹没，当时大家都以为有魔鬼作恶，后来才知道原来是蝴蝶的粪便将大地染成了红色。1720 年至 1722 年，一场罕见的瘟疫从马赛一直蔓延到整个普罗旺斯地区。

1789 年法国大革命后，普罗旺斯被分成罗讷河口（Bouches-du-Rhône）、瓦尔（Var）和下阿尔卑斯（Basses-Alpes）三个省区。下阿尔卑斯省，即现在的上普罗旺斯阿尔卑斯（Alpes-de-Haute-Provence），隶属于普罗旺斯 - 阿尔卑斯 - 蓝色海岸大区（Provence-Alpes-Côte d'Azur）。

3. 旅游

普罗旺斯地区的主要名城有马赛（Marseille）、艾克斯 - 普罗旺斯（Aix-en-Provence），以下简称艾克斯、阿维尼翁（Avignon）、尼斯（Nice）、戛纳（Cannes）和摩纳哥（Monaco）等，每个城市各有千秋 。下面我们就来游览一下这些城市。

(1)马赛

马赛

马赛位于地中海岸，是普罗旺斯 - 阿尔卑斯 - 蓝色海岸大区的首府，也是罗讷河口（Bouches-du-Rhône）省的省府。目前居民将近 1600 万，是法国的第三大城市，仅次于巴黎和里昂。同时，马赛是法国最大的海港，也是地中海沿岸第二大和欧洲第五大港口。马赛建于公元前六百年前，既是法国最古老的城市和商业港口，也是和南欧、近东、北非以及亚洲进行文化和经济交流的国际化大都市，有“东方门户”（Porte de l'Orient）的美誉。

据史料记载，马赛是由希腊人于公元前六百年兴建的贸易港口。关于马赛名字的来源有多种说法，而比较合理的说法源于腓尼基语（Phénicien）“Mars-el”，意思是“上帝的港口”（Port de Dieu）；有的说来自古罗马时代的“Massilia”，因为马赛曾被古罗马征服过，当时的马赛就叫“Massilia”；如今的“Marseille”则出自法国作家兼政治家的夏多布里昂（Chateaubriand）之口。

中世纪时，马赛的商业有所发展，甚至在北非都有马赛商人的足迹。但是，从 838 到 848 年，马赛先后遭到撒拉逊人（Sarrasins），即当时的阿拉伯和西班牙等地的穆斯林和希腊人的强取豪夺，经济发展受到很大影响。13 世纪初期，普罗旺斯和马赛两地伯爵之间连年争斗，致使马赛的商业雪上加霜。直到 1252 年，双方才签订了和平条约。历史上很长一段时间，马赛的经济和政治一直脱离法国，处于独立发展的状态，直到安茹的查理一世（Charles Ier d'Anjou）时代，这种局面才得以改变。

1347 年，一场罕见的黑死病（Grande Peste）袭击了整个欧洲，马赛的人口损失惨重。1432 年，马赛被西班牙东北部加泰罗尼亚人（Catalans）占领后，加速了马赛经济的衰败。1437 年，安茹的勒内（René d'Anjou）—普罗旺斯伯爵（comte de Provence）来到马赛后希望加强港口的军事防卫，建议在老塔楼的废墟上重建一个，得到当地民众的热情支持和倾囊相助。但是这项工程直到 17 世纪才竣工。后来这个塔楼被称作“勒内国王塔楼”（Tour du Roi René）。从这里眺望，整个马赛市及其大海美景可以一览无余。1516 年，弗朗索瓦一世（François Ier）来马赛朝圣时，对当地的地理位置进行了研究，认为防御设施不够。1524 年，法国军队在和意大利及其盟军的最后一场战役中节节败退。圣日耳曼罗马帝国（Saint-Empire romain germanique）的军队占领了周边地区并把马赛团团包围。当时，马赛全城顽强抵抗，使得法国军队有机会重整备战，最后终于逼退了帝国的强大军队，马赛才免遭被占领的危险。这场战役又一次为城市的防御工程敲响了警钟。于是，弗朗索瓦一世下令修建了两个皇家堡垒，一个建在伊夫岛（Ile d'If）上，另一个则在今天“守护圣母”（Notre-Dame de la

Garde）教堂的位置。1526 年至 1529 年，他又令人在马赛港海域的伊夫岛上修建了伊夫堡（Château d'If）。后来因为大仲马（Dumas Père）在其代表作《基督山伯爵》（*Le Comte de Monte-Cristo*）中将伊夫堡作为故事发生地而世界闻名。同时，弗朗索瓦一世下令用石头为“守护圣母城堡”筑成坚固护墙。这项工程于 1536 年完工后不久，就派上了用场，及时抵御了神圣罗马帝国查理五世（Charles Quint）军队的侵犯。

在 16 世纪、17 世纪，整个普罗旺斯地区被卷入宗教纷争，马赛也不例外。这种混乱局面一直持续到路易十四时期才宣告终结。1660 年，路易十四宣布在马赛实行军事管制，修订地区宪法。宪法规定普罗旺斯伯爵和法国国王必须相继宣誓保证尊重马赛市的自由，马赛就这样被臣服了。为了更好地监管马赛，路易十四下令在海港入口修建了“圣让”（Fort Saint-Jean）和“圣尼古拉”（Fort Saint-Nicolas）两座堡垒。而路易十四则象征性地在马赛港入口处的围墙上凿了一个缺口，似乎向世人表明马赛港完全是被自己征服似的。

自从被路易十四臣服后，马赛才第一次将疆土扩张到了中世纪的古城墙外。1669 年，路易十四时期著名的财政大臣和海军国务大臣，柯尔贝（Jean-Baptiste Colbert）将马赛变成了一个充分自由开放的港口，规定外来商品只能从马赛港进入法国境内，使得马赛在当时的地中海商贸中完全处于垄断地位。1599 年，普罗旺斯马赛工商会（Chambre de commerce et d'industrie Marseille Provence）成立。它是法国最早的商会，也是世界上最早的商会组织。商会的成立促进了马赛和地中海沿岸的商贸往来。1700 年，马赛的商业扩展到了海洋领域，和南美合作运输银子，和安迪列斯群岛（Antilles）做起了酒、糖和咖啡生意。18 世纪末，马赛一跃成为地中海沿岸的第一大港口。

普罗旺斯马赛工商会

隆尚宫

守护圣母教堂

19 世纪中期，一系列工程开工建设，为马赛提供了很大的发展机遇。1847 年，马赛运河（Canal de Marseille）竣工，来自迪朗斯（Durance）的河水源源不断流入马赛。为了纪念这个伟大的引水工程，1869 年，著名建筑师亨利·埃斯佩朗迪厄（Henry Espérandieu）设计建造了宏伟的隆尚宫（Palais Longchamp），并起名为“水的荣耀”。隆尚宫包括三部分：中部是“水的城堡”（Château

d'eau），纪念饮水工程；东翼是美术馆（Musée des beaux-arts）；西翼则是自然历史博物馆（Musée d'histoire naturelle），2002 年被列入法国国家博物馆。

1853 至 1874 年，亨利先后又设计修建了“守护圣母教堂”（Basilique de Notre-Dame-de-la-Garde）和“艺术宫”（Palais des Arts）。“守护圣母教堂”是著名的罗马天主教堂，矗立于马赛市的最高点，成了马赛市的地标。也是每年 8 月 15 日圣母升天节的朝圣地点。当地居民都亲切地称其为“La Bonne Mère”，意思是“好母亲”。“艺术宫”在 1997 年被列为国家名胜。

当时法国的另一个浩大工程是铁路的建设。1848 年至 1857 年，国家修建了连接马赛和阿维尼翁、里昂以及巴黎的铁路，而铁路终点站直到 19 世纪末才完工。

1942 年至 1944 年，马赛曾被德军占领。1944 年 8 月，盟军登陆普罗旺斯之际，德军炸毁了马赛和土伦（Toulon）港的所有设施，两百多只船只被炸沉，著名的马赛转运桥（Pont transbordeur de Marseille）被毁。

1950 年，为了躲避法国殖民统治和连年不断的战乱，大量阿尔及利亚人、摩洛哥和突尼斯人涌入马赛。1962 年，阿尔及利亚独立战争胜利后，又有不少犹太人，以及被称为“黑脚”（Pieds-Noirs），生活在法属阿尔及利亚的法国人和欧洲人来到马赛避难或寻求庇护。19 世纪末，20 世纪初，尽管经历了各种天灾人祸和战乱，马赛的商贸仍然获得了很大发展，当时经营的产品有油类、糖业、肥皂、化工、纺织、船只修理、机械加工等。马赛在欧洲所有港口城市中名列前茅。同时，经贸的发展需要外国劳力，因此，有不少中东和非洲人移居马赛。所以，马赛称得上是一个多文化、多民族的城市。

马赛的地中海小海湾绵延 20 多千米，是法国最著名的旅游胜地之一，也是法国许多体育活动的天然区域，每年吸引上百万的游客来此观光。2012 年，“国家海湾公园”（Parc national des calanques）的落成，形成对海水和绿地生态环境的天然保护区。此外，马赛还是潜水爱好者的乐园。据统计，仅潜水点就多达上百个。如今，马赛和中国上海已经结为友好城市。

（2）艾克斯

“Aix”最早来源于拉丁语“Aqua”，即“水”之意。“Aqua”的复数是“Aquis”，即“Les Eaux”，法语“水”的复数形式，最后演变成“Aix”。而“Aix-en-Provence”的原意是“普罗旺斯之水”。因此，艾克斯是一个名副其实的“水城”，几乎在城市的每个角落都能看到喷泉的影子，有“千泉之城”的美誉。

艾克斯以宽阔的米拉波大道（Cours Mirabeau）著称。它将艾克斯分成新、老城区。大道一旁是各大银行，另一旁则是各色餐馆和咖啡馆，其中位于大道中心位置的“两个男孩”（Les Deux Garçons）最为出名，因为这家餐馆曾经是印象派大师塞尚（Paul Cézanne）和作家左拉（Emile Zola）经常光顾的地方。大道的西端即是著名的圆亭喷泉（Fontaine de la Rotonde），也是艾克斯城最为壮观、保存最完好的一个喷泉。建于19世纪中期，顶部的三个女性雕塑分别是“正义”、“农业”和“艺术”的化身。

米拉波大道以南是建于17世纪举世闻名的“马扎然区”（Quartier Mazarin）。该区的住宅呈网格状分布，高档奢华，是当时王宫贵族和最高法院代表的私人府邸。它由红衣主教（Cardinal）的兄弟马扎然（Mazarin）主教设计而成，因此得名。其中红衣主教大道（Rue Cardinale）非常有名，这里曾是马扎然主教迎接红衣主教的地方，大道从著名的四海豚喷泉（Fontaine des quatre dauphins）广场中央穿过，如今大道两旁的特色酒店旅馆鳞次栉比，被誉为艾克斯最美的街道之一。从红衣主教大道可直达以普罗旺斯哥特式风格著称的马耳他圣让教堂（Eglise Saint Jean de Malte）和有名的格拉内博物馆（Musée Granet），以及艾克斯市艺术博物馆（Musée des Beaux Arts）。在马扎然区，第二条著名的大街叫“九月四号”街，也是城市扩建时修建的第一条街。马扎然本人把这条街称作“圣救世主”（Saint-Sauveur）街，因为他侍奉的教堂名叫“圣救世主”，而老百姓则喜欢把它唤做“四海豚”街，因为这条街从四海豚喷泉广场穿过。另外，著名的阿尔布博物馆（Musée Arbaud）就坐落在这条街上，其中收藏了许多画作、原稿和大量的普罗旺斯彩陶。

艾克斯市政厅（Hôtel de Ville）是17世纪中叶法国古典建筑风格的典型代表，坐落在风景如画的市政广场上。广场上不仅有古老的艾克斯粮食交易所（Halle aux grains），还耸立着一座建于14世纪的漂亮钟楼（Tour de l'horloge）。周围美丽精

米拉波大道

艾克斯市政厅

四海豚喷泉

艾克斯法院

致的小店比比皆是，是购物爱好者的天堂。建于普罗旺斯伯爵宫（Palais comtal）旧址上的艾克斯法院（Palais de justice），是法国重要的法院之一，其地位仅次于巴黎法院。

另外，在艾克斯市郊，到处是典型的普罗旺斯乡间别墅和美丽的法式花园，是“名副其实的露天博物馆”。此外，艾克斯还有一座海拔一千多米的圣维克多山（Montagne Sainte-Victoire）。在艾克斯终其一生的画家塞尚，曾创作了十多幅作品来赞美它。

如果说艾克斯市的喷泉、博物馆和特色建筑是一场视觉盛宴，那么，每年夏天的“音乐和抒情国际艺术节”（Festival International d'Art Lyrique et de Musique）和“舞蹈节”则是艾克斯市名不虚传的听觉盛宴。

（3）阿维尼翁

阿维尼翁位于法国南部，罗讷河左岸，是沃克吕兹（Vaucluse）省的省府。在法国历史上，阿维尼翁是至今仍然保留古城墙的少数城市之一。本地盛产一种石灰石天然建筑材料，名为“波尔蒂加尔拉磨石”（ molasse burdigalienne）。如今所见的4000 多米长的古城墙就是用这种石材砌成的。

另外，罗马教皇宫（Palais des papes），岩石公园（Rocher des Doms）和阿维尼翁桥（Pont d'Avignon）构成了一幅丰富庄严的历史画卷。阿维尼翁也因此被列入世界文化遗产。

阿维尼翁被誉为“教皇之都”（Cité des papes），因为在 14、15 世纪，这里曾是罗马教皇的居所，至今保存完好的罗马教皇宫即是代表。它位于阿维尼翁北部，罗讷河右岸，巍然耸立于高高的岩石山巅，从这里可以俯瞰整个城市。罗马教皇宫被公认为中世纪最伟大的哥特式建筑。它曾是要塞，也是宫殿。14 世纪时，成了西方基督教的府邸。它的起源要追溯到 14 世纪初期前后，由于罗马政教各派别之间的激烈争斗，直接威胁到教皇的安全。当时，35 岁被任命为主教的罗格（Pierre Roger），即后来的克莱蒙六世（Clément VI）教皇，凭借自己杰出的外交才能，赢得了法国国王菲利普六世（Philippe VI）的极大宠信。首先，国王把他引进国王委员会（Conseil

罗马教皇宫

岩石公园

royal）任职。1330 年，年仅 39 岁的罗格又被国王提升为法国大总管（Chancelier de France），同时，他也是法国鲁昂（Rouen）的大主教。1332 年，被任命为法国外交大使。1334 年，英法百年战（Guerre de Cent Ans）前夕，罗格一直在国王菲利普六世和英王爱德华三世（Édouard III）之间进行斡旋。这个伟大的使命极大地丰富了他的外交理论和政治生涯。1338 年，47 岁的罗格，在菲利普六世的支持下，教皇贝努瓦十二（Benoît XII）任命他为红衣大主教，效忠国王，当时他尚未在阿维尼翁居住。直到 1342 年，贝努瓦十二（Benoît XII）教皇去世后，罗格才以克莱蒙六世教皇的身份移居到了阿维尼翁的教皇宫。这里前后居住过六位教皇，而他则是继贝努瓦十二教皇后第二个在此居住的教皇。由于教皇的迁居，教徒们就把阿维尼翁当作朝拜的圣地。可见，阿维尼翁在 14 世纪欧洲基督教化中扮演着极其重要的角色。

岩石公园建于 17 世纪，结合了英法两种建筑风格，位于市中心罗讷河左岸的岩石顶部，并因此得名。整个公园的岩石错落有致，各种雕塑形态各异，犹如一座优雅闲适的庭院。这里地势较高，是观看罗讷河美景和断桥的好地方。

阿维尼翁桥

建于 12 世纪末，位于罗讷河上的阿维尼翁桥，是当时从里昂通向大海的唯一通道，也是诸多商人和旅行家的必由之路。当地人则习惯称其为圣贝内泽桥（Pont Saint-Bénezet）。关于桥的名字，有一个美丽的传说：一位叫圣贝内泽（Saint-Bénezet）的牧羊人在神的启示下，决定修建一座横跨罗讷河的桥梁，以抵御湍急的河水。最早的桥梁有 22 个桥洞，经过几百年的风雨和河水冲刷，如今仅存 4 个。当时在阿维尼翁桥下有许多咖啡馆，人们也喜欢在此翩翩起舞，但并非像歌曲《在阿维尼翁桥上》（Sur le pont d'Avignon）描述得那样："在阿维尼翁桥上跳舞"[26]，应该是"在阿维尼翁桥下"跳舞。

除了历史名胜，阿维尼翁一年一度的戏剧节（Festival d'Avignon）同样享誉全球，阿维尼翁也因此被称为"欧洲的文化之都"。

[26] http://books.google.fr/books?id=j3kUAQAAMAAJ&pg=PA502 [archive] Ordonnances des rois de France de la troisième race, tome XVIII, 1828, p. 502

（4）尼斯

尼斯是地中海沿岸法国东南部的一座港口城市，位于普罗旺斯 - 阿尔卑斯 - 蓝色海岸大区，是滨海阿尔卑斯省（Alpes-Maritimes）的行政中心。尼斯是该区继马赛之后的第二大城市，也是法国第五大城市。整个城市被帕隆河（Paillon）分为两部分，西部为新城，东部为旧城和港口。

中世纪时，尼斯曾为法国和罗马帝国争夺的对象。13 世纪、14 世纪，尼斯几度成为普罗旺斯公爵的领地。1543 年，法国获得尼斯的所有权。直到 1860 年，拿破仑三世和撒丁尼亚国王（roi de Sardaigne）签订合约，尼斯才真正成为法国的领地。

在尼斯，老城（Vieux Nice）区、城堡（Château de Nice）山，以及天使海湾（Baie des Anges）、盎格鲁大街（Promenade des Anglais）等构成尼斯美丽的风景线。

尼斯老城是尼斯最古老的部分，也是本市的经济中心。白天，老城区热闹非凡，各种商品琳琅满目。橄榄油、香料、新鲜花卉和水果、蔬菜等当地特产比比皆是，叫人眼花缭乱，展现了浓厚的地方色彩和传统底蕴。同时，老城又散发着浓郁的时尚气息。时装店、纹身店、艺术品店等应有尽有，令人目不暇接。此外，老城还是尼斯人夜生活的理想场所，各色餐厅和娱乐场所布满老城的大街小巷。老城也是尼斯的文化中心，漫步在老城区，就像走进了建筑艺术博物馆。这里有圣雷帕拉特大教堂（Cathédrale Sainte-Réparate）、马塞纳广场（Place Masséna）、加里巴拉迪广场（Place Garibaladi）、尼斯国家剧院（Théâtre national de Nice）、拉斯卡利斯宫（Palais Lascaris）、仁慈小教堂（Chapelle de la Miséricorde）、尼斯市政厅（la mairie de Nice）、尼斯法院（Palais de Justice）和尼斯歌剧院（Opéra de Nice）等。

尼斯城堡位于尼斯海湾高高的岩石丘陵上。它曾经是军事要塞，建于 11 世纪，历史上曾多次被围攻。1705 年，尼斯城堡被法国军队占领。1706 年，又被路易十四下令拆毁，仅留下几处残垣破壁。如今尼斯城堡成了本市最著名的公园之一，从这里不仅可以俯瞰整个尼斯海湾（Cap de Nice），而且可以全方位地观赏从日出到日落的壮观场面，无论您置身何处，您总会看到太阳从尼斯港（Port de Nice）冉冉升起，在盎

尼斯港

尼斯老城区

格鲁街悄悄落下，尼斯湾因此被誉为“太阳的摇篮”。这里不仅是当地人的好去处，而且是各国游客的必经之地。

从尼斯老城的歌剧院往北走，就到了老城最大的广场——马塞纳广场。这里的游客和市民往来如织。广场上有巨大的太阳神喷泉（Fontaine du Soleil）地坪，供人群观赏休憩。广场两侧是各大银行和各种商店，是尼斯最大的购物中心。著名的老佛爷百货公司就坐落于此。广场附近的交通十分便利，是各路公交的终点所在。马塞纳广场被誉为“尼斯的灵魂”。

在尼斯，随处可见风格迥异的大小教堂。比如建于 19 世纪的尼斯圣母大教堂（Basilique Notre-Dame de Nice），是本市最大的教堂。其建筑受到昂热大教堂（Cathédrale d'Angers）的启发，为新哥特式风格，即法国特征的建筑风格。教堂立面有一个巨大的玫瑰雕花窗，表现圣母升天的神奇场景。该教堂的建造也体现了尼斯从意大利并入法国后迅速实现法国化的强烈愿望。此外，尼斯还有 20 世纪由沙皇尼古拉二世出资建造的圣尼古拉斯东正教大教堂（Cathédrale Saint-Nicolas de Nice），是俄罗斯东正教会在俄罗斯境外最大的一座主教座堂。尼斯的大小教堂不胜枚举，而最有名的则是建于 17 世纪的圣雷佩拉特大教堂（Cathédrale Sainte Réparate），是尼斯天主教的主教座堂。其内外装饰色彩艳丽，富丽堂皇，属于典型的罗马巴洛克风格。1906 年，该教堂被列入国家古迹。

关于尼斯天使湾的名字由来，有多种说法。有人说因海湾的形状酷似天使的翅膀而得名。也有人认为，尼斯海岸的渔民经常会在海湾捕捞到鲨鱼，而鲨鱼的翅膀是白色的，犹如天使的翅膀。无论如何，天使湾的海水明净透彻，沙滩遍布大大小小的鹅卵石，是盛夏漫步避暑的理想场所。与天使湾相

尼斯湾

尼斯城堡

太阳神喷泉

马赛纳广场

尼斯圣母大教堂

邻的是盎格鲁大街，这条著名的海滨大道由一位名叫刘易斯·卫（Lewis Way）的英国人于1820年自费修建而成。为了纪念他的壮举，当地人都叫它“英国人大道”。这里经过多次改造，如今已成为尼斯的标志之一。甚至有人说：“不到盎格鲁大街走一回，等于没到尼斯。”可见，这里已是游览尼斯的必经之地。大道沿天使湾绵延五千米左右，一侧是豪华酒店、名品店和艺术画廊，一侧则是散步、跑步、骑行和轮滑爱好者的乐园。

如今，尼斯的航空、铁路和公路运输已经非常发达，成为法国重要的运输中心。工业也获得了长足发展，主要有电子、精密机械、服装、香水和食品等等。另外，尼斯的文化生活同样丰富多彩，享誉世界。比如，尼斯的民间音乐和舞蹈，最著名的法朗多尔舞（Farandole），以及尼斯每年举办的狂欢节，引来各国游客驻足观赏。此外，尼斯的旅游业极其发达。尼斯因为处于山海之间，冬暖夏凉，四季气候宜人。其得天独厚的地理位置和气候条件，使尼斯成为法国主要的旅游中心和疗养度假胜地。如今，尼斯已经分别和中国的杭州及厦门结为友好城市。

圣尼古拉斯东正教大教堂

天使湾

盎格鲁大街

圣雷佩拉特大教堂

法朗多尔舞

（5）戛纳

戛纳位于法国南部，是滨海阿尔卑斯省的省会。戛纳小城背靠青山，面临地中海，一年四季温暖如春，阳光灿烂。蔚蓝的大海，白色的沙滩，红白相间的楼房，高大翠绿的棕榈树与蓝天白云的交相辉映，构成一幅幅令人迷醉的曼妙风景。

戛纳最早是一个渔村，这里流传着许多故事，其中最著名的是戛纳湾（Baie de Cannes）雷汉斯岛（Iles de Lérins）上关于"铁面人"（Homme au masque de fer）的传说。据说他是法国历史上最有名的囚犯之一，被关押在雷汉斯两岛之一的圣玛格丽特岛（Ile Sainte-Marguerite）上。这里有许多中世纪的遗迹。比如皇家要塞（Fort royal）、戛纳海洋博物馆（Musée de la Mer de Cannes）和"铁面人"的牢房等。"铁面人"存在与否，本身就是一个谜。他的故事被众多小说和电影演绎，流传至今，并留下许多想象和悬念。尤其是18世纪初，他在巴士底（Bastille）狱的突然离世，令他的身世更加扑朔迷离。没有人知道他的名字，也无人知晓他的来历。在伏尔泰（Voltaire）的笔下，"铁面人"则带上了"狼"的面具，成了君主专权的化身，是作者口诛笔伐的对象。

和戛纳历史休戚相关的圣奥若拉岛（Ile Saint-Honorat）从公元5世纪初就担负起了神圣的宗教使命。雷汉斯修道院（Abbaye de Lérins）的前身即是该岛的城堡要塞。从这里远瞧，整个大海尽收眼底。16世纪初，戛纳摆脱了僧侣的控制。18世纪，又逃脱了英国和西班牙的魔爪。

戛纳海湾和雷汉斯群岛

戛纳海湾

皇家要塞

直到 1834 年，英国著名作家、演说家兼政治家的布鲁厄姆（Henry Brougham）和女儿路易斯（Éléonore-Louise）打算去意大利旅行，途径法国南部蓝色海岸时，因霍乱流行被迫滞留在了当时只是一个渔村的戛纳。滞留期间，他意外地发现这里气候适宜，物产丰富，非常适合居住，于是决定为自己建造一幢别墅，并以女儿的名字命名。从此就有了戛纳历史上的第一幢别墅——爱雷诺 - 路易斯别墅[27]（Villa Éléonore-Louise）。谁知他的这一举动在当时欧洲，尤其是英国和俄国上流社会引起巨大轰动，大家纷纷效仿，争相来此度假消遣。比如毕加索（Pablo Picasso）的度假别墅就位于戛纳市的加利福尼亚区（Quartier de la Californie）。戛纳也因此成了欧洲以及世界各地名流冬日度假的理想场所。同时，度假村的建设也带动了当地经济的发展。布鲁厄姆甚至被誉为戛纳的“缔造者”。

戛纳每年举办各种各样的节日，比如国际赛船节、音乐节、广告节等，而最负盛名的则是“戛纳电影节”（Festival de Cannes），也是世界上最大、最重要的电影节之一。“戛纳电影节”或“戛纳国际电影节”（Festival International du Film de Cannes）最早由法国政府于 1939 年提出举办第一届电影节，目的是为了和 1938 年由法西斯纳粹举办的“威尼斯双年展电影节”（Biennale du cinéma vénitienne）[28]相抗衡。却因 1939 年英、法向德国纳粹宣战，第二次世界大战的爆发而搁浅。1946 年，时任法国国家教育和艺术部长的让·扎伊（Jean Zay）重新提出了创立“电影节”的计划，并于当年 9 月正式举办了第一届电影节。2002 年，被称作“国际电影节”（Festival international du film），并定于每年 5 月在戛纳举办，为期 12 天。从此以后，戛纳电影节越来越受到世界媒体的关注，尤其是电影节开幕式上的“走红毯”已经成了万众瞩目的焦点。参赛的优秀作品主要在十字大道（Promenade de la Croisette）上的戛纳节庆宫（Palais des festivals et des congrès）展演。这里包括 25 个电影院和放映室，中心是 6 层高的电影节宫。其中包含一个能容纳千人的大影厅和其它大小厅堂，并兼具国家会议厅的功能，宫内还设有赌场，以此吸引游客。戛纳电影节的最高奖项为“金棕榈奖”（Palme d'or）。

雷汉斯修道院

节庆宫

PALME D'OR
FESTIVAL DE CANNES

金棕榈奖

[27] https://fr.wikipedia.org/wiki/Patrimoine_baln%C3%A9aire_de_Cannes
[28] https://fr.wikipedia.org/wiki/Festival_de_Cannes_1939

每年的 6 月至 10 月是戛纳旅游的最好时节。而最有魅力的是宽敞整洁的海滨大道（Boulevard de la Croisette），一边是美丽的沙滩，一边是高雅的酒店，其建筑可谓上世纪的古老风格与当今现代艺术的完美结合。

戛纳地处意大利和马赛之间的铁路线上，法国的高速列车、国内长途火车和区域快车都在此提供运输服务。戛纳车站靠近市中心，在车站和市政厅之间，有巴士来回穿梭，交通非常便利。

4. 美食

由于普罗旺斯位于地中海沿岸，靠近意大利，与非洲隔海相望，所以它的美食综合了非洲、中东和地中海风味，又带有当地的特色。普罗旺斯的美食就像它的文化一样丰富多彩。主要以橄榄油、大蒜、蔬菜、香料和各种鱼类海鲜著名。普罗旺斯不仅是法国最大的松露产区，也是全球最大的产区。只要在主菜、汤品，或简单的料理中加入几片松露，其品质瞬间升华，当然价格也随之水涨船高。

普罗旺斯的特色菜，根据地域的不同而品种繁多，其中最为出名的有：

蔬菜蒜泥浓汤（Soupe au pistou），简单易行，只要将番茄、橄榄油和不同的蔬菜一起烹煮，加上一定的香料即可。

大蒜美乃滋（Aïoli），被誉为普罗旺斯奶油，由美乃滋和大蒜混合而成，可与蒸鱼和各色龙虾等多种食物搭配。

普罗旺斯大杂烩（Ratatouille），是当地的一种蔬菜大杂烩。主要用料有茄子、洋葱、西葫芦、辣椒、番茄、大蒜以及煮熟或油炸的蔬菜。烹饪方法主要有两种：将所有蔬菜一起烹调，或将蔬菜单独烹调后再混合。普罗旺斯的传统主张炒制，并加酒的烹制方法。

蔬菜蒜泥浓汤

大蒜美乃滋

大杂烩

马赛鱼汤（Bouillabaisse），用上好的橄榄油炒洋葱、番茄、大蒜，再放入茴香、百里香、意大利香菜和月桂叶等香料，然后再加入不同的鱼肉熬制而成。法国各地都有属于自己的鱼汤，可是普罗旺斯，尤其是马赛鱼汤最为正宗。

此外，马赛还有一种有着上百年历史的**船形饼干**（Navette），当地人通常在圣蜡节（Chandeleur）的时候用它代替薄饼，因为它们的形状就像一艘小船而得名。传说是把耶稣的三个女弟子（Saintes Maries）运到普罗旺斯海岸的小船。

马赛鱼汤

马赛船形饼干

尼斯杂烩鱼汤

尼斯三明治

尼斯色拉

尼斯薄饼

蒜泥蛋黄酱鱼汤

尼斯炖肉

尼斯杂烩鱼汤（Rouille），即蒜泥蛋黄酱辣味杂烩鱼汤。主要用大蒜、辣椒、橄榄油、面包屑和鱼肉熬制而成。

尼斯三明治（Pan Bagnat），常被误叫为“pain bagnat”。把金枪鱼或鳀鱼、生菜和橄榄油夹在一个小圆形面包里做成。

尼斯色拉（Salade Niçoise），主要由番茄、菜椒、葱头、蚕豆、芹菜、四季豆和红洋葱等生蔬菜，以及鳀鱼或金枪鱼、橄榄油、白煮鸡蛋和尼斯油橄榄组成。几乎在各家法式餐馆的菜单上都能找到尼斯色拉，它是法式大餐的主要前菜之一。通常一份尼斯色拉就足够一顿饭了。

尼斯披萨饼（Pissaladière），用面粉、鳀鱼、番茄、洋葱和尼斯橄榄做成。

尼斯炖肉（Daube niçoise），主要由牛肉和胡萝卜熬制而成，常常用做意面、和饺子的配菜或调味酱汁。

尼斯薄饼（Socca），用鹰嘴豆粉和橄榄油烤制而成，可以加入白糖、食盐、胡椒等不同原料，做出甜、咸、麻等不同口味。此外，普罗旺斯还有一种带有浓厚地中海风味的蒜泥蛋黄酱鱼汤（Bourride）和意式薄饼（Fougasse）等。

5. 特色

赛南克修道院

普罗旺斯除了美食，还有令人神往的薰衣草田园风光。通常情况下，薰衣草的花期是每年的 6 到 8 月。但是由于地理环境和海拔高度的不同，花期也会有差异。每当薰衣草盛开时节，醉人的香味随着微风扑鼻而来，整个普罗旺斯也好像披上了蓝色和紫色的外衣。在德龙（Drôme）和沃克吕兹（Vaucluse）省，以及上普罗旺斯阿尔卑斯（Alpes de Haute Provence）地区，都有法国著名的薰衣草种植基地，有“普罗旺斯薰衣草之路”（Routes de la lavande en Provence）的美称。游览的最佳时节是每年的 6 月下旬到 7 月中旬的盛花期，或者赶在薰衣草收获之前，即 7 月初到 8 月末。如果遇上旱季，薰衣草的收获季节就会提前。观赏薰衣草最理想的途径是骑车前往，既可以尽情享受夏日阳光，也可以沿途欣赏美丽风景。观赏赛南克修道院（Abbaye de Sénanque）和瓦伦索勒（Valensole）薰衣草花田的最好时节是每年的 6 月末到 7 月中旬，索村（Sault）的花期主要在 8 月。

在普罗旺斯，吸引游客的不仅仅是美丽的薰衣草花田，还有无数以薰衣草为原料制成的各色产品。在每年夏季薰衣草收获时节，普罗旺斯的各城各镇忙着准备一系列的庆祝活动。“薰衣草节”（Fête de la lavande）期间，五彩缤纷的花车队伍行进在弥漫着阵阵花香的大街小巷，好不惬意。同时，街道两旁的集市上是琳琅满目的商品。除了薰衣草草籽、干花、精油、香水和各种美容品外，还有普罗旺斯蜂蜜、橄榄油、马赛肥皂、山羊奶酪以及当地火腿等。

三、其他城市

如果您有兴趣参观更多的景点，全方位了解法国，不妨从巴黎出发，北上参观里尔（Lille）、鲁昂（Rouen）等城市。向东游玩斯特拉斯堡（Strasbourg）、第戎（Dijon）和贝桑松（Besançon）等，向西参观波尔多（Bordeaux）等城镇，南下欣赏奥尔良（Orléans）、维希（Vichy）、卡尔卡松（Carcassonne）、里昂（Lyon）、图卢兹（Toulouse）、利摩日（Limoges）、格勒诺布尔（Grenoble）和蒙彼利埃（Monpellier）等，因为法国的每座城镇都有自己独特的人文风情和自然景观。

里尔（Lille）位于法国北部，是上法兰西大区（Région Hauts-de-France）的首府，诺尔（Nord）省的省会。里尔是法国北部最大的城市、法国的第五大城市。里尔早在

中世纪初已经发展成为大都市，工业革命以后成为法国最大的工业城市之一。里尔也是法国北部的经济文化中心。这里拥有众多的高等教育机构，是仅次于巴黎和里昂的法国第三大教育中心。里尔也是法国北部最大的交通枢纽，被誉为“西欧的十字路口”。2004年，里尔赢得了“历史艺术之城”（Ville d'art et d'histoire）和“欧洲文化都市”（Capitale européenne de la culture）的荣誉称号。

戴高乐将军广场

里尔最著名的地方是“戴高乐将军广场”（Place du Général-de-Gaulle），也叫“大广场”（Grand-Place）。它于11世纪初建成，14世纪成为里尔的一个集市。17世纪，老证券交易所（Vieille Bourse）的建成将其分成大、小广场（Petite-Place）。大广场即现在的剧院广场（Place du Théâtre），是为了纪念戴高乐将军和二战期间里尔城市的解放，该广场又被命名为“戴高乐将军广场”。位于广场中心的女神圆柱（Colonne de la Déesse），是为了纪念里尔历史上的重要事件—“1792年围城”（siège de Lille）之战而建，也是当地市民对1792年围城纪念柱的俗称。当时，一支两万人的奥地利军队围攻里尔城数日，市长率领全城市民进行英勇抵抗。但是，奥地利人摧毁了许多建筑，包括位于大广场上的教堂，这里因此成了少数没有教堂的中心广场。如今，大广场不仅仅是市场，还是市政府举办各种重大活动的场所，尤其以“书市”闻名世界。广场周围有八大建筑已被纳入国家历史古迹，其中就有女神圆柱、老证券交易所和诺尔剧院（Théâtre du Nord）。

老证券交易所

里尔除了美景，还有美食。比如啤酒烤牛肉（carbonnade）：将牛肉在啤酒中煮过之后淋上带有甜味的酱汁和香料，常和炸薯条、香料面包（pain d'épices）一起食用。特色冷菜杂肉冻（Potjevleesch）：将鸡、兔、猪和牛的肉块包裹在肉冻中，是法国北方各大酒馆必备的一道菜。这

里尔的书市

道菜的名字源于弗拉芒语，意思是“小罐肉”，法国弗兰德地区则习惯叫“Potch”。瓦特佐伊（Waterzoï）：将鸡肉和鱼肉用奶油和青菜炖制而成的一种火锅。Welsh，起源于威尔士地区，原名叫“威尔士热三明治”，把多孔干酪熔化成酱涂抹在烤好的面包片上食用，也可将干酪和面包片同时在烤箱中烘烤制成。里尔人在威尔士热三明治的基础上进行创意，喜欢将啤酒和干酪一起炖制，并配上薯条和煎蛋一起享用，变成了独特的“里尔热三明治”，这道菜已经成了里尔市饮食文化的重要组成部分[29]。谈到里尔的糕点，不得不提到“美而特糖果店”（Pâtisserie Méert）。美而特店（Maison Méert）自 1761 年开张以来，专门经营里尔地区的各色糖果和糕点，主要有甜饼（tarte au sucre）、夹心松饼（gaufres fourrées）、蜂蜜焦糖（babelutte）等。

啤酒烤牛肉

杂肉冻

里尔热三明治

美而特糖果店

夹心松饼

蜂蜜焦糖

鲁昂（Rouen）位于法国西北部，是滨海塞纳（Seine-Maritime）省和诺曼底大区（région Normandie）的首府所在地。塞纳河从市中心穿流而过，形成了鲁昂得天独厚的人文景观和便利的交通运输。鲁昂是法国最重要的港口之一，也曾是中世纪欧洲最大、最繁荣的城市之一。

这座千年古城，不仅孕育了闻名世界的大文豪，《包法利夫人》（*Madame Bovary*）的作者福楼拜（Gustave Flaubert），而且拥有众多的历史古迹。古建筑主要分布在塞纳河右岸的老城区，有“博物馆城”的美誉，其中就有 2015 年开馆的圣女贞德纪念馆（Historial Jeanne d'Arc）。1431 年，圣女贞德在这里接受审判并

[29] https://fr.wikipedia.org/wiki/Welsh_(plat)

贞德纪念馆

鲁昂大教堂

大时钟

旧市场广场

被处以火刑，外面的大十字架就是贞德火刑纪念柱。这里每年吸引无数游客前来参观。鲁昂大教堂（Cathédrale Notre Dame de Rouen），也叫“鲁昂圣母院”，它是法国最高的哥特式教堂，是法国少见的完好保存了主教宫的教堂，也是当时世界上最高的建筑。鲁昂大教堂始建于 14 世纪初期，到 15 世纪完工。它的正面宽度将近 62 米[30]，这个宽度在法国教堂史上是破纪录的。鲁昂大教堂坐落在诺曼底的首席主教教区，可见其地位的重要性。后来鲁昂大教堂又因为法国印象派画师莫奈（Claude Monet）的 30 幅描述大教堂的作品而世界驰名。大时钟（Gros Horloge）是鲁昂市的标志之一，是 1389 年制造的天文钟。同年，被安装在大时钟街的文艺复兴式拱门之上。1862 年，被列入法国古迹。旧市场广场（Place du Vieux Marché）位于大时钟街的西端，是鲁昂市一个历史悠久的古老广场。广场周围耸立着一些木筋结构的房屋。广场上原有的圣救世主堂（Église Saint Sauveur）在法国大革命期间被毁。1979 年，在此兴建了圣女贞德教堂（Église Sainte-Jeanne-d'Arc），其外型酷似维京船（bateau viking）和一条鱼。这个广场也是 1431 年公开处决圣女贞德的地方。广场附近是法国古典悲剧作家高乃依（Pierre Corneille）的诞生地，现已建成高乃依博物馆（Musée Pierre Corneille）。

斯特拉斯堡（Strasbourg）位于法国东部，是法国大东部（Grand Est）地区和下莱茵（Bas-Rhin）省的首府，与德国仅有莱茵河之隔。历史上，斯特拉斯堡的主权曾在法国和德国之间多次易手，因此其语言、文化和建筑兼有法德两国的特点，是两国不同文化兼收并蓄的典范。斯特拉斯堡既是阿尔萨斯（Alsace）地区的历史和文化之都，也是众多欧洲和国际组织机构的总部所在地，比如欧洲委员会

[30] https://fr.wikipedia.org/wiki/Cath%C3%A9drale_Notre-Dame_de_Rouen

欧洲议会

大岛

斯特拉斯堡大教堂

小法兰西

（Conseil de l'Europe）、欧洲人权法院（Cour européenne des droits de l'homme）、欧洲药管局（Pharmacopée européenne）和欧洲议会（Parlement européen）等。因此，斯特拉斯堡常常被誉为“欧洲的首都”。斯特拉斯堡是法德两国握手言和的标志，也是欧洲建筑的象征。它在制度、文化和政治功能方面的独特性越来越明显，也是世界上仅有的几个拥有许多国际组织机构而不是国家首都的城市之一，是继巴黎之后的法国第二大国际会议城市。

斯特拉斯堡和德国接壤，曾是历代法兰西和日耳曼政府的行政中心。其动荡不安、跌宕起伏的历史赋予了当地大量精美绝伦的建筑。斯特拉斯堡市中心位于由伊尔河和运河围成的大岛（Grande Île）上，整个市中心于 1988 年被联合国教科文组织列为世界文化遗产，这也是一个城市的市中心首次获此殊荣。其中最著名的是斯特拉斯堡大教堂（Cathédrale Notre-Dame de Strasbourg）和“小法兰西”（Petite France）。斯特拉斯堡大教堂建于中世纪，信奉罗马天主教，是典型的哥特式风格。大教堂高 142 米，曾是世界上最高的建筑之一。法国作家雨果曾经歌颂大教堂是“巨大精美的奇迹”；大教堂因歌德[31]（Goethe）而出名，因为他在这里遇到了自己的“初恋”：《少年维特之烦恼》（*Les Souffrances du jeune Werther*）。据统计，每年参观大教堂的

[31] https://fr.wikipedia.org/wiki/Cath%C3%A9drale_Notre-Dame_de_Strasbourg

人数仅次于巴黎圣母院。“小法兰西”是一个有着悠久历史的小区，建于 15 世纪，这里的居民大部分是皮革商，也称“皮革商之家”。而且，这里的房子大多为木筋结构，风格独特。

此外，国家剧院（Théâtre national）、莱茵河国家歌剧院（Opéra national du Rhin）和国家大学图书馆（Bibliothèque nationale et universitaire）构成了斯特拉斯堡重要的文化中心。

第戎（Dijon）位于法国东部，是科多尔（Côte-d'Or）省的省会和勃艮第 - 弗朗什 - 孔泰（Bourgogne-Franche-Comté）大区的首府所在地，也是该区人口数量最多的城市。14 至 15 世纪，第戎曾是勃艮第公国（Duché de Bourgogne）的首都。如今，市内保留了大量文化历史遗产，有“百口钟之城”（ville aux cent clochers）的美誉，以此形容市内教堂的数量之多。如今，第戎已经发展成为国际著名旅游城市，尤其是当地的特色美食吸引了世界各国游客纷至沓来。2016 年，第戎被法国政府划为“国际旅游区”（Zone Touristique Internationale），这里的小商贩从此周末也可照常营业。

在第戎，游客光顾最多的当属老城区的美术馆（Musée des beaux-arts de Dijon）、“金羊毛”（Toison d'Or）商业中心和博恩（Beaune）市。第戎美术馆处于市中心 15 世纪勃艮第公爵宫（Palais ducal）的原址，是法国最美丽、最古老的美术馆之一。“金羊毛”商业中心位于第戎市的北部，建于 1990 年，是勃艮第地区最大的商业中心。博恩位于第戎市以南 45 千米处，拥有丰富的历史文化建筑和众多的交易场所，这里被誉为“勃艮第葡萄酒之都”（Capitale des vins de Bourgogne）。而最具特色的建筑则是博恩收容院（Hospices de Beaune）。

第戎市中心

第戎美术馆

“金羊毛”商业中心

博恩收容院

第戎也是法国的传统美食之都，第戎的芥末（Moutarde de Dijon）、基尔酒（Kir）、黑加仑酒（Crème de cassis）、香料面包（Pain d'épices）和朗万巧克力（Chocolat Lanvin），以及勃艮第葡萄酒（AOC Bourgogne）等名扬海内外。勃艮第地区独特的气候条件，孕育了勃艮第特有的葡萄树种和种植基地，尤其以出产白葡萄酒闻名。2015 年 7 月，勃艮第葡萄园（Vignoble de Bourgogne）被世界教科文组织列为世界文化遗产[32]。

贝桑松（Besançon）位于法国东部勃艮第 - 弗朗什 - 孔泰（Bourgogne-Franche-Comté）大区，是杜（Doubs）省的省府。背靠汝拉山（Massif du Jura），杜河（La Doubs）从市中心穿流而过，距离瑞士六十多千米。

贝桑松丰富的历史文化遗产和独特的建筑风格使其拥有“历史艺术之都”（Ville d'Art et d'Histoire）的美誉。尤其是贝桑松的沃邦防御工事体系[33]（Réseau des sites majeurs de Vauban），于 2008 年被正式列为世界文化遗产，该体系囊括了由法国军事工程大师沃邦（Vauban）设计建造的全国 12 处防御要塞，其中包括贝桑松军事城堡（Citadelle de Besançon）。该城堡位于圣艾蒂安山（Mont Saint-Étienne）之巅，杜河在其脚下蜿蜒流过。它建于 17 世纪末，历时将近 100 年，城堡内有动物园、地区考古中心、抵抗运动及集中营博物馆（Musée de la Résistance et de la Déportation）和一个展现孔泰人日常生活的博物馆。如今，这里成了弗朗什 - 孔泰（Franche-Comté）地区的标志，是贝桑松每年游客光顾最多的地方。

在贝桑松的老城区，有 30 多个建于 16、17 和 18 世纪的旅馆，它们的面墙由一种特殊的石材建成，赭色的石料上分布着大片的蓝灰色块，其中尚帕涅旅馆（Hôtel de Champagney）就是这种石材的代表作，并成为贝桑松的一大景点。该旅馆建于中世纪，最初是为尚帕涅的庄园主而建，面墙体现了文艺复兴时期的建筑风格。1966 年，法国文化部将其列为历史古迹加以保护。另外，建于 1573 年的贝桑松市政旅馆（Hôtel de ville de Besançon）墙面的凸纹雕饰，完全是意大利文艺复兴艺术风格的翻版。1912 年被列为国家历史古迹。还有贝桑松法院（Palais de Justice de Besançon），

贝桑松城堡

贝桑松法院

[32] https://fr.wikipedia.org/wiki/Dijon
[33] https://fr.wikipedia.org/wiki/R%C3%A9seau_des_sites_majeurs_de_Vauban

于 1582 年在原市政旅馆的基础上扩建了法庭和礼拜堂后形成如今的规模，它同样是文艺复兴艺术的杰作。

除了上述具有代表性的各大旅馆外，建于 19 世纪中叶的贝桑松商业咖啡馆（Café du Commerce）也是当地的一大特色，其内部装饰体现了“美好时代”（Belle Époque）的独特风格。1981 年被列为国家名胜古迹。“美好时代”是指 19 世纪末到第一次世界大战爆发时期，法国和比利时在政治、经济、技术等方面飞速发展，社会繁荣的代名词。如今，在法国许多城镇街头，仍然可以看到以“美好时代”命名的餐馆、咖啡馆等。

贝桑松也是法国作家雨果的故乡（Maison natale de Victor Hugo）。1802 年，雨果就出生在贝桑松大街（Grande rue）140 号 2 楼，雅克药店（Pharmacie Jacques）上面的房子里[34]。2013 年，这里被改成了博物馆，并归为“名人故居”（Maisons des Illustres）。1942 年，雨果故居的墙面和屋顶被列为国家历史古迹。

贝桑松商业咖啡馆

雨果故居

贝桑松可谓集中了弗朗什 - 孔泰地区的丰富食材，不仅有牛肉、奶酪、野味、奶产品和葡萄酒，上杜河（Haut-Doubs）和上汝拉（Haut-Jura）地区的熏肉和腌肉等，还有湖泊、河流和蘑菇林里（Forêts à champignons）清澈的饮水。当地的特色美食应有尽有，比如孔泰馅饼（Tarte au comté），白葡萄酒鳟鱼（Truite au vin jaune），带有 AOC 和 AOP 标记的孔泰奶酪（Fromage Comté），金山火锅（Fondue au Mont d'Or）和孔泰奶酪火锅（Fondue au comté），以及杜省著名的莫尔托香肠（saucisse de Morteau）等等。另外，贝桑松的葡萄酒也很有名，尤其是以汝拉冠名的各种汝拉酒（vins du Jura），而最独特的则是麦秆酒（Vin de paille），即甜白葡萄酒，常见的酿制方法是将收成后的葡萄直接晾晒在麦秆上，等其自然风干，汁液浓缩之后再用来酿酒。

[34] https://fr.wikipedia.org/wiki/Maison_natale_de_Victor_Hugo

孔泰奶酪

莫尔托香肠

波尔多（Bordeaux）位于法国西南，是吉伦特（Gironde）省的省会，新阿基坦（Nouvelle-Aquitaine）区的首府，是法国西南重要的工商业城市，也是这一地区的政治、经济、文化、交通和教育中心。

波尔多拥有丰富的旅游资源，博物馆和历史古迹的数量在法国仅次于巴黎，享有“睡美人”（La Belle endormie）的声誉。1957 年，波尔多市因城市各方面的持续良好发展而荣获欧洲委员会（Conseil de l'Europe）颁发的“欧洲奖”（Prix de l'Europe）。2007 年，波尔多市的部分城区被联合国教科文组织列入世界文化遗产名录（Liste du patrimoine mondial），其中包括老城区的“月亮港”（Port de la Lune）。其实，“月亮港”是波尔多港的俗称，因为加龙河（La Garonne）流经城市的河段宛如一轮新月而得名，“新月”甚至出现在波尔多的市徽中。16 至 20 世纪，港口的左岸曾是波尔多港口贸易最活跃的区域，目前港口已经迁移到下游，市区河段被改成了休闲娱乐区，主要有商店、步行街和自行车道等。

事实上，波尔多最具魅力的地方是位于老城墙内的老城区（Vieille ville de Bordeaux）。被誉为波尔多商业一条街的圣卡特琳娜大街（Rue Sainte-Catherine）将老城分为南北两半，并连接了喜剧广场（Place de la Comédie）、大剧院（Grand Théâtre）、胜利广场（Place de la Victoire）和古老的波尔多大学（Université de Bordeaux）。横跨加龙河（Garonne）的波尔多石桥（Pont de pierre）构成东西轴线。雨果河（cours Victor-Hugo）段则成了老城南北两半的界河，北部富裕，南部贫穷。北部主要有豪华饭店和咖啡馆、奢侈品商店和银行等金融机构，是展示波尔多奢侈豪

月亮港[35]

[35] https://www.33-bordeaux.com/bordeaux-vues-panoramiques.htm

老城[36]

石桥

波尔多大学[37]

胜利广场

交易广场

华的“橱窗”（Vitrine du luxe bordelais），由于两条河流在此交汇形成三角地带，人们习惯称之为波尔多的“金三角”（Triangle d'or）。这里以名人广场（Place des Grands-Hommes）为中心，修建了多条大街，并以法国大革命时期涌现的孟德斯鸠（Montesquieu）、卢梭（Rousseau）和伏尔泰（Voltaire）等著名人物的名字命名。如今，此处成了欣赏18、19世纪豪华建筑的重要场所。以胜利广场为中心的老城南部则是学术中心，到处是大学生的身影，波尔多大学就坐落于此。胜利广场是波尔多市重要的公共场所之一，其中心耸立着古老的凯旋门——阿基坦门（porte d'Aquitaine），周围是新古典主义风格的石材建筑和众多的酒吧、餐馆和咖啡馆。每天这里人来人往，热闹非凡。

波尔多的交易广场（place de la Bourse），可以说是该市中世纪老城墙的第一个“缺口”，它既是城市历史的见证，也是其繁荣的象征。该广场历史上曾多次易名，从最初的国王广场（place Royale），广场中心曾耸立着路易十五的骑马雕像，到法国大革命时期的解放广场（place de la Liberté），再到拿破仑一世（Napoléon I）时的帝王广场（place Impériale），直到1848年，路易·菲利普一世（Louis-Philippe Ier）下台后，才叫做交易广场。广场上有一面堪称世界第一的巨大“水镜”（Miroir d'eau），将周围景色全部映照其中，甚为壮观。

除了美景，波尔多全年温暖湿润，阳光充足，其典型的温带海洋性气候，为葡萄的生长，大片葡萄庄园的形成，以及优良葡萄的种植和优质葡萄酒的生产提供了得天独厚的自然环境。18世纪以来，波尔多葡萄酒进入了黄金时期，波尔多也因此成了“世界葡萄酒的中心”，主要有梅多克（Médoc）、

[36] http://www.momondo.fr/inspiration/que-faire-a-bordeaux/
[37] http://www.club-entrepreneurs-gironde.com/event/afterwork-entreprisesuniversite/

波美后（Pomerol）和圣爱美隆（Saint-Emilion）等产区，其中梅多克为代表产地，人们甚至称它是“酒中凡尔赛”。它位于波尔多纪龙德河（La Gironde）左岸邻近入海口的地方，是最能代表波尔多葡萄酒风格的子产区。这里生产全世界最高级的葡萄酒，而且只生产红葡萄酒。波尔多的超一级酒庄是吕萨吕斯（Lur-Saluces）酒堡，一级酒庄有拉斐（Lafite）、拉图（Latour）和玛歌（Margaux）等。波尔多的葡萄酒主要有干红葡萄酒、干白葡萄酒、半干白、淡白葡萄酒、以及贵腐白葡萄酒。波尔多地区所产的葡萄酒口感柔顺雅致，犹如风情万种、温柔婉约的贵妇，因此被誉为“葡萄酒皇后”。1981年以后，波尔多每逢单数年份就举办一次专供专业人士的盛大酒展（Vinexpo Bordeaux）。1998年以来，每逢偶数年份就举行一次葡萄酒节（Fête du vin）。从1990年到2000年，葡萄的种植面积大幅扩大，葡萄酒的价格也水涨船高，尤其是出口中国以后，酒价飞速飙升，而名列前茅的产区依次是梅多克、圣爱美隆和波美后[38]。

梅多克酒庄之路

梅多克酒庄[39]

波尔多新鲜的海产品和丰厚的森林资源为人们提供了丰富的食材。比如阿卡雄湾（Bassin d'Arcachon）的牡蛎，马尾藻海（Mer des Sargasses）的幼鳗，河里的七鳃鳗，以及波尔多森林里风味独特的牛肝菌等。如果用阿尔卡雄的牡蛎，配上梅多克地区特有的肉肠（Grenier médocain），或洛尔蒙猪肉糕（Gratton de Lormont），再来一份洋葱大蒜蛋黄汤（Tourin à l'ivrogne），就是一顿盛宴。大蒜、芹菜炒幼鳗亦不失为一道名贵菜肴，因为幼鳗属稀世珍宝，其价格堪比阿基坦鱼子酱（Caviar d'Aquitaine）。用蒜苗和红酒，加上多道工序烹制的波尔多七鳃鳗（Lamproie à la bordelaise）也毫不逊色。大蒜芹菜末炒牛肝菌和波尔多烤牛排（Entrecôte bordelaise）同样远近闻名。还有烧烤斑尾林鸽的野味（Salmis de palombes）等。此外，波尔多的甜点同样品种繁多。比如著名的卡纳蕾蛋糕（Canelé bordelais）、塞形巧克力（Chocolat en forme de bouchons）和梅多克树枝形巧克力（Sarments du Médoc）等。当然，所有的美食都少不了波尔多葡萄酒的陪伴。

[38] https://fr.wikipedia.org/wiki/Vignoble_de_Bordeaux
[39] http://www.hotel-bordeaux-st-medard.fr/fr/le-medoc.html

梅多克肉肠

洛尔蒙猪肉糕

七鳃鳗

波尔多烤牛排

幼鳗

斑尾林鸽

卡纳蕾蛋糕

塞形巧克力

梅克多树枝形巧克力

奥尔良（Orléans）位于法国中部，是中央 - 卢瓦尔河谷大区（Région Centre-Val de Loire）的首府和卢瓦雷（Loiret）省的省会，也是距离巴黎最近的大都市，大约 120 千米。法国第一大河卢瓦尔河（La Loire）流经市区，其支流卢瓦雷河（Le Loiret）从城市南部穿过，这个地区地势平坦，土地肥沃，人民富裕。

奥尔良既是新兴的工业城市，又是一座历史名城，墨洛温王朝（Époque Mérovingienne）时，它曾是法兰西的首都。英法百年战（Guerre de Cent Ans）期间，圣女贞德（Jeanne d'Arc）在此领导人民大败英军。奥尔良已被法国文化部列为“历史艺术之都”（Ville d'art et d'histoire）。而它所在的卢瓦尔河谷（Val de la Loire）则被联合国教科文组织列为世界文化遗产。历史上，卢瓦尔河谷是法兰西皇室的发源地，因此，这里拥有大量的城堡等古迹。

奥尔良古名叫 Cenabum，是高卢时期的名城之一。公元前 1 世纪，恺撒（César）征战高卢（la Gaule）时，奥尔良惨遭毁坏，直到古罗马皇帝奥勒良（Aurélien）统治时才恢复重建，并改名为 Aurelianum[40]，后简化音译为“奥尔良”（Orléans）。

[40] https://fr.wikipedia.org/wiki/Orl%C3%A9ans#Histoire

中世纪时，奥尔良得天独厚的地理位置使其很快发展为法兰西三大富庶城市之一，另外两个城市分别是巴黎和鲁昂。1108 年，路易六世（Louis VI le Gros）在奥尔良大教堂（Cathédrale Sainte-Croix d'Orléans）举行了盛大的加冕仪式。1306 年，教皇克莱蒙五世（Clément V）创建了奥尔良大学（Université d'Orléans），这也是当时继巴黎、图卢兹和蒙彼利埃大学之后的法国第四所大学。奥尔良大学的主要职责是研究法律，吸引欧洲大陆的知识人士，以及提升城市魅力。1344 年，法兰西国王菲利普六世（Philippe VI）设立了奥尔良公爵（duc d'Orléans）头衔，14 世纪公爵领地诞生。事实上，奥尔良公爵们几乎没有离开宫廷的机会，也没来过奥尔良领地，他们大部分时光在布洛瓦城堡（Château Blois）度过。

奥尔良市

15 世纪下旬，国王路易十一在位时，奥尔良的种植业迅速发展，经济繁荣。16 世纪，奥尔良已发展成为法兰西最美丽的城市之一，众多教堂和旅馆也纷纷建立。16 世纪上半叶，法兰西国王弗朗索瓦一世统治时，由于他的人文思想和对文艺复兴艺术的狂热，法国的文化事业，尤其是文艺复兴艺术获得了很大发展。这一时期的卢瓦尔河谷也因王宫贵族和国王的造访而变得越来越出名，在此修建城堡也成了一种时尚。于是，卢瓦尔河谷著名的香波堡（Château de Chambord）、昂布瓦兹皇家城堡（Château Royal d'Amboise）、布洛瓦皇家城堡（Château Royal de Blois）和舍农索水上城堡（Château de Chenonceau）等王室城堡相继问世。布洛瓦皇家城堡坐落于布洛瓦市中心，卢瓦尔河右岸，这座建造于 13 世纪到 17 世纪的建筑群雄伟庄严，精美华丽。皇室庭院的四个侧翼是多种建筑风格的和谐交融，全方位展现了法国从古典希腊时期（Epoque Classique）到中世纪（Moyen Âge）的建筑风格，是卢瓦尔河谷城堡历史和艺术的杰出代表。这里也是文艺复兴时期法兰西国王最喜爱的居所之一，法国历史上曾有路易十二（Louis XII）、弗朗索瓦一世（François 1er）和亨利四世（Henri IV）等 7 位国王在此居住。这里处处彰显着王权的威严和王室生活的奢华。大厅四壁和弗朗索瓦一世楼梯无不展现着当年王室的荣耀和辉煌。如今，在弗拉索瓦一世侧翼宫殿收藏了 3 万多精美绝伦的艺术珍品，路易十二侧翼宫内则设有美术馆，展出了 14 到 16 世纪的绘画及雕塑作品。布洛瓦皇家城堡因此享有“法国博物馆”的美誉。

除了卢瓦尔河的城堡古迹，奥尔良还因为英法百年战争期间的重大历史事件——“奥尔良之围”（Siège d'Orléans）而世界闻名。1428 到 1429 年，英军包围了奥尔

布洛瓦城堡外景

布洛瓦城堡内院

奥尔良殉难广场

贞德故居

良，最后，圣女贞德率领法国军队成功破解了敌军的围攻。这场战役成了英法百年战争中一个重大转折点，为法国的最终胜利奠定了基础。圣女贞德从此成了法国人民争相传颂的英雄，被人们亲切地成为“奥尔良姑娘”（La Pucelle d'Orléans）。奥尔良的众多历史名胜因此和她有着千丝万缕的联系。比如，奥尔良大教堂，即奥尔良圣十字主教座堂，因为这位女英雄在 1429 年城市解围时到这里望过弥撒而变得更加出名，并被列入法国历史古迹。教堂的花窗玻璃上描绘的也是圣女贞德的故事。此外，位于奥尔良市中心的殉难广场（Place du Martroi），建有圣女贞德的骑马塑像。奥尔良还有一个少女贞德故居（La Maison de Jeanne d'Arc），1429 年，贞德姑娘解放奥尔良城时就住在这里，如今已成为纪念这位民族英雄的影像资料馆和多媒体展演馆。

在奥尔良，除了丰富的古迹外，还有许多富有特色的节日。比如，自 1431 年以来，每年 5 月初，这里会举行最重要的地方性节日——奥尔良约翰福音节（Fêtes johanniques d'Orléans），以庆祝圣女贞德解救奥尔良的重大日子。2015 年，大区文化部为约翰福音节申请了国家非物质文化遗产（Patrimoine immatériel de France）。在每年的 4 月末至 5 月中旬，奥尔良还有一个重大节日，名叫“圣女贞德节”（Fêtes de Jeanne d'Arc）。节日的庆祝活动通常持续 10 天左右，不仅有奥尔良大教堂的声光秀，还有规模仅次于 7 月 14 日法国国庆节的军队游行，以及其它丰富多彩的文化活动。如今，圣女贞德节已经不只是一个节日，每年节日期间，奥尔良人还会推选一位体现圣女贞德精神的少女，来引导大型的游行队伍。2016 年，圣女贞德节已被申请加入世界文化遗产。此外，奥尔良每两年还会举办一次卢瓦尔狂欢节（Festival de Loire），通常在9月，节日期间，卢瓦尔河百舸争流，场面壮观，同时伴有许多主题表演和展览。奥尔良爵士音乐节（Festival de jazz d'Orléans）也十分著名，自1991年起，每年6月，这里都会举办一系列的音乐活动。

值得一提的是，著名的法国籍犹太汉学家斯塔尼斯拉斯·朱利安（Stanislas Aignan Julien）[41]（1797-1873）就出生在奥尔良。也有人将他的名字译作儒莲。他曾在法兰西学院学习，1827年任法兰西学院（Institut de France）图书馆副馆长。在图书馆工作期间，他对中文进行了大量研究，并陆续翻译了《孟子》（*Meng Tseu*）、《三字经》（*San-tseu-king*）、《老子道德经》（*Le Livre de la voie et de la vertu composé par Lao-Tseu*）、《赵氏孤儿》（*Tchao-chikou-eul* 或 *l'Orphelin de la Chine*）和《西厢记》（*Si-siang-ki* 或 *L'histoire du pavillon d'Occident*）等作品，并著有《汉语新结构》（*Syntaxe nouvelle de la langue chinoise*）等汉语研究书籍，在翻译和汉学方面功绩卓著。

奥尔良所在的卢瓦尔河不仅孕育了灿烂的古迹文明，还养育了丰富的美食文化。比如，由卢瓦尔河畔的木瓜熬制而成的奥尔良木瓜酱（Cotignac d'Orléans），拥有奥尔良（Orléans）和奥尔良-克莱瑞（Orléans-Cléry）两个原产地命名控制（Appellation d'origine contrôlée）的奥尔良葡萄酒（Vin d'Orléans），以及奥尔良醋（Vinaigre d'Orléans）等。奥尔良酿醋的历史可以追溯到中世纪，那时卢瓦尔河谷一带所酿制的葡萄酒都会装在木桶中，并沿卢瓦尔河运送至京城。由于当时河运条件恶劣，速度缓慢，葡萄酒在路途中很容易变酸，变成醋的葡萄酒只能再运回奥尔良，人们将计就计开始了葡萄酒酿醋的职业。1394年，第一家醋品、调味品公司在奥尔良成立，其产品的质量和独特味道迅速传遍千家万户，尤其是奥尔良醋，被认为是全国最好的醋。随着产

奥尔良木瓜酱

奥尔良葡萄酒

奥尔良醋

量不断增加，奥尔良醋出口到了欧洲，并远销美国、印度等国家和地区。如今，奥尔良已经成为法国的葡萄酒酿醋中心，其中以马丁波洛特（Martin Pouret）公司最为著名。

维希（Vichy）位于奥弗涅-罗讷-阿尔卑斯大区（Région Auvergne-Rhône-Alpes）阿列（Allier）省的东南部。自古以来，维希就以温泉疗养闻名于世，到19世纪下半叶，它已经成了重要的温泉疗养中心（station thermale）。在第二次世界大战期间，

[41] https://fr.wikipedia.org/wiki/Stanislas_Julien

维希市政厅

维希温泉疗养中心外景

维希温泉疗养中心内景

维希变成了纳粹德国（Allemagne nazie）占领下的法国傀儡政府（Gouvernement de l'« État français »），又称“维希政权”（Régime de Vichy）。1944 年，随着纳粹德国的垮台，法国的解放，“维希政权”也随之土崩瓦解。

维希旖旎的自然风光，常流不断的天然泉水，古老的教堂和宏伟的市政厅，以及因附近火山活动而出现的众多温泉，每年吸引世界各地的游客来此度假、疗养和游玩。此外，维希的 CAVILAM 法语联盟（CAVILAM – Alliance française）还是全球最好的法语培训机构之一。同样，著名的化妆品品牌薇姿（Vichy）也源于此地。

卡尔卡松（Carcassonne）是法国欧西坦尼亚大区（Région Occitanie）奥德（Aude）省的一个城镇。它位于连接大西洋（Atlantique）和地中海（Mer Méditerranée），中央高原（Massif central）和比利牛斯山（Les Pyrénées）的两条交通主干线交汇的奥德河（l'Aude）平原上。奥德河将卡尔卡松分为东西两城，西部为新城区，东部为老城区。

在卡尔卡松，最著名的建筑是坐落在城镇东南，奥德河右岸山谷上的卡尔卡松城堡（Cité de Carcassonne）。它既是卡尔卡松的历史城区，也是城镇的标志。该城堡主要由公爵城堡（Château comtal）和圣 - 纳泽尔大教堂（Basilique Saint-Nazaire）组成，其历史可追溯到高卢 - 罗马时期（Période gallo-romaine），距今已有 2500 年。它因拥有 52 个塔楼，3000 米长的双重围墙而闻名于世。最初，它只是一个高卢居民点。1247 年卡尔卡松归并法国，成为法国与阿拉贡王国（Royaume d'Aragon）之间强大的边境要塞。阿拉贡王国于 18 世纪初归并了西班牙。1659 年，比利牛斯条约（Traité des Pyrénées）签订后，法国和西班牙的国界线划定，鲁西永（Roussillon）省成为法国的一部分，卡尔卡松城从此失去军事功能，其防御工事被废弃，转而成为法国的经济中心之一，主要经营毛纺业。圣 - 纳泽尔教堂位于城堡内，具有典型的罗马建筑风格，1840 年被纳入国家历史古迹加以保护。1853 年，拿破仑三世（Napoléon III）推行城堡修复计划。修复工程由建筑师维欧勒·勒·杜克（Eugène Viollet-le-Duc）负责，在他去世之后，修复工作先后由其学生担任，直到 20 世纪初，城堡的修复工程才算结束。卡尔卡松城堡高超的军事建筑艺术及其防御系统在规模、复杂程度和贮藏功能方面的严密独特性，无不令人惊叹。它是至今为止欧洲最大的军事城堡。1997 年，卡尔卡松城堡被联合国教科文组织列入世界文化遗产[42]。

今日的卡尔卡松最主要的经济来源为旅游业，除老城区外，米迪运河（Canal du Midi）也吸引了许多游客。此外，卡尔卡松的经济活动还包括酿酒、纺织等行业。

卡尔卡松城堡全景

里昂（Lyon）位于法国东南，是奥弗涅 - 罗讷 - 阿尔卑斯（Auvergne-Rhône-Alpes）大区的首府，罗讷（Rhône）省的省会，以及“里昂大都会”（Métropole de Lyon）、或“大里昂”（Grand Lyon）的市政所在地。里昂的市区人口仅次于巴黎和马赛，属法国第三大城市。里昂处于欧洲南北交通的咽喉地带，具有极其重要的战略优势，北部经罗讷河谷（vallée du Rhône）长廊可通向马赛，东西连接阿尔卑斯高原（massif alpin）和中央高原（Massif central）。

里昂的历史悠久绵长。罗马帝国时期，里昂曾是高卢人的首都（Capitale des Gaules），高卢首席主教（primat des Gaules）所在地。5、6 世纪，里昂曾为勃艮第公国（Duché de Bourgogne）的都城。843 年，根据《凡尔登条约》（*Traité de Verdun*），里昂成了中法兰克王国（Francie médiane）的一部分。11 世纪，随着罗讷 - 索恩河航道的开辟，里昂出现了大规模的商贸活动，主要商品有东方丝绸、香料、珠宝等。13 世纪，里昂是欧洲重要的宗教中心之一。14 世纪初，法兰西国王菲利普四世（Philippe IV）将里昂收并法兰西王国（Royaume de France）。

文艺复兴时期，随着意大利商人的影响，里昂的商业和金融获得迅速发展，同时带动了丝绸、纺织和化学等工业的快速增长，老城区的许多楼房拔地而起，里昂也出现了很有地方特色的建筑——“小胡同”（Traboule）。此外，每年四个集市的成功举办，丝绸业和印刷业两个龙头工业的发展，使里昂很快成为欧洲最繁荣的城市之一。当时最大的银行，尤其是意大利的美第奇（Médicis）等多家大银行纷纷在里昂安家落户。当地经济的发展吸引了很多诗人、艺术家来此定居，其中最著名的是擅长肖像画的“里昂高乃依”（Corneille de Lyon）。同时，“里昂诗歌学校”（Ecole lyonnaise de poésie）应运而生。里昂的文化出现了一片繁荣景象。16 世纪中期左右，长期的宗教战争（Guerres de religion）摧毁了里昂的繁华，当地的大部分印刷商逃往日内瓦，许多意大利大银行也返回了故乡。18 世纪，里昂工业有所复苏。法国大革命期间，里昂

[42] https://fr.wikipedia.org/wiki/Cit%C3%A9_de_Carcassonne

遭到严重破坏。18 世纪末，里昂成为新建罗讷 - 卢瓦尔（Rhône-et-Loire）省的省会。后来罗讷 - 卢瓦尔省被拆分为罗讷（Rhône）省和卢瓦尔（Loire）省，罗讷省省会依旧为里昂。此后，其省会地位从未撼动。工业革命（Révolution industrielle）时期，里昂已成为交通和金融中心。1863 年，里昂信贷银行（Crédit lyonnais）成立。当时，里昂纺织业尤为发达，后来又发展了化工、电机、人造纤维、机械制造等工业。

拿破仑统治的第二帝国（Second Empire）时期，法国开始了大规模的城市规划和改建，里昂也开始了一系列的重建工作。当法国著名的城市规划师奥斯曼男爵（Baron Haussmann）在巴黎进行大规模改建时，当时担任罗讷省省长（préfet du Rhône）兼里昂市市长（maire de Lyon）的克劳德·马吕斯（Claude-Marius Vaïsse）也在里昂进行了大规模的规划和建设。如今里昂的共和国大街（rue de la République）、共和国广场（Place de la République）、爱德华·赫里奥特总统大道（rue du Président-Édouard-Herriot）、戈德里埃广场（Place des Cordeliers）和金头公园（Parc de la Tête d'or）的规划和建造都是在这个时期完成的，克劳德· 马吕斯因此赢得了“里昂奥斯曼”（Haussmann lyonnais）的美称[43]。不同的是，那时的大街和广场大多以“帝国”冠名。

自 1835 年起，里昂市对玫瑰花的开发和研究世界闻名，开发的玫瑰花品种多达几百种，里昂很快成为玫瑰花的摇篮，其中最有名的品牌有吉约（Guillot）、玫兰（Meilland）等。1886 年，里昂成立了专门经营玫瑰花的法国玫瑰花公司（Société française des roses），又称“玫瑰之友”（ Les Amis des roses ），公司总部就设在金头公园内[44]。1862 年和 1895 年，里昂相继出现两项重大发明：游览观光船（bateau-mouche）和电影放映机（cinématographe），里昂因此成了游船和电影技术的诞生地。经济的繁荣使里昂的人口急增，到第一次世界大战前夕，人口已将近 50 万。20 世纪 20 年代，“白煤”（houille blanche），即水力发电的出现，使里昂的经济迅速腾飞，里昂交易所（Bourse de Lyon），即如今的里昂工商会（Chambre de commerce et d'industrie de Lyon）在其中发挥了重要作用。

第二次世界大战期间，里昂被纳粹德国（Allemagne Nazie）占领。1944 年，里昂解放后，戴高乐将军授予里昂“抵抗运动之都”（Capitale de la Résistance）的光荣称号。为了缅怀历史，警示后人和纪念里昂的抵抗运动，政府在原盖世太保（Gestapo）指挥部旧址上兴建了“抵抗运动和流放史中心”（Centre d'histoire de la résistance et de la déportation）博物馆[45]。

[43 https://fr.wikipedia.org/wiki/Claude-Marius_Va%C3%AFsse
[44] https://fr.wikipedia.org/wiki/Soci%C3%A9t%C3%A9_fran%C3%A7aise_des_roses
[45] https://fr.wikipedia.org/wiki/Centre_d%27histoire_de_la_r%C3%A9sistance_et_de_la_d%C3%A9portation

20世纪30年代，里昂郊区韦尼雪（Vénissieux）等卫星重镇的大规模扩张，推动了里昂市的迅速发展。1956年，法国政府实行了新的行政区划——“大区”（Région），里昂成了罗讷-阿尔卑斯（Rhône-Alpes）大区的首府。1969年，包括里昂在内的59个市镇建立了“里昂城市共同体”（Communauté urbaine de Lyon）。20世纪末，里昂在工商、交通和科教等方面有了很大发展，市区人口超过百万，成为法国仅次于巴黎的第二大都市和经济文化中心，在国际上也享有越来越重要的地位。2015年，罗讷-阿尔卑斯大区与相邻的奥弗涅（Auvergne）大区合并，成立新的奥弗涅-罗讷-阿尔卑斯大区，里昂仍为首府。同年，原有的“里昂城市共同体”被撤销，新建了里昂大都会。里昂是法国重要的工业城市，在罗讷河沿岸有众多石化工业，被誉为“化学长廊”（Couloir de la chimie）。除了发达的纺织业外，里昂的工业重心逐渐向医药、生物科技等高精尖科技领域转化。里昂拥有20余所高等院校和科研机构，是法国除巴黎之外最重要的科教中心，也是欧洲重要的文化与艺术中心。此外，里昂还是国际刑警总部（Siège d'Interpol）的所在地。

里昂处于罗讷河（Le Rhône）和索恩河（La Saône）的交汇处，城区以河流为界主要分为三大部分：东部的新城区、西部的富维耶山（Colline de Fourvière）地区，以及处于两河相交而成的半岛（Presqu'île）上的老城区（Vieux Lyon）。里昂绝佳的地理位置，不仅使其成为著名的金融商贸大都市，而且是世界瞩目的历史文化名城。里昂保留了从罗马时代、文艺复兴到20世纪灿烂辉煌的历史文化建筑遗产。其中里昂老城、富维耶山、里昂半岛和红十字山坡（Les pentes de la Croix-Rousse）已被联合国教科文组织列为世界文化遗产。

东部新城区主要有金头公园（Parc de la Tête d'or），位于城市心脏地带，是里昂有名的城市公园，也是法国最大的公园之一。由德尼·布勒（Denis Bühler）与欧仁·布勒（Eugène Bühler）两兄弟设计，和美国纽约（New York）的中央公园（Central Park）属同时代建造，于1857年对外开放。金头公园占地100多公顷，共有8个入口，园内设施齐备，内容丰富，其中有绿地、小溪、湖泊、动物园、玫瑰园、天鹅岛（île aux Cygnes）、自行车赛场、温室植物园等，是里昂市巨大的自然园区，有“市肺”（poumon de l'agglomération）之美称。

里昂国际新城（Cité Internationale）是城市新开发区，位于罗讷河湾和金头公园之间，是在里昂老集市（foire de Lyon）的基础上兴建起来的。这里有各种各样、丰富多彩的文化娱乐活动：电影、喜剧、展览等一应俱全。在中心地带还建有动物园（Jardin zoologique de Lyon）。这里可谓里昂的文化中心。

里昂西部的富维耶山，又叫“祈福山”（Colline qui prie），地处罗讷河西岸，平均海拔比老城区高出百米左右，在山顶可俯瞰里昂市的全貌。在富维耶山巅，高耸着富维耶圣母教堂（Basilique Notre-Dame de Fourvière）。这座由皮埃尔·博桑（Pierre

富维耶圣母教堂

Bossan）设计，修建于 1872-1896 年的天主教圣殿，兼具了罗马和拜占庭（romano-byzantin）风格，其精美的马赛克、一流的花窗玻璃，华丽的内部镶嵌画和壁画，令人惊叹。圣殿由四个主塔，一个钟楼和圣托马斯礼拜堂（Chapelle Saint-Thomas）构成。礼拜堂的塔顶上是圣母玛利亚镀金雕像（statue de la Vierge dorée）。富维耶圣母教堂实际上包含上下两座教堂，上教堂华丽，而下教堂简朴。把富维耶教堂奉献给圣母，是为了感谢圣母。传说她在 14 世纪那场席卷欧洲的黑死病（Peste noire）中拯救了里昂。不仅如此，每年 12 月初，里昂全市还点燃蜡烛感谢圣母，称为“灯光节”（Fête des Lumières）。1998 年，富维耶圣母教堂被列为世界遗产。如今，富维耶圣母教堂已成为里昂的象征，里昂因此有“玛利亚之城”（ville mariale）的美誉。每年接待的游客多达两百万。

在富维耶山上，还有一座和巴黎埃菲尔铁塔相似，修建于 1893 年的现代化金属塔，即富维耶金属塔（Tour métallique de Fourvière），主要用于发送电视信号。另外，里昂著名的高卢 - 罗马博物馆（Musée gallo-romain de Lyon）也坐落于此，主要展出了高卢 - 罗马时期的陶瓷、马赛克等手工制品和生活用品，包括高卢青铜豪华四轮战车（Char gaulois d'apparat en bronze）残骸以及许多华丽的镶嵌艺术品。镇馆之宝有 1528 年发现的克洛德青铜板（Table claudienne）：上面铭刻着罗马皇帝克洛德（empereur Claude）于公元 48 年在元老院（Sénat romain）的演说。以及罗马日历（calendrier de Coligny 或 calendrier gaulois）：一块在科里尼（Coligny）发现的公元 2 世纪的青铜板，上面有非常罕见的高卢语铭文。

从高卢 - 罗马博物馆的窗户望去，便是富维耶山古罗马剧场（Théâtre antique de Lyon），因剧场背靠富维耶山而得名。这个古老的露天剧场修建于罗马第一位皇帝—奥古斯特（Auguste）时代，公元 1 世纪末左右进行了扩建，可容纳上万观众。罗马帝国末期，被遗弃。直到 19 世纪末，古罗马剧场的历史价值才重新获得认可，并于 1933 年进行了修复。如今，古罗马剧场和相邻的高卢 - 罗马博物馆，以及古罗马音乐堂（Odéon romain antique）一起构成了古老里昂的象征。

坐落于富维耶山脚下，索恩河西岸的里昂圣让首席主教堂（Cathédrale Saint-Jean de Lyon）建于 12 世纪末至 15 世纪末，是法国天主教里昂总教区的主教座堂，又称“Primatiale”，因为自 1079 年，里昂总主教就有了“高卢首席主教”（Primat des Gaules）的头衔，也是法国的首席总主教。该教堂因此也成了中世纪天主教教堂的杰出代表。在富维耶圣母教堂兴建之前，里昂圣让首席主教堂曾是该市最雄伟的教堂。其古老的资格、华丽的哥特式风格，和教堂里罕见的 14 世纪的天文钟（horloge astronomique）都是教堂的魅力所在。1316 年，这里曾见证了教皇让二十二世（Jean XXII）的加冕典礼。1600 年，法国国王亨利四世与王后玛丽·德·美第奇（Marie de Médicis）在此举行了盛大婚典。1805 年复活节期间，拿破仑和妻子约瑟芬（Joséphine）在此受到红衣主教的热情接待[46]。1862 年，该教堂成为法国历史古迹。1998 年，成为世界文化遗产。如今，这里不仅是重要的旅游景点，也是里昂举办“灯光节”活动的主要场地之一。

里昂圣让首席主教堂

横跨在索恩河上的波拿巴桥（Pont Bonaparte），将圣让首席大教堂和白莱果广场（Place Bellecour）连接起来。白莱果广场是里昂市最大的广场，法国第五大广场，也是欧洲最大的步行广场。广场中央是路易十四的骑马雕像，西南角则是圣埃克苏佩里（Antoine de Saint-Exupéry）及其笔下小王子（Petit Prince）的雕塑。该广场位于城市的中心点，交通四通八达，极其方便。此外，广场上还设有酒吧、里昂旅游局（Office du Tourisme）和小型儿童乐园。每逢年末或重大节日，白莱果广场就会安装一个摩天轮（Grande Roue）供大家游乐。

白莱果广场

圣埃克苏佩里和小王子

沃土广场（Place des Terreaux），位于罗讷河和索恩河交汇的半岛上，红十字山（colline de la Croix-Rousse）的山脚下。中世纪兴建的里昂市政厅（Hôtel de ville de Lyon）就坐落在沃土广场上，它是该市最宏大的历史建筑之一。楼顶上的钟塔是权利的象征。1886 年，里昂市政厅被列为法国历史古迹。如今，这里每年要举办 10 次市政委员会。在市政厅的东面是喜剧广场（Place de la Comédie），对面是歌剧院（Opéra）。广场中央是巴特勒迪喷泉（La Fontaine Bartholdi），由著名法国雕塑家，纽约自由女神像（Statue de la Liberté）的作者——巴特勒迪（Frédéric Auguste

[46] https://fr.wikipedia.org/wiki/Primatiale_Saint-Jean_de_Lyon#.C3.89v.C3.A8nements_importants

沃土广场

里昂市政厅

巴特勒迪喷泉

里昂美术馆

戈德里埃广场

Bartholdi）于 1892 年设计建造。其创作灵感主要来源于凡尔赛宫（Versailles）的阿波罗喷泉（bassin d'Apollon）。巴特勒迪喷泉将法国描绘成一个坐在战车上的女子，驾驭着四匹海马，代表法国的四条大河。沃土广场则象征着春天肥沃的大地。1995 年，沃土广场和巴特勒迪喷泉[47]被列为法国历史古迹。

沃土广场南侧是里昂美术馆（Musée des Beaux-Arts de Lyon）。该馆建于 1801 年，1803 年对外开放。占地 1.5 万平方米，是法国乃至欧洲最大的博物馆之一。博物馆主要收藏了从古埃及（Égypte antique）至现代各个时期的优秀雕塑和绘画作品。1988 年，该馆开始了长达 10 年的修复工程。1998 年，焕然一新的里昂美术馆重新开门迎客。如今，馆内丰富的藏品使其成为法国仅次于巴黎卢浮宫的重要博物馆。

在里昂老城区的中心位置，是加达涅博物馆（musée Gadagne），由里昂历史博物馆（musée d'histoire de Lyon）和木偶艺术博物馆（musée des arts de la marionnette）两大部分组成。里昂历史博物馆主要展出了以前收藏在里昂市政厅的作品，包括雕塑、绘画、家具、陶瓷、地图、版画和考古遗迹等，展现了里昂从中世纪到 19 世纪的文化历史风貌。木偶艺术博物馆则完整地收集了世界各地的木偶达两千件。1920 年，这座古老的建筑被列为法国历史古迹。

位于里昂二区的戈德里埃广场（Place des Cordeliers）也是里昂市的一个文化中心，坐落在广场北部的证交所宫（Palais de la Bourse）建于 1856-1860 年，现在是里昂工商会（Chambre de commerce et d'industrie de Lyon）的总部所在地。1994 年，被列为法国历史古迹。

[47] https://fr.wikipedia.org/wiki/Fontaine_Bartholdi

位于索恩河右岸，里昂老城心脏地带的里昂正义宫（Palais de justice historique de Lyon）修建于1835-1845年。1996年，被列为法国历史古迹。由于该建筑的正面墙体由24根罗马圆柱构成，因此又被称作“24柱宫”（Palais des vingt-quatre colonnes）。这里是罗讷刑事法庭（Cour d'assises du Rhône）、里昂上诉法庭（Cour d'appel de Lyon）以及法国中东区际司法行政机构（Service administratif interrégional judiciaire Centre-Est）的所在地。

里昂正义宫

在老城区穿行，您可以发现里昂五区有许多小胡同（Traboules）。文艺复兴时期，人们为了出行的便捷，就在底楼庭院里建造一些走道，将一条街与另一条平行街相连，人们称为“小胡同”。其中里昂的玫瑰塔（Tour Rose）胡同最为出名，因为走道的颜色为玫瑰红，而且有玫瑰色的塔楼作装饰，因此得名。最重要的是，1600年，法国国王亨利四世和玛丽·德·美第奇大婚之际曾在这里住过几日。

里昂市的另外一个特色便是全城随处可见的壁画（trompe-l'œil），即在建筑物上创作的通过透视实现立体感的装饰画。据统计，里昂城里大大小小的壁画多达上百个，大型且完整的有22个，其中最庞大的作品是位于丝绸工人大街（Boulevard des Canuts）上的“丝织工人之墙”或“卡奴墙”（Mur des Canuts）壁画。这个总面积为1200平方米的巨幅作品有六层楼高，是欧洲最大的壁画。它向人们展现了红十字区的历史和过去的生活场景，每个细节惟妙惟肖，真假难辨。这个作品由法国名为“创意之城”（Cité de la Création）的壁画公司于1986年创作完成，也是该公司的成名作。1986年，该公司改名为“Citécréation”。

另外一幅著名壁画是位于里昂一区，索恩河左岸圣文森特滨河路（Quai Saint-Vincent）49号和马蒂尼埃街（rue de la Martinière）2号拐角处一幢七层楼外立面上的“里昂人壁画”（Fresque des Lyonnais），由“创意之城”于1994-1995年创作完成。这个近800平米的巨幅作品描绘了里昂24位历史人物和6位当代人物。每个阳台展

玫瑰塔

丝织工人之墙

里昂人壁画

现一个不同的生活画面，所有人物栩栩如生，如同真人一般。他们的神态和动作与整座大楼浑然天成，令人惊叹。

里昂除了丰富的历史古迹，还有许多传统节日。其中“灯光节”（Fête des Lumières）最为著名。关于灯光节的来历有两种传说。一种说法：中世纪瘟疫肆虐，是圣母玛利亚拯救了里昂城，于是，人们在每年的 12 月初点燃蜡烛，以感恩圣母。另一种说法：1870 年，普法战争（Guerre franco-allemande）期间，普鲁士人（Prussien）包围了里昂城，人们向圣母求助，结果普鲁士很快就退兵了。于是，人们开创“灯光节”以纪念圣母。里昂灯光节因此又称“圣母玛利亚节”（Fête de la Vierge Marie）。事实上，该节日起源于 19 世纪圣托马斯礼拜堂塔顶上的镀金圣母像落成之际。此后，在每年的 12 月 8 日左右，里昂每家每户会在窗外摆放点燃的蜡烛，以纪念圣母。如今，里昂越来越多的公共场所，比如白莱果广场、圣让首席主教堂等也开始设计一些灯光秀，给为期四天的庆祝活动增加一些喜庆气氛。据统计，每年前来观赏里昂灯光节的游客将近 400 万[48]。

圣让首席主教堂

白莱果广场

众所周知，里昂是世界电影的诞生地，这要归功于卢米埃尔（Auguste et Louis Lumière）两兄弟，是他们于 1895 年发明了电影和电影放映机。于是，每年 10 月，里昂市和卢米埃尔研究院（Institut Lumière）就会一起举办“卢米埃尔电影节”（Festival Lumière），主要展演世界著名的经典老电影，评出在电影艺术方面有卓越贡献的人，并颁发卢米埃尔奖（Prix Lumière）。

此外，里昂拥有四所著名大学和多所高等院校，是法国继巴黎之后的第二大学城。大学主要有以体育、健康、科技为主的里昂一大（Université Claude Bernard Lyon 1）、以人文、艺术、语言等为主的里昂二大（Université Lumière Lyon 2）、以法律、经济管理为主的里昂三大（Université Jean-Moulin Lyon 3）和以哲学、心理学、教育学为主的里昂天主教大学（Université catholique de Lyon）。其它著名的院校还有里昂高

[48] https://fr.wikipedia.org/wiki/F%C3%AAte_des_Lumi%C3%A8res_(Lyon)

等师范学院（École normale supérieure de Lyon）、里昂国立应用科学学院（Institut national des sciences appliquées de Lyon）、里昂中央理工学院（École centrale de Lyon）等。

里昂得天独厚的自然环境和丰富的农产品资源为里昂的美食提供了极其优越的条件。里昂的特色食品繁多，餐馆多达上千家，被誉为法国的美食大区。早在 16 世纪法国国王亨利二世在位时，王后凯瑟琳·德·美第奇（Catherine de Médicis）就邀请佛罗伦萨名厨到宫廷为自己服务，他们把里昂及周边丰富的食材用到了极致。比如布雷斯（Bresse）和夏若莱（Charolais）地区的家畜，东布（Dombes）平原的野味，萨瓦湖（lacs savoyards）的鱼虾和德龙（Drôme）省的蔬果，博若莱（Beaujolais）、勃艮第（Bourgogne）和罗讷河谷（vallée du Rhône）三大地区出产的葡萄酒以及里昂当地上百种的奶酪等。

1935 年，有“美食王子”（ Prince des gastronomes）之称的法国著名美食评论家科农斯基（Curnonsky）评价里昂是“世界美食之都”（capitale mondiale de la gastronomie）[49]。21 世纪，里昂饮食以简朴精美名扬四海。据统计，里昂是法国人均餐馆最多的城市之一，这里的著名餐馆有“塞子”（Bouchons）的美称，其中都有星级厨师掌勺，比如法国世界级顶尖名厨，米其林三星（trois macarons Michelin）获得者，法国传统与现代美食的先驱，有“美食教皇”（Pape de la gastronomie）和“世纪名厨”（Chef du siècle）之称的保罗·博古斯（Paul Bocuse），仅在里昂市区就拥有六家博古斯餐厅，其中包括郊区的米其林三星餐馆：L'Auberge du Pont de Collonges。1987 年，博古斯在里昂创办了世界著名的烹饪比赛——博古斯金奖（Bocuse d'Or）大赛[50]。1990 年，他又在里昂市建立了保罗·博古斯酒店与厨艺学院（Institut Paul Bocuse）。事实上，对里昂人来说，保罗·博古斯已经不仅仅是一位名厨，他还是里昂市的一种象征和符号。此外，里昂老城还有很多其它风味独特的餐厅，同样被里昂人亲切地称为“里昂塞”（Bouchons lyonnais）。

保罗·博古斯

保罗·博古斯米其林三星餐馆

[49] https://fr.wikipedia.org/wiki/Cuisine_lyonnaise
[50] https://fr.wikipedia.org/wiki/Paul_Bocuse

猪肉食品

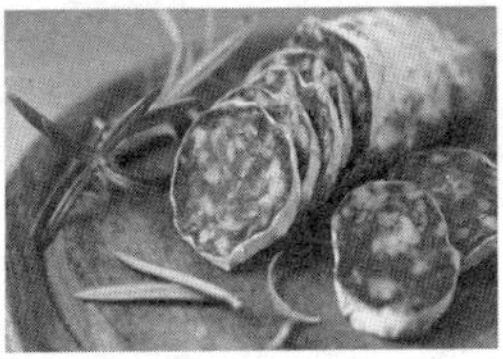

里昂玫瑰香肠

里昂鱼糕

里昂色拉

里昂煎牛肚

油煎糖糕

里昂除了许多有名的餐馆，还有种类繁多的特色食品。比如里昂的猪肉食品非常有名，尤其是里昂玫瑰香肠（Rosette de Lyon）和烤猪肉（Grattons lyonnais）等。其次，里昂鱼糕（Quenelles Lyonnaises）、煎牛肚（Tablier de sapeur）和里昂沙拉（Salade lyonnaise）也十分著名。在里昂，烤猪肉常用开胃酒佐餐，如果能用里昂南部罗讷河谷（Val du Rhône）出产的罗讷河谷山坡葡萄酒（Côte du Rhône），或里昂北侧的博若莱（Beaujolais）区出产的博若莱酒（Beaujolais）佐餐，则更能体现当地风味，而且这两个地区还属于法国十大葡萄酒产区之列。里昂鱼糕：把鱼打成浆，加入鸡蛋、面粉、调料、水等搅拌均匀，做成橄榄形鱼丸，煮熟后配上奶油或海鲜酱汁食用。煎牛肚：法语名称直译为“士兵的围裙”，因为曾在里昂担任议员的法国元帅卡斯特拉内（Maréchal de Castellane）[51] 曾把这道菜比作“管道兵的围裙”而得名。

罗讷河谷山坡葡萄酒

六种博若莱名酒

[51] https://fr.wikipedia.org/wiki/Boniface_de_Castellane_(1788-1862)

也有人根据外形称其为“蜂窝帽”（bonnet nid d'abeille）。这道菜是把牛肚切成方块，用马孔白葡萄酒（vin blanc mâconnais）、芥末、柠檬、及其它调料进行腌制，腌好后滚上面包屑用油煎制而成，再配上蛋黄酱食用，味道非常鲜美。里昂最有名的糕点是油煎糖糕（Bugnes）。据说这个糕点和宗教有关，它是封斋期主日（premier dimanche du Carême）里唯一被准许享用的食物。主要成分有面粉、黄油、糖和柑桔花等。

图卢兹（Toulouse）位于法国西南，历史上曾是朗格多克（Languedoc）的首府，如今是欧西坦尼亚（Occitanie）大区上加龙（Haute-Garonne）省的省会。从人口数量来看，图卢兹是法国继巴黎、马赛和里昂之后的第四座大城市。图卢兹市的建筑风格是法国南部都市风格的杰出代表，始终保留着玫瑰红砖瓦的特色，因此有“玫瑰之城”（Ville rose）的美誉。19 世纪，由于紫罗兰文化的发展，使图卢兹又赢得了“紫罗兰之城”（Cité des violettes）的称号，紫罗兰成了图卢兹的象征，这里定期举办“紫罗兰节”（Fête de la Violette）。

紫罗兰

历史上，图卢兹曾经是法兰克王国（Royaume des Francs）的一部分。在中世纪很长一段时间，图卢兹伯爵（Les comtes de Toulouse）占据了法国南部大部分地区，并一直以独立的王国存在。图卢兹至今还保留有公爵城堡。同时，基督教在图卢兹盛行。1229 年，《巴黎条约》（*Traité de Paris*）的签订，结束了图卢兹伯爵和法兰西王国的对立。同年，图卢兹大学（Université de Toulouse）成立。1249 年，图卢兹伯爵领地归并法国。亨利四世上台后，巩固了国王的统治，也结束了图卢兹的混乱局面。14 世纪初，图卢兹开始为大主教管辖区。这里有许多中世纪教堂，城内还有不少文艺复兴式和 16 到 17 世纪建筑。18 世纪中叶，图卢兹出现了各种艺术、宗教、和建筑思潮。在新城规划者孟德兰（Louis de Mondran）的倡导下，相继修建了大圆点（Rond-Point）和蒂龙大道（Cours Dillon）等。1776 年，图卢兹的布里讷（Brienne）红衣主教参加了以他的名字命名的布里讷运河（canal de Brienne）的开工仪式。这条运河将米迪运河和加龙运河（Canal latéral à la Garonne）连接起来。

图卢兹市政厅广场

圣塞尔南教堂外景

奥古斯汀博物馆外景

图卢兹是一个著名的旅游城市，每年接待游客将近8000万。建于1190年的图卢兹市政厅广场可谓图卢兹的地标性建筑。该广场又称卡比托利欧广场（Place du Capitole），"Capitole"得名于罗马卡比托利欧山（colline du Capitole）。市政厅的粉红色砖墙立面（façade du Capitolium），由法国画家兼建筑师的卡玛斯（Guillaume Cammas）于1750年设计建造。正面的8根柱子代表了原来图卢兹的8个市政长官（capitoul），整个建筑体现了新古典主义的艺术风格。广场中央镶嵌着一个巨大的十字架。市政厅可以自由参观，厅内的名人堂述说着图卢兹辉煌的历史。如今，图卢兹人常常在此约见朋友、休闲娱乐，世界各地的游客则来此亲眼目睹"玫瑰城"的芳容。

建于5世纪初的圣塞尔南教堂（Basilique Saint-Sernin），是欧洲至今最雄伟的罗马艺术教堂。这座用方砖和石头建成的教堂，是法国西南地区最重要的朝圣地之一。其构造十分精美，是平衡与和谐的完美呈现。1840年，该教堂被列为法国古迹。1998年，被列入"法国圣雅各朝圣之路"（chemins de Saint-Jacques de Compostelle France）。

圣塞尔南教堂前的广场上有圣塞尔南咖啡馆（Café Saint Sernin），这里是大学生和艺术家经常光顾的地方。继续前行就到了托尔街（Rue du Taur），展现了老图卢兹的典型风貌和浓厚的文化氛围，周围的大学生咖啡馆随处可见，热闹异常。不远处的托尔圣母教堂（église Notre-Dame-du-Taur），全部用方砖建成，风格简朴而考究。广场南端通往圣罗马街（rue Saint-Rome），这里是贯穿城市南北古道的一部分，如今已成了图卢兹著名的步行街，两旁开设了各色小店，是购物爱好者经常光顾的地方。

图卢兹还拥有多家博物馆。在图卢兹美术馆（Musée des beaux-arts de Toulouse）或奥古斯汀博物馆（Musée des Augustins），游人可以欣赏13世纪、

14 世纪美丽的奥古斯汀修道院（Couvent des Augustins）。在角斗场博物馆（Les Abattoirs），有布拉赛（Brassaï）、杜尚（Marcel Duchamp）等人的当代和现代艺术作品。水塔摄影陈列馆（Château d'eau de Toulouse）则是欧洲最古老、最受欢迎的摄影陈列馆。

图卢兹还有闻名世界的太空城（Cité de l'espace），由公园、天文馆和展览馆三部分组成，园内巨大的阿丽亚娜 5 号火箭（Ariane 5）模型是仿照法属圭亚那（Guyane Française）的库鲁（Kourou）火箭原型及其实际尺寸制作的。天文馆有很多以 3D 程序设计的装置。展览馆有专门的火星展览厅和从地球到最远星球的七个不同主题的演示厅。太空城是人们了解浩瀚宇宙的理想去处。

水塔摄影陈列馆

图卢兹太空城

图卢兹新桥

图卢兹不仅拥有丰富的文化历史，而且是法国重要的工业城市。17 世纪，图卢兹的两个标志性建筑——新桥（Pont-Neuf）和米迪运河（canal du Midi）相继完工。事实上，新桥是图卢兹市横跨于加龙河的一座最古老的桥梁，至今还在履行着自己神圣的使命。18 世纪末，米迪运河经过修缮，贯通了图卢兹到地中海的河运路线。它最早叫“朗格多克皇家运河”（canal royal en Languedoc），1789 年法国大革命时改名为“米迪运河”。19 世纪，加龙运河（canal de Garonne）的建造，不仅把波尔多到图卢兹的河运通道拓宽了一倍，大大延长了米迪运河的航线，而且实现了地中海（mer Méditerranée）和大西洋（océan Atlantique）之间的航运。因此，两条运河合称为“两海运河”（canal des Deux-Mers）。米迪运河被公认为 17 世纪最伟大的工程，被誉为法国航运史上的革命。它也是欧洲至今仍在使用的最古老的运河之一。1996 年，米迪运河被联合国教科文组织列入世界遗产。19 世纪，随着铁路的兴建，加上图卢兹处于南北交通要道的地理优势，其工业，尤其是航空航天工业获得了迅速发展，从军用构件、喷气式飞机、协和（Concorde）客机的制造到成为空中客车的生产基地（sites d'Airbus），以及空客集团（Airbus Group）的总部，图卢兹如今已是欧洲航空航天工业的大都市。空客集团则是地方经济发展的龙头企业，是法国的第一工业基地，公司员工将近 14000。许多国家，包括中国在内参与订购的号称“巨无霸”的空客 A380（Airbus A380）就在图卢兹的生产基地组装完成。

空客 A380

图卢兹的魅力不仅在于其深厚的历史文化底蕴和发达的航空航天工业，还在于其丰富多彩的科教事业。图卢兹目前拥有 20 多所高等院校，以及国家气象、航天、航空等多家尖端科技研究中心。法国国家理学院、医学院、文学院和法国最重要的三所航空航天大学：SUPAERO、ENAC 和 ENSICA 均设于图卢兹。据统计，法国每年约 16% 的工程师毕业于此。其中，建于 1229 年的图卢兹大学于 1968 年分为 3 所著名大学：图卢兹一大（université Toulouse 1 Capitole），欧洲最早的大学之一；图卢兹二大（université de Toulouse-Le Mirail）和图卢兹最大的大学——图卢兹三大（université Paul-Sabatier）。此外，图卢兹还有以工程为主的国立图卢兹综合理工学院（Institut National Polytechnique de Toulouse）和以应用科学为主的国立图卢兹应用科学学院（Institut National des Sciences Appliquées de Toulouse）等。近几年，图卢兹的 15 所院校组成图卢兹联邦大学（Université fédérale de Toulouse）联合体，涉及文化、法律、艺术、科学等领域，旨在引领南部 - 比利牛斯大区（Midi-Pyrénées）的科学和学术研究，增强其在世界范围的影响力。

图卢兹还拥有丰富的特色产品和美食。最早由卡夫食品公司（Kraft Foods）销售的甘草糖片（Cachou Lajaunie），是图卢兹药剂师拉若那（Léon Lajaunie）于 1880 年发现的。不久，香草味和薄荷味的糖片也相继问世。该品牌几经易主后最终归属于

甘草糖片

紫罗兰女香

法国吉百利（Cadbury France）公司，每年的销量超过千万盒。图卢兹还有闻名世界的香水——紫罗兰女香（Berdoues Violettes de Toulouse）。

当地驰名的美食首先是图卢兹香肠（Saucisses de Toulouse），其次是用扁豆，猪、羊、鸭、鹅肉等原料烹制而成的图卢兹“卡酥来”（Cassoulet）什锦砂锅。“Cassoulet”的名字来源于 Cassole，即奥德省伊塞镇（Issel）出产的陶质碗。如今，人们常用这种陶碗煨制砂锅，Cassoulet 由此得名。另外，图卢兹的鹅肝酱、鸭胸肉，“费内特拉”（Fénétra）柠檬焦糖蛋糕、形状酷似砖头的图卢兹砖糖（Brique du Capitole）、形状如同市政广场铺路石的夹心巧克力（Pavé du Capitole），以及紫罗兰系列糖果（confiserie de violette）等同样名不虚传。

图卢兹香肠

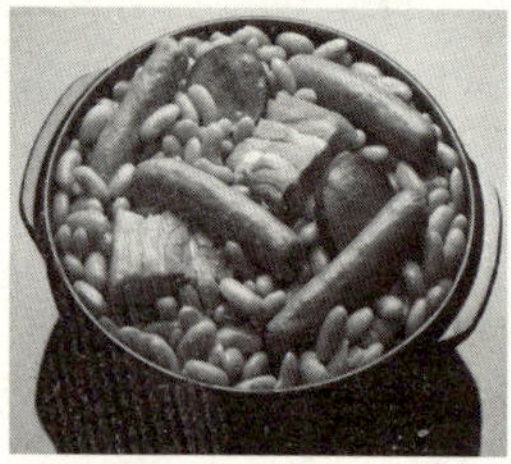

“卡酥来”什锦砂锅

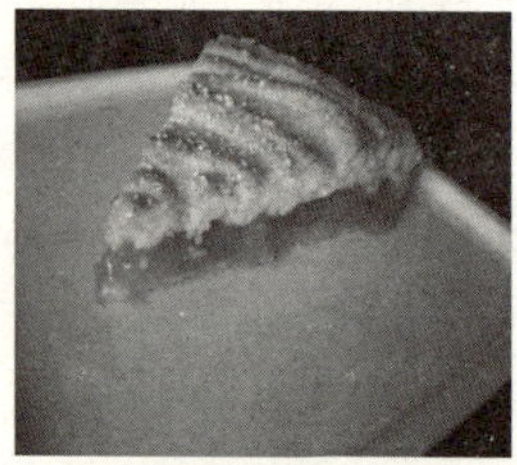

费内特拉蛋糕

图卢兹砖糖

图卢兹夹心巧克力

紫罗兰糖果

图卢兹还是法国西南地区重要的葡萄酒产地。其中最著名的品牌有弗龙东（Fronton）、加亚克（Gaillac）、加斯科涅山坡（Côtes-de-Gascogne）和卡奥（Cahors）。当然，这些佳酿需搭配当地的特色美食一起享用，效果才会更佳。

弗龙东

加亚克

加斯科涅山坡

卡奥

必棒餐馆

利摩日市政厅

利摩日火车站

利穆赞宗教仪式

亚德利安·杜伯榭国立博物馆

图卢兹的著名餐馆当属市政厅广场上的必棒（Le Bibent），它是法国美好时代的产物，因其内部精美的装潢，1975年被列入法国历史古迹。另外，地处古老城区，以名厨萨朗（Michel Sarran）命名的餐馆和剧院咖啡馆（Grand Café de l'Opéra）也是不错的选择。

利摩日（Limoges）位于法国西南，是新阿基坦（Nouvelle-Aquitaine）大区，上维埃纳（Haute-Vienne）省的首府。历史上也曾经是古老的利穆赞（Limousin）省的省府。

早在中世纪时，利摩日已经成为阿基坦地区的大都市，尤其以圣马尔蒂阿修道院（Abbaye Saint-Martial）的灿烂文化而著名。修道院创建于9世纪中叶，被誉为中世纪艺术、法律、科学和技术的摇篮。12世纪，该修道院是重要的文化中心。16世纪，是主教团的主要活动场所。直到1960年，人们在修道院的地下室发现了圣马尔蒂阿（Saint Martial）和圣瓦雷里（Sainte Valérie）的墓葬后，才开始对外开放。

在利摩日，每隔7年就举办一次利穆赞宗教仪式（Ostensions septennales limousines）。最近一次是在2016年，这是利摩日最盛大的节日之一，它已被载入法国非物质文化遗产名录（Inventaire du patrimoine culturel immatériel en France）。2013年，政府委员会（Comité intergouvernemental）已经通过了申请利穆赞宗教仪式为联合国教科文组织的人类非物质文化遗产（Patrimoine culturel immatériel de l'humanité de l'Unesco）的决案[52]。

自从18世纪发现高岭土后，利摩日开始出现陶瓷业，并很快发展成为法国陶瓷、玻璃等工艺品的制造中心。利摩日从中世纪传承下来的陶瓷与珐琅技艺至今世界闻名。1845年，利摩日创建了亚

[52] https://fr.wikipedia.org/wiki/Abbaye_Saint-Martial_de_Limoges

德利安·杜伯榭国立博物馆（Musée national Adrien Dubouché）[53]，用以收集和展览当地的陶瓷产品，以及代表陶瓷发展历史的作品。如今，该博物馆已成为塞弗尔 - 利摩日瓷都（Cité de la céramique – Sèvres et Limoges）公共机构的重要组成部分。2008 年，利摩日被法国文化部列为“历史艺术之都”（Ville d'art et d'histoire）。

格勒诺布尔（Grenoble）是伊泽尔（Isère）省的首府。位于法国东南部，阿尔卑斯山区，罗讷河（Rhône）支流伊泽尔河（l'Isère）和德拉克河（Le Drac）的交汇处。格勒诺布尔地处法国阿尔卑斯山区的心脏地带，既是阿尔卑斯山山区交通中心，也是欧洲阿尔卑斯山区的最大城市，被誉为“阿尔卑斯之都”（Capitale des Alpes）。格勒诺布尔的市徽上有三朵红玫瑰，象征着格勒的三大经济支柱：工业，科教和冬季运动。

格勒诺布尔在法国甚至世界上拥有许多“之一”和“之最”。17 世纪，格勒的手套生产飞速发展，19 世纪达到了顶峰，其中佩兰手套（Gants Perrin）最为出名，且远销海内外。1803 年，在格勒诞生了第一家互助保险（Société de secours mutuels）公司，源于手套厂主为自己的员工提供医疗、养老等保障[54]。1869 年，工程师伯格斯（Aristide Bergès）先生在格勒东北郊的朗塞（Lancey）首次利用水的落差发电成功，同时世界首座水电站在此投入运营。在 1889 年的巴黎世界博览会（Exposition universelle de Paris）上，伯格斯先生亲切地称水力发电为“白煤”（houille blanche），朗塞因此成了“白煤”的摇篮。1925 年，格勒组织了“世界白煤博览会”（Exposition internationale de la houille blanche）[55]。水力发电的发明大大推动了当地经济的发展，格勒不久就进入了经济腾飞的 30 年（Trente Glorieuses）。1934 年，世界首个滑雪专用的机械牵引缆车在格勒郊区滑雪场投入运营，格勒也成为世界滑雪专用机械牵引缆车的先驱之一。这里的圆球式缆车，是法国唯一建于城中心的空中索道。它既是格勒的地标，也是格勒人的骄傲，被当地人亲切地称为“登山泡泡车”（bulle de téléphérique）。另外，格勒还拥有欧洲首个微技术和纳米技术研究中心，以及享誉世界的核能研究中心。

格勒诺布尔还是一座名副其实的大学城，其大学集团是法国外省教学质量最高的

格勒诺布尔市

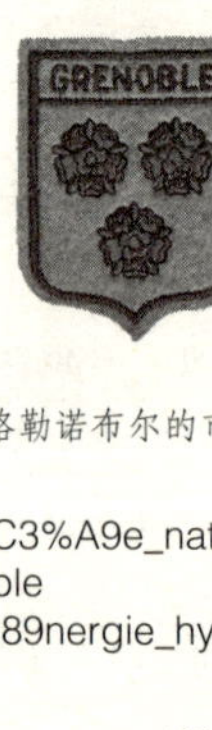

格勒诺布尔的市徽

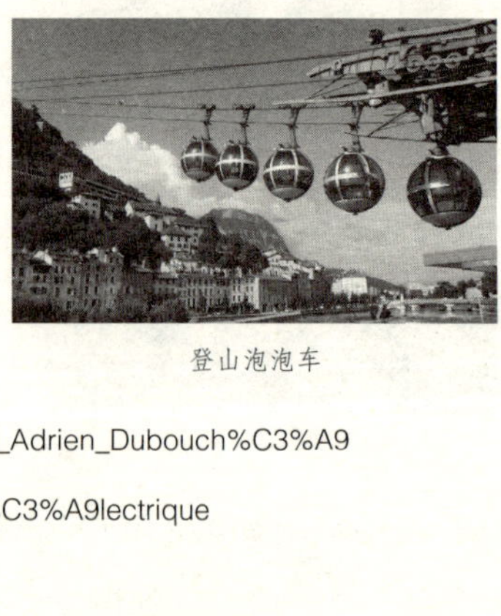

登山泡泡车

[53] https://fr.wikipedia.org/wiki/Mus%C3%A9e_national_Adrien_Dubouch%C3%A9
[54] https://fr.wikipedia.org/wiki/Grenoble
[55] https://fr.wikipedia.org/wiki/%C3%89nergie_hydro%C3%A9lectrique

大学集团之一，同时也是法国外省最大的大学城之一和法国外省学生最多的城市之一，包括从世界 180 个国家远道而来的外国留学生。另外，大学教师多达一万名。根据法国《学生》（*L'Étudiant*）杂志 2016-2017 年排行榜，格勒位列法国最适合大学生学习城市的排名仅次于雷恩和图卢兹。格勒大学的历史可以追溯至 1339 年，是欧洲历史最悠久的大学之一。2016 年，正式由格勒一大（Université Joseph-Fourier）、格勒二大（Université Pierre Mendès-France）和格勒三大（Université Stendhal）联合建成格勒诺布尔 - 阿尔卑斯大学（Université Grenoble-Alpes），成为奥佛涅 – 罗讷 – 阿尔卑斯（Auvergne-Rhône-Alpes）大区最大的一所大学，从在校人数和科研能力上成为法国排名第五的高等教育机构 [56]。格勒一大以著名科学家傅立叶（Joseph Fourier）命名，属于理工类大学，主要有科学、技术、地里和医学专业。格勒二大以法国政治家蒙代斯（Pierre Mendès）的名字命名，专业涉及管理、法律和人文社会科学。格勒三大因大文豪司汤达（Stendhal）出生于此而得名，是法国专门从事世界法语教师培训和外国留学生法语教学及社会科学领域教学研究的公立综合性大学，专业主要涉及语言、文学和语言应用学。

格勒诺布尔的历史可追溯于古罗马时期，老城区至今保留有古罗马时代残存的城墙。在漫长的中世纪，格勒诺布尔曾是多菲内（Dauphiné）的首都。多菲内曾是查里曼创建的圣日耳曼罗马帝国（Saint-Empire romain germanique）的一个成员国，于 1349 年归顺法兰西国王统治后即变成了多菲内省。据史料记载，1788 年 6 月 7 日，愤怒的格勒市民爬上屋顶，向驻军投掷瓦片，这一天后来被称为“瓦片日”（Journée des Tuiles），并被认为是 1789 年法国大革命的序幕。

格勒诺布尔是《红与黑》（*Le Rouge et le Noir*）的作者司汤达（1783-1842）的故乡。1970 年，政府设立“斯汤达”博物馆，以纪念这位杰出的批判现实主义作家。2000 年，博物馆被列入法国历史古迹。2012 年，博物馆正式迁至离伊泽尔河边不远的加尼荣（Henri Gagnon）医生故居。加尼荣医生是司汤达的外祖父，也是对司汤达一生影响最大的人之一。

格勒不仅历史悠久，而且名胜古迹众多。格勒法院（Palais de justice）原是 15 世纪末的多菲内省议会宫（Palais du Parlement du Dauphiné），兼具哥特式与文艺复兴式风格，是格勒人最骄傲的文化遗产。位于老城区的圣母广场（Place Notre-Dame），这里被认为是格勒最繁华、历史文化最丰富的区域。广场中央耸立着象征贵族、僧侣和平民的“三个等级喷泉”（Fontaine des Trois Ordres）。1862 年被列入法国历史古迹的格勒圣母大教堂（Cathédrale Notre-Dame de Grenoble）及其旁边的圣宇阁教堂（Eglise Saint-Hugues），以及古老洗礼池（Ancien Baptistère），构成了圣母广场甚至格勒的标志性建筑。据史料记载，这个洗礼池建于 4 世纪，据说司汤

[56] https://fr.wikipedia.org/wiki/Grenoble

多菲内省议会宫

圣母广场

三个等级喷泉

格勒圣母大教堂

达的洗礼就是在这儿举行的。

主教辖区博物馆（Musée de l'Ancien évêché）讲述了格勒从史前至今的历史。在博物馆地下，游客不仅可以观赏到具有千年历史的洗礼池，还可以看到 3 世纪时期的古罗马城墙[57]。建于 1798 年的格勒博物馆（Musée de Grenoble），是法国及欧洲最著名的当代美术馆之一，这里收藏了从 13 世纪至今的西方绘画杰作，尤其因为收藏毕加索、莫奈、高更等大师的作品而世界闻名。

另外，建于 1824 至 1847 年，高耸于伊泽尔河北岸山丘上的巴士底堡垒（Fort de la Bastille）是格勒诺布尔著名的标志性建筑。这座要塞，长期以来一直是军事和政治活动的重要基地。如今，这里成了格勒绝佳的观景点。站在城头，格勒市景一览无遗，远眺可见伊泽尔河及远处的山峦叠障，天气极佳时还可遥望欧洲之巅——勃朗峰（Mont Blanc）。巴士底堡垒不仅是格勒市，也是伊泽尔省最受欢迎的旅游景点。从市区到堡垒可搭乘空中索道跨河而上。据统计，每年有 30 万余人次搭乘它前往堡垒欣赏格勒美景[58]。

上圣玛丽修道院

多菲内博物馆

[57] http://www.ancien-eveche-isere.fr/1141-le-baptistere-de-grenoble.htm
[58] https://fr.wikipedia.org/wiki/Bastille_(Grenoble)

在巴士底堡垒山脚下的上圣玛丽修道院（Monastère Sainte-Marie d'en-Haut）内，坐落着创建于 1906 年的多菲内博物馆（Musée dauphinois），这是一家融人种学和传统民俗于一体的艺术博物馆，记载了阿尔卑斯山的手工业和传统风俗。这里每年举办多次有关考古、历史、装饰艺术，以及古代多菲内省农工业遗产的展览。建于 1662 年的祈祷室保留了当时盛行的巴洛克风格，其装饰之华丽随处可见。如今，多菲内博物馆已成为格勒的主要博物馆。

格勒诺布尔既是法国著名的冬季运动城，也是闻名世界的滑雪胜地。城市周围的数个滑雪场，每年冬季都会吸引无数来自世界各地的登山爱好者和冰雪运动者到此施展才艺。1896 年，法国第一家滑雪公司——阿尔卑斯滑雪俱乐部（Ski Club des Alpes）正式挂牌成立。20 世纪 30 年代，法国第一批享受带薪度假游客的蜂拥而至，极大地促进了格勒冬季旅游事业的发展。1936 年，著名的阿尔卑斯杜伊兹（Alpe d'Huez）滑雪场也应运而生。1968 年，格勒成功地举办了第十届冬奥会（Les Xes Jeux Olympiques d'Hiver）。

格勒诺布尔还为广大美食爱好者提供了丰富而独特的美食盛宴。格勒的特产主要有获得法国原产地官方认证的核桃（Noix de Grenoble），格勒人就地取材做成有名的格勒核桃蛋糕（gâteau aux noix de Grenoble）。格勒盛产螯虾，于是出现了烤螯虾、螯虾鸡（poulet aux écrevisses），螯虾鸽子（pigeon aux écrevisses）和螯虾火腿馅饼（Quiche aux écrevisses）等美食。另外，还有奶油焗土豆（Gratin dauphinois）、奶酪焗牛皮菜（Bettes à la voironnaise）、以及被当地人称作“格勒红”的红莴苣（batavia）色拉等。格勒的酒类同样品种繁多，有蒿酒（Génépi）、甘草酒（Antésito）和夏尔特斯酒（Chartreuse）等。

格勒核桃蛋糕

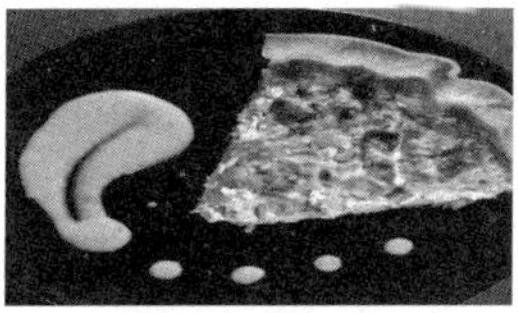
螯虾火腿馅饼

奶油焗土豆

蒿酒

甘草酒

夏尔特斯酒

蒙彼利埃(Montpellier)是法国欧西坦尼亚大区(Région Occitanie)埃罗(Hérault)省的省会，位于法国南部地中海沿岸，向西可通往西班牙，向东可通达意大利。是地中海沿岸继马赛（Marseille）和尼斯（Nice）之后的第三大城市，也是欧西坦尼亚大区继图卢兹（Toulouse）之后的第二大城市。

蒙特利埃市的形成出现在10世纪末。自12世纪起，蒙彼利埃因其绝佳的地理位置，很快发展成为欧洲、西班牙和地中海沿岸地区的交易中心和商贸都市。许多植物和调味品从东方(Orient)、远东(Extrême-Orient)，甚至非洲被运到了法兰西王国(Royaume de France)，并在蒙彼利埃进行交易。从12世纪末到13世纪初，大量朝圣者从蒙彼利埃的达布勒圣母教堂（Basilique Notre-Dame des Tables）出发到西班牙的圣地亚哥-德孔波斯特拉（Saint-Jacques-de-Compostelle）朝拜。当时活跃的朝圣活动促使众多慈善医院和机构的诞生。1220年，何诺三世（Honorius III）教皇的特使，红衣主教康拉德（cardinal Conrad）创立了蒙彼利埃医学院（Faculté de médecine de Montpellier）。这是法国最早的医科学校，是欧洲第二所最古老的医科大学，它也是蒙彼利埃大学（Université de Montpellier）的前身。13世纪末，蒙彼利埃已世界闻名。14世纪中叶，一场旷世空前的黑死病席卷了整个欧洲，蒙彼利埃损失惨重，人口减少了三分之一。15世纪，蒙蔽利埃的经济开始复苏，法兰西国王路易十一在位时，他下令在蒙彼利埃成立了皇家资助部(Cour des aides)，专门负责财政专款的调拨。1593年，蒙彼利埃医学院创建了自己的植物园（Jardin des Plantes），这也是法国最古老的植物园。

17世纪中期，连年不断的宗教战争（Guerres de religion）使蒙彼利埃损毁严重，除了圣皮埃尔教堂（Cathédrale Saint-Pierre），城里的宗教建筑几乎荡然无存。战争结束后不久，王宫贵族为了显示自己的地位，纷纷修造楼宇，留下了众多有特色的旅馆，其中位于佩鲁皇家广场（Place royale du Peyrou）西角的纪戴旅馆（Hôtel de Guidais）是最美的旅馆之一，它富有特色的花园以及浓厚的朗格多克古典风格（Classicisme languedocien）令人称奇。

纪戴旅馆花园

18世纪中期，蒙彼利埃市在以前防御工事原址的基础上修建了喜剧广场（Place de la Comédie），这里是本市各种重大活动的中心，也是法国最大的步行场所之一，

喜剧广场

佩鲁皇家广场上的凯旋门

圣皮埃尔大教堂

犹太洗礼池

广场中央耸立着在希腊神话中代表人生所有美好事物的美惠三女神（Trois Grâces），它已成为城市的地标。19 世纪末，在法国实行大规模都市化的同时，蒙彼利埃市对喜剧广场也进行了全面规划，在周边修建了众多高楼和奥斯曼大商店（grands magasins haussmanniens），彰显了第二帝国（Second Empire）和第三共和国（Troisième République）时期的建筑风格。

18 世纪中叶，为了解决城市用水困难，人们修建了一条名为“圣克莱蒙”的引水渠（Aqueduc Saint-Clémen），并于 1765 年正式投入使用。从此，圣克莱芒德里维埃（Saint-Clément-de-Rivière）的水被源源不断地输送到佩鲁皇家广场的水塔（Château d'eau）里。如今，水塔已成为广场的标志。佩鲁皇家广场处于蒙彼利埃市的中心地带，广场上除了水塔，还有 1691 年修建的，彰显路易十四荣光的凯旋门和骑马雕像。1954 年，佩鲁皇家广场上的凯旋门被列入法国古迹。

位于蒙彼利埃老城中心的圣皮埃尔大教堂（Cathédrale Saint-Pierre de Montpellier）是本市最重要的哥特式风格建筑，也是朗格多克鲁西雍（Languedoc-Roussillon）地区最大的教堂。其前身是一个小礼拜堂，由乌尔巴诺五世（Urbain V）于 1364 年创建。

蒙特利埃最古老的建筑当属 12 世纪末修建的犹太洗礼池（Mikvé médiéval de Montpellier），它在法国乃至欧洲尚属独一无二，而且一直是许多考古爱好者的研究对象。和犹太教堂（synagogue）、犹太学校（yeshiva）一样，犹太洗礼池是犹太人集体生活的重要场所之一。过去，犹太教信徒常常在这里净身受洗。

1828 年，蒙彼利埃主要的美术馆——法布尔博物馆（Musée Fabre）正式对外开放。该馆主要收藏了 19 到 20 世纪德加（Edgar Degas）、德拉克拉瓦（Eugène Delacroix）、以及莫奈（Claude Monet）等画家的作品。法布尔博物馆是蒙彼利埃的著名景点之一，并被法国文化部列入法国国家博物馆（Musée de France）。

法布尔博物馆外景

法布尔博物馆圆柱画廊

蒙彼利埃的自然景观以圣路峰（Pic Saint-Loup）最为出名，圣路峰又被译成“圣狼”峰，因为法语“loup”有“狼”之意。圣路峰位于城市以北 20 千米处，从这里眺望，整个蒙彼利埃市尽收眼底。圣路峰属国家自然保护区，这里栖息着众多禽类。圣路峰被人们誉为朗格多克的“圣维克多山”（Montagne Sainte-Victoire）。圣路峰还是许多登山和远足爱好者的乐园。

圣路峰

蒙彼利埃利口酒

蒙彼利埃还以葡萄酒闻名，其中名叫“garhiofilatum ”的利口酒最有名，是一种略带辣味的白葡萄酒。该品牌由马盖隆新城（Villeneuve-lès-Maguelone）的一位葡萄种植者创立。

蒙彼利埃的教育事业非常发达，尤其在法律方面，独树一帜。另外，蒙彼利埃还是一个著名的大学城，大学生有 7 万之多。成立于 1289 年的蒙彼利埃大学在法国排名第六，在校学生将近 4 万，拥有最古老、最著名的中世纪医科学校。如今其专业已经拓宽到化学、生物、法律、经济、管理、药物研究等领域。

蒙彼利埃大学医学院

第五部分　法国旅游

一、旅游签证

在中国人眼里，法国是一个浪漫的国家，既是旅游胜地，也是购物天堂。据官方统计，近几年，法国接待的中国游客每年将近 200 万。据说法国政府希望在未来 5 年，实现每年接待 500 万中国游客的宏大目标。同时，根据法国驻华大使馆官网[59]于 2016 年 10 月公布的消息称，2015 年全年，法国驻华大使馆及 6 个领事馆向中国公民签发的签证，较 2014 年同比增长近 40%，去年已经有 200 万中国游客访法。中国游客人数在逐年攀升，但繁杂的签证手续却令无数人望而生畏。为了方便大家了解，编者对旅游签证的相关概念及其办理程序做如下梳理。

（一）申根签证

旅游签证一般属于短期签证，即有效期在 90 天以内的签证。如果您办理的是申根签证，那么您有权在签证有效期内，自由出入其他申根国家，即持任何一个国家的申根签证，均可前往所有申根协议国家。目前申根国家有德国、法国、荷兰、比利时、瑞士、意大利、奥地利、希腊、西班牙、葡萄牙等 26 个国家。换句话说，如果您有法国旅游签证，您就可以在签证有效期内到德国、荷兰、意大利等申根国家自由出行。

（二）申请程序

1. 签证中心

根据法国驻华大使馆官网上“赴法签证”栏目公布的消息，除了北京、上海、广州、成都、武汉、沈阳签证受理中心外，赴法签证申请者还可以到济南、重庆、深圳、长沙、杭州、昆明、西安、南京和福州的签证中心提交申请，以旅行为目的的中国游客可直接申请“探亲、访友或因为其他私人原因签证”类型，详情敬请参见以下网站：

济南：https://fr.tlscontact.com/cn/TNA

重庆：https://fr.tlscontact.com/cn/CKG

深圳：https://fr.tlscontact.com/cn/SXZ

长沙：https://fr.tlscontact.com/cn/CSX

杭州：https://fr.tlscontact.com/cn/HGH

昆明：https://fr.tlscontact.com/cn/KMG

西安：https://fr.tlscontact.com/cn/XIY

南京：https://fr.tlscontact.com/cn/NKG

福州：https://fr.tlscontact.com/cn/FOC

[59] http://www.ambafrance-cn.org

2. 操作程序

请在中国外企德科签证中心网站[60]上查阅申请签证所需的材料清单，并根据签证类型在网上预约时间。

目前，外企德科签证的申请程序如下：

（1）在线[61]注册

（2）获取签证材料清单

（3）在线预约，并打印预约通知单

（4）到外企德科签证中心递交材料

（5）提交申请

（6）交纳签证费和签证服务费

（7）短信通知领取护照

（8）领取护照[62]

（三）材料清单

通常，旅游签证需要提供如下材料。复印件必须用 A4 纸打印，所有材料最好依照法国签证受理中心提供的材料清单有序排列，无需装订。

1. 护照原件 + 复印件，复印件通常需要护照首页、前五页、所有签证、盖章页，以及护照持有人签名的底页。有旧护照的需要同时提供。

2. 短期申根签证申请表原件。从法国签证受理中心网站上直接下载，并用英文或法文填写，本人签字。

3. 2 张 3.5 cm x 4.5 cm 白底彩色近照（近 6 个月）。

4. 身份证原件 + 复印件 + 法文或英文翻译件。

5. 户口本原件 + 复印件 + 法文或英文翻译件。**注意：**户口本必须复印所有内容记载页，空白页除外；翻译件必须和复印件的内容完全一致。

6. 结婚证原件 + 复印件 + 法文或英文翻译件。

7. 银行出具的个人存款证明原件 + 复印件。

8. 往返机票订单和酒店订单。

9. 法文或英文行程单。

10. 海外医疗保险原件和复印件。保险额度必须在 30 万元人民币以上。

11. 工作单位的营业执照副本复印件。

[60] https://cn.tlscontact.com/cnSHA2fr/splash.php?l=fr（法文）；
https://cn.tlscontact.com/cnBJS2fr/splash.php?l=zh_CN（中文）

[61] https://cn.tlscontact.com/cnSHA2fr

[62] https://cn.tlscontact.com/cnSHA2fr/page.php?pid=procedure

12. 工作单位出具的证明原件＋法文或英文翻译件。证明要求由雇主出具，并注明当事人的姓名、职务、工资收入，以及批准该当事人请假的证明原件。另外，该证明材料上必须标明雇主的地址、联系方式，加盖公司印章，并写明开具该证明的负责人的姓名、职务及其签名。该证明最好用印有公司抬头的纸张出具。

（四）注意事项

1. 信息更新

无论哪个国家，签证的办理手续均具有明显的时效性，因此，这里提供的所有信息仅供大家参考，申请人需要时刻关注法国驻华大使馆以及各领事馆官方网站发布的最新消息。比如，目前，法国驻中国各领事馆将对所有短期签证申请在 48 小时内处理完毕，中国团体游客来法旅游的签证时限甚至缩短至 24 小时，而在以前，则需要 10 天左右的工作日。

2. 材料准备

在材料准备过程中，注意所有翻译件必须由正规的翻译公司提供翻译，并加盖该公司印章。同样，海外医疗保险必须在正规的保险公司购买，尤其是具有海外保险资质的，诸如中国平安、泰康人寿等；保单必须有英文或法文翻译，而且保单期限必须覆盖全部行程，包括从国内出发当天和回国当日 2 天；必须带有国际紧急救援项目。

3. 签证过程

申请申根签证时，必须申请主要目的国或者入境国家的签证，否则很可能遭遇拒签，或者即使拿到签证，也可能被拒绝入境。

另外，无论申请哪个国家的签证，成功与否，和以下因素有关。首先，签证所需资料是否齐全完整并符合要求。其次，和申请者本人的海外旅行经历、职业性质、婚姻状况等直接相关。比如，是否去过和申根国同等发达的国家，是已婚有家室还是单身离异，名下的资产是多是少，是否拥有稳定的工作，所在户籍是否属于敏感区域等。

总之，做好签证前的准备工作非常重要。比如，在相关网站上查询确认信息，向有赴法经历的人咨询，严格按照要求准备并提供完整材料，及时预约，按时赴约，遵守签证中心的时间节点等，这些都是签证成功的有力保障。

二、法国餐饮

（一）特色美食

1. 美酒

法国的酒类世界闻名。主要有红葡萄酒，白葡萄酒和香槟。

红葡萄酒（Vin rouge）：采摘后连同葡萄皮一起压榨酿造，酒红色来自葡萄皮的颜色。通常，红葡萄酒是用红葡萄和紫葡萄酿造的。

白葡萄酒（Vin blanc）：酿造时只用葡萄汁，而不要葡萄皮，通常由白葡萄或绿葡萄酿造。

通常，红葡萄酒和红肉（猪、牛、羊肉等）搭配，白葡萄酒和白肉（鱼、虾等海鲜类）搭配。

法国最有名的葡萄酒产区是波尔多（Bordeaux）。本区生产的葡萄酒，有“法国葡萄酒王后”的美誉。这一切得益于该地区独特的气候和地理条件。

香槟（Champagne）：只有法国香槟产区生产的气泡葡萄酒才能命名为“香槟酒”。香槟来自法国香槟（Champagne）省的音译。这里种植的葡萄适于酿造香槟酒。因此，只有香槟产区生产的气泡葡萄酒才是正宗的“香槟酒”。

2. 面包

法国人的传统形象是头上戴一顶巴斯克贝雷帽，腋下夹一根长棍面包。现在贝雷帽看不到了，但长棍面包却随处可见。长棍面包方便实用，早餐时涂上黄油和果酱做成夹心面包，午餐时加入不同配料做成美味可口的三明治，晚餐时用来揩净菜盘子里残留的酱汁，放上干酪一起吃，又是另一种风味。

法语中的面包（pain），读音就像中文的“伴”。可别小看法国面包这个“伴”，它却是法国人每日三餐必不可少的主食。品种繁多，达 150 多种。

其中最常见的是棍子面包(baguette),这种面包最适合做三明治,从中间纵向剖开,最简单的就是抹上黄油,铺几片火腿肉。精致一点的,会先铺上翠绿的沙拉叶,加上猪肉、鸡肉或是冷鱼，几片黄白相间的煮鸡蛋，最后还有鲜红欲滴的番茄点缀，看了就让人垂涎三尺。

通常,在超市、街角、或居民区旁边的面包房(Boulangerie)或糕点店(Pâtisserie),您都会找到称心如意的各式面包。

3. 奶酪

法国素有“奶酪之乡”的美誉。品种多达 365 种。每天都可以吃到不一样的奶酪。法国可谓是欧洲第一大奶酪生产国。

一般说来，奶酪的品味和质量由不同的气候条件、地理环境、牧草、牛羊种类等因素所决定,但与酵母、容器、制作方式、发酵时间等也有一定关系。在靠海边的诺曼底,牛羊吃了略带海盐味的牧草，产生了与众不同的乳制品，而内陆牧草稀少的地方便以山羊奶酪闻名。这也就是为什么法国不同地区有不同的奶酪，不同地区的人喜欢不同奶酪的原因。通常来说，南部的口味偏甜，北部的口味偏咸。

通常，好奶酪均以产地命名。法国俗话说，“一个乡村，一种奶酪”。著名的孔泰（Comté）奶酪，就产在法兰西孔泰（Franche-Comté）地区。著名的还有诺曼底（Normandie）地区生产的总统（Président）牌奶酪和诺曼底卡门贝尔（Camembert）村生产的Camembert 奶酪等。

法国人一日三餐都离不了奶酪。从早餐开始，就有专门用来涂抹在面包片

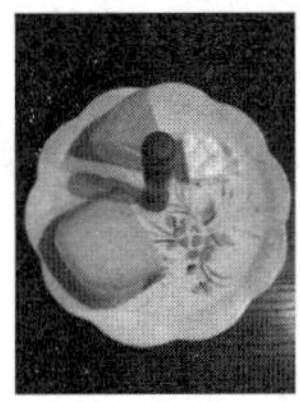

上的加了香草的奶酪。用正餐的时候，通常在主菜之后、甜点之前上奶酪。请人吃饭的时候，更是种类越多越好。有些地方的特色菜甚至把奶酪作为主菜，或做成奶酪“火锅”，或者把奶酪片、土豆和肉肠一起烤来吃。除此之外，还有专门拌在沙拉里的奶酪。

总之，对法国人来说，最简单、最传统、最完美的组合就是奶酪搭配面包和红葡萄酒。

（二）一日三餐

法国人向来以浪漫著称，对他们来说，生活的艺术首先是餐桌艺术。他们的一日三餐看似简单，却透着浓厚的生活情趣。

1. 早餐

一般在 7 点到 9 点之间，早餐（petit déjeuner）简单方便。根据个人喜好，可以进行各种搭配。传统的居家早餐，常常用现成的面包片或棍子面包切片，或羊角面包（croissant），抹上黄油、果酱、蜂蜜或巧克力酱制成；丰富多样的麦片或膨化谷物泡牛奶，是许多年轻人的喜爱；酸奶、苹果以及面包片蘸上略带咸味的高品质橄榄油也不失为老年人养生的一种理想选择。早餐饮料主要有咖啡、牛奶、果汁和热巧克力。此外，早上一壶热茶也会受到众多人士的钟爱。至于每天早上匆匆赶路上学的学生们，早餐则更简单。一个现成的面包或一块糕点，一听可乐，或一瓶矿泉水就能解决问题。

通常，在咖啡馆（Café）或茶馆（Maison de thé）享用早餐，也并不复杂。一杯热咖啡：黑咖或奶咖，或者一杯热薄荷茶，加上白糖或蜂蜜，一块美味可口的蛋糕，或刚出炉的羊角面包，都是不错的选择。

现在，为了方便早上购物和不愿在家享用早餐的人士，部分大、中型超市内设有面包、蛋糕专柜，旁边安置一台咖啡机或饮料机，放上几把椅子，几张桌子，就是一个简易的咖啡馆。其质量和价格并不比大街上的正宗咖啡馆逊色。

总之，法国人的居家早餐常常在冰箱里，几乎不用生火，只是偶尔用下微波炉而已。大人和小孩吃的早餐果酱，好多都是自己亲手制做的，有的甚至在自家花园就地取材。早上喝的果汁，都是市场上的常见品牌。有些法国人的全部早餐就是一杯或两、三杯咖啡而已。

2. 午餐

法国人的午餐（déjeuner）通常在 12 点到 13 点之间。但是受经济发展、工作节奏和营养均衡等因素的影响，传统午餐的习惯已经发生了许多改变。上班族的午餐非常简单：一个三明治、一听可乐即可。价格大概在 7 欧左右。但是也有人保持着传统习惯，他们愿意在工作地点附近的餐馆认认真真他吃上一顿，当然，价格也会比较高，平均 20 欧元左右。

教师和学生，中午大多在学校食堂用餐，只要办理一张就餐卡，定期充值即可。食堂的午餐一般是由饮食负责人根据营养需要提前拟定每周菜单，既要保证每日套餐的高质量，又要不重样。而且要将菜单张贴在食堂门口和橱窗等显眼处。食堂午餐通常包括三大部分：前菜，主菜和饭后甜点。就餐者有权任选一样。前菜主要是各种色拉，主菜是鸡鸭鱼肉、搭配薯条或蔬菜、以及面条或米饭，饭后甜点有糕点、酸奶、奶酪、水果和冰淇淋。面包和水则根据各人需要免费取用，只要不浪费即可。总之，学校的午餐营养丰富，高效方便，价格实惠。对学生，价格一般在 3 欧左右。部分离家较近的学生，也会选择在家吃午饭。教师根据工资收入不同，支付的餐费亦有细微差别，通常在 5 欧左右。法国教师没有坐班制的束缚，用餐非常自由，但大多数还是喜欢自带干粮，在教师休息室享用。通常，法国学校除了在食堂为教师开辟一个专用餐厅外，还会在教师办公室旁边再开设一个专门的休息区，并提供微波炉、洗碗池、自助饮料机等供大家随时使用。而教师们也喜欢聚集在这里，分享美食，谈天说地，其乐融融。

下午 5 点钟左右，是下午茶（goûter）时间，很多人习惯去附近的面包店买份点心，要一杯咖啡或饮料补充能量、缓解疲劳。也有许多上班族和教师通常会自带一些容易冲泡的茶或咖啡、糕点、饼干等小吃，和同事们一起分享聊天，沟通感情，增进友谊。

3. 晚餐

法国人的晚餐（dîner）一般在晚上 8 点以后，而且这个时间通常只向后推而不会提前。如今随着经济的发展，工作节奏的变换，传统意义上的法国大餐几乎只能在晚上、周末和节假日上演。

相对早餐和午餐，晚餐丰富了许多，面包、米饭、面条，鸡、鸭、鱼、肉，蔬菜色拉，奶酪、甜点，葡萄美酒，样样俱全。不仅内容丰富，上菜讲究，而且所用餐具也毫不含糊，每道程序都有配套的餐具。要想享用正宗的法国大餐，一定要有耐心，一顿至少要吃上 3 个小时，通常需要走完以下五道程序。

（1）开胃酒

正式开饭前，法国人通常会喝开胃酒（apéritif），宴会或聚会时就更加讲究。开胃酒一般是葡萄酒、香槟、鸡尾酒、果汁、苏打水等，但最讲究的是喝香槟。主要是为了促进食欲。同时搭配各色小吃，比如，开心果、杏仁、花生、橄榄、乳酪、饼干、薯片、蜜饯、烤面包片、切成片的火腿或肉肠等。如有贵客光临，还会配备鹅肝酱。开胃小吃不会太油腻，只要简单地吃一点，就会让人胃口大开。如果遇上好天气，法国人更喜欢和朋友家人一起在自家花园里开怀畅饮。

（2）前菜

前菜（hors-d'œuvre）是正餐的序曲，是餐前“热身”。通常是汤、沙拉、冷盘等，量不会太大。常见的色拉主料有番茄、奶酪、生菜、橄榄、火腿或香肠等，汤类主要是海鲜汤，或土豆、洋葱等蔬菜煮成的浓汤（potage）。

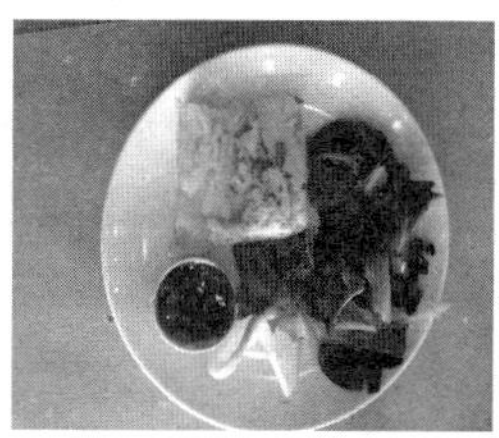

（3）主菜

在主菜上桌之前，前菜所用的刀叉和盘子一定要全部收拾干净，重新摆上和主菜相配的餐具。主菜的品种非常丰富，鸡鸭鱼肉一应俱全。最经典的则是红酒炖熟的牛肉粒和烧透的胡萝卜，烤成七分熟的牛排配上薯条、番茄酱，再来一杯醇香的红葡萄酒；烤鸡翅配四季豆，烤得外焦里嫩的鸭腿和蜜汁板栗，尤其是新鲜白嫩的鳕鱼块和散发着阵阵幽香的清蒸芦笋，再来点自己亲手做的蛋黄酱，加上一杯带点香甜味的白葡萄酒，那种自然的鲜香会让人回味无穷。

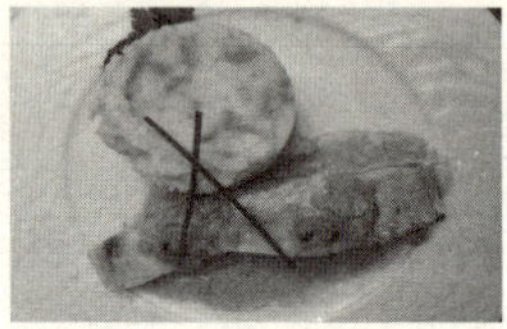

（4）甜点

法国甜点相当闻名，包含各种口味的蛋糕和冰激凌，以及各式各样的奶酪。这是法国传统大餐中不可缺少的组成部分，只是根据各人的口味选择不同而已。

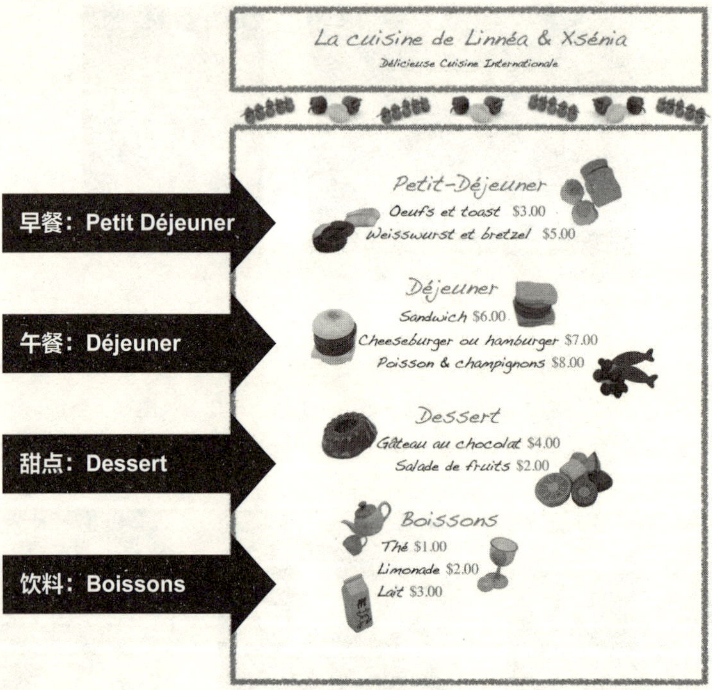

（5）咖啡

酒足饭饱之后，法国人一般喜欢喝上一杯咖啡（café），他们认为，咖啡可以提神和解除油腻。

走完这五道程序，正宗的、传统意义的晚餐才真正宣告结束。

晚餐的节奏相对早餐和午餐慢了许多。一家人围坐在饭桌旁，一边享用美味佳肴，一边谈论各自在工作、学习中的逸闻趣事，说说笑笑，好不热闹。晚餐成了家人沟通感情的良好时机。

法国人喜爱烹饪美食是出了名的，他们平时的乐趣之一就是在家中设宴招待亲朋好友，展示自己的厨艺和热情。请吃晚饭成了结交朋友和亲人团聚的重要方式，进餐时间通常持续很久，宾客一边分享主人亲手烹制的美食，一边高谈阔论，一顿饭常常要吃上三四个小时方才罢休。因此，要想享用一顿正宗的法国大餐，不仅需要健康的肠胃，还需要足够的耐心！

（三）法国餐馆

许多法国人除了在家宴请宾客外，也经常光顾自己心仪的餐馆。可是，怎么才算好餐馆呢？在这个问题上，仁者见仁，智者见智。有的人看中的不仅仅是餐馆的特色菜肴，还喜欢温馨热闹的就餐环境，或者寻觅儿时记忆，或者欣赏美丽景致。

如果说品种繁多的各式餐馆让人无所适从，那么擅长品尝美食，又喜欢理论研究的法国人早在一百多年前就替我们想好了解决方案。比如1900年创刊，被誉为“美食圣经”（Bible gastronomique）的《米其林指南》（*Guide MICHELIN*），是一百多年来销量最大、收录最全的世界一流餐馆评定体系，也是一部极具影响力的饮食评论宝典。

如果您想品尝法国顶级美食，那就去米其林三星餐馆吧。其精湛的厨艺、上等的食材、优质的服务、以及浪漫雅致的用餐环境都值得您专程前往。根据《2018年法国米其林指南》（*Guide Michelin France 2018*），全法国有28家入选三星级餐馆，其中巴黎就有10家。它们依次为：L'Ambroisie、Pierre Gagnaire、L'Arpège、Guy Savoy、Astrance、Le Pré Catelan、L'Épicure au Bristol、Ledoyen、Alain Ducasse au Plaza Athénée和Le Cinq de l'Hôtel George-V。详见下表：

地址：9，place des Vosges，75004 Paris
营业：周二至周六，12:00–13:45，20:00–21:45
电话：01 42 78 51 45
网站：www.ambroisie-paris.com

L'Ambroisie

由名厨 Bernard Pacaud 掌管。1981 年，他在巴黎 5 区开设了第一家 Ambroisie 餐厅，两年之后就荣获了米其林两星。1986 年荣获了米其林三星的殊荣，并在巴黎 4 区的孚日广场开设了第二家 Ambroisie 餐厅。其美食简单精致，华贵脱俗，因而获得“厨艺近乎完美”等美誉。Ambroisie 来自希腊语“ambrotos”，有“长生不老”之意。传说是“众神享用的美味佳肴”。餐馆特色有蛙腿、龙虾等。据说，餐厅每晚只接受四十位客人，需要提前订位。

地址：6，rue Balzac，75008 Paris
营业：周二至周五，12:00–13:30，19:30–21:30
电话：01 58 36 12 50
网站：www.pierre-gagnaire.com

Pierre Gagnaire

1993 年荣获米其林三星。1996 年在巴黎 8 区，香榭丽舍大街附近安家落户。主厨 Pierre Gagnaire 被誉为法国新烹饪主义（Nouvelle Cuisine）的领军人物。他在美食领域不断创新，通过视觉与味觉的碰撞，食材的大胆组合，从而实现匠心独运与细腻口感的完美结合。特色菜有龙虾、肥鹅肝、烤鸽子等。据说该店对着装要求非常严格。2017 年，Gagnaire 先生在上海徐汇区嘉佩乐（Capella）酒店内开设了餐馆：Comptoir de Pierre Gagnaire 。

地址：84，rue de Varenne，75007 Paris
营业：周一至周五，12:00-14:30，19:00-22:30
电话：01 47 05 09 06
网站：www.alain-passard.com

L'Arpège

位于巴黎 7 区，由世界名厨 Alain Passard 于 1986 年创建。1996 年，Arpège 餐厅荣获米其林三星，并把这个殊荣延续至今。2001 年，Passard 先生做出重大决定：让牛、羊等红肉从自己的餐桌上消失，取而代之的是有机蔬菜。他为此购买了三个有机菜园，并在蔬菜料理方面不断研究和创新。其餐馆装饰的主要元素也是蔬菜，并且处处彰显了音乐的律动感，这和他本人的音乐爱好分不开。2016 年，Arpège 餐厅举行了盛大的 30 周年庆典。

地址：Monnaie de Paris，11, quai de Conti，75006 Paris
营业：周二至周五，12:00-14:00，19:30-22:30
电话：01 43 80 40 61
网站：www.guysavoy.com

Guy Savoy

位于巴黎6区，以大厨Guy Savoy的名字命名。1980年，在巴黎16区开设了第一家餐馆，第二年就荣获了米其林一星。1985年，获得了米其林两星。1987年，在巴黎17区特罗旺街(Troyon)18号开设了第二家Guy Savoy店，离香榭丽舍大街和凯旋门仅一步之遥。同年该店荣获米其林两星。2002年，荣获米其林三星。2015年，Savoy先生亲自管理巴黎钱币博物馆（Monnaie de Paris）区的Guy Savoy餐馆。2017年，荣获“世界上最美妙的餐厅”的美誉。该店以新派法国菜闻名，充分保留了食材的原始特性，其中395欧元的“色泽、口感和风味”套餐（Menu Prestige）最为著名。男士要求正装出席。

地址：4，rue Beethoven，75016 Paris
营业：周二至周五：12:15，20:15
电话：01 40 50 84 40
网站：www.astrancerestaurant.com

Astrance

位于巴黎16区，掌门人为Pascal Barbot。1994-1998年，他师从Alain Passard学习厨艺。2000年，和Christophe Rohat一起在塞纳河畔开设了这家Astrance餐馆，与埃菲尔铁塔隔河相望。2007年，荣获米其林三星。餐馆的座右铭是“每日菜肴就是一次创新”。这里的每道菜都由主厨Pascal Barbot亲自烹制，独一无二。他把蔬菜、水果和鲜花的搭配发挥到了极致。特色有沙爹酱、樱桃酱、金色焗虾、沙朗鸭肉和柑橘蛋挞甜点。其菜肴的华丽口感与热情周到的服务堪称完美。价格从75到370欧元不等。

地址：Route de Suresnes，75016 Paris
营业：周二至周六：12:00–13:30，19:30–21:30
电话：01 44 14 41 14
网站：www.restaurant.leprecatelan.com

Le Pré Catelan

位于巴黎16区，布洛涅（Boulogne）森林中，环境幽静美丽，拥有巴黎市罕见的漂亮花园平台。该店最早属于Lenôtre集团，1997年，改名为Le Pré Catelan，由大厨Frédéric Anton掌管。餐厅装潢堪称拿破仑三世时期和法国“美好时代”两种建筑风格的完美结合。大厅四周和廊柱上的浮雕，富丽堂皇，浪漫而现代。大厨精湛的技艺使每道菜都像一部视觉和味觉的盛宴。1999年荣获米其林两星。2007年获得米其林三星。特色菜肴有鱼、虾、蟹海鲜类和牛、羊肉等。最有名的是400、640和840欧元的两人套餐。

地址：112，rue du Faubourg-Saint-Honoré，75008 Paris
营业：周一至周日：07:00-10:30，12:00-14:00，17:00–21:30
电话：01 53 43 43 40
网站：www.lebristolparis.com

L'Épicure au Bristol

位于巴黎8区，在Le Bristol豪华酒店（Hôtel Le Bristol）内，这是巴黎唯一的“宫殿饭店”。窗前是一个美丽的大花园。每天早、中、晚开放。其装修充满了阳光、生活和艺术情趣。该店的主厨Eric Frechon多才多艺，曾多次荣获“法国最佳手工业者”的殊荣。其精湛绝伦的厨艺，是新古典主义，现代主义美食的杰出代表。2009年，该店荣获米其林三星。同年，Eric Frechon被权威杂志Le Chef评为“年度最佳主厨”（chef de l'année）。这里的特色有黑松露、鹅肝酱等。其甜点更是令人叹为观止。

地址：8，Avenue Dutuit，75008 Paris
营业：周一至周五：12:00–14:30,19:30–22:00
电话：01 53 05 10 00
网站：www.yannick-alleno.com

Ledoyen

由名厨Yannick Alléno掌管。2007年，在他四十岁时，就已经跻身于米其林三星世界级大厨行列。2008年，被评为“年度最佳主厨”。同年，建立了Yannick Alléno餐饮集团。2010年，进驻北京香格里拉，取名为STAY。2011年入驻台北101大厦。2014年，在巴黎8区，香榭丽舍大街方形花园中，一幢名为“Pavillon Ledoyen”的洋楼里安家落户。次年即荣获了米其林三星。餐厅环境十分优雅，四壁是巴黎著名的风景画，从户外平台可眺望著名景点。这里选材精心，厨艺精湛，尤以黑松露鲈鱼著名。

地址：25，avenue Montaigne，75008 Paris
营业：周一至周五，12:30–14:15，19:30–22:15
电话：01 58 00 22 43
网站：www.alainducasse-plazaathenee.com

Alain Ducasse au Plaza Athénée

在巴黎8区，紧邻由蒙田大道、香榭丽舍大街和乔治五世（George-V）街构成的金三角地带。该店由世界名厨Alain Ducasse创建于2000年。不到半年，就摘取了米其林三星的桂冠。事实上，Ducasse先生在摩纳哥、伦敦和巴黎都设有餐厅，而且这三家餐厅都荣获了米其林三星称号。Alain Ducasse因此被誉为“九星名厨”。他在美国《福布斯》（*Forbes*）杂志评选的100位世界最有影响力人物排行榜中名列第94位。2004年，法国前总统希拉克（Jacques Chirac）亲自授予他法国荣誉勋位勋章。2009年，他创办了自己的餐饮学校。其精湛的厨艺向人们诠释着食材的天然之美。该店的特色是鱼类、谷物和蔬菜。

地址：Four Seasons Hôtel George V, 31 Avenue George V, 75008 Paris
营业：周一至周日，12:30-14:00,19:00-21:30
电话：01 49 52 71 54
网站：www.restaurant-lecinq.com

Le Cinq de l'Hôtel George-V

位于巴黎8区，乔治五世大道和香榭丽舍大街的交叉口，四季酒店乔治五世分店（Four Seasons Hôtel George V） 内。由名厨Christian Le Squer亲自掌勺。Le Squer先生最早在巴黎歌剧院旁边的和平咖啡馆（Café de la Paix）担任主厨，于1996和1998年分别荣获了米其林一星和两星称号。2002年，在Ledoyen餐馆掌勺时摘得米其林三星的桂冠。2008年，他在巴黎开设了第一家餐馆，次年赢得米其林一星。2011年，他的第二家餐馆在布洛涅森林中安家落户。2014年，成为Le Cinq de l'Hôtel George-V的主帅，次年即荣获米其林两星。2016年，他率领该店获得米其林三星称号。法国人称他为“谦虚的厨艺天才”。这里环境优雅，烹饪地道。经典美食有墨鱼芦笋、烤乳鸭等。

在法国，除了米其林三星，还有米其林一星、两星餐厅，以及五花八门、物美价廉的大众餐馆供您选择。比如各种普通餐馆（Restaurant）、酒吧（Bar）、快餐店（Snack）、烤肉店（Rôtisserie）、披萨饼店（Pizzeria）、土耳其烤肉店（Kébab）、经营家庭料理的平价小酒馆（Bistro）、全天候提供服务的小餐馆（Brasserie）、提供法国各种口味薄饼的可丽饼店（Crêprerie）、以及提供各地风味小吃和各种糕点与饮料的茶馆（Maison de thé）等。

另外，在市中心、居民区或集贸市场，通常也会有肉店（Boucherie）、面包房（Boulangerie）、海鲜店（Poissonnerie）、外卖店（Traiteur）和佐料店（Epicerie）等销售色拉、熟食、三明治等简便食品，您可以毫不费力地找到自己需要的食品，虽然这里的价格比大型购物中心稍高，但是物有所值。

三、著名商店

在法国，除了星期天和星期一，商店每天开门。通常情况下，法国商店星期日不营业。因为法国《劳动法》（*Droit du travail*）规定，周日是法定假日，商店不开门。如果商店营业，就有可能被告上法庭，并受到重罚。因为法国人历来崇尚休息和娱乐，节假日更是神圣不可侵犯。他们坚守这一习惯的理论依据是，《圣经》（*Bible*）里的故事传说告诉人们：星期天上帝也休息。然而，为了迎合游客的需求，巴黎的一些著名商场周日仍然营业。

（一）百货公司

1852 年，Aristide Boucicaut 在巴黎开设了第一个百货公司，名曰“好便宜”（Bon Marché），成功创造了良好的市场环境，紧接着第二家、第三家……。如今，巴黎最有名的百货公司是 1856 年的市政厅百货公司（BHV Le Bazar de l'Hôtel de Ville），1865 年的春天百货（Le Printemps），1869 年的莎玛丽丹百货（La Samaritaine）和 1895 年的老佛爷百货（Galeries Lafayette）等。而在中国人心目中最有名的要数老佛爷百货公司（Galeries Lafayette）和巴黎春天百货公司（Printemps de Paris），因为它们是各种名牌商店的总汇。

1. 老佛爷百货公司

老佛爷百货（Galeries Lafayette）位于巴黎市中心的奥斯曼大道（Boulevard Haussmann)，是欧洲最大的百货公司，营业面积达 7 万平方米，在这里可以找到最时尚的商品，是购物爱好者的天堂。老佛爷百货公司的新拜占庭式雕花圆顶，兴建于 1912 年，是一道不容错过的美丽风景。

老佛爷百货公司外景

老佛爷百货公司穹顶

香奈儿柜台

娇兰柜台

在这里除了玩转商场，仰望主馆中央的穹顶外，您还可以登上顶楼露台，360度全揽巴黎城市美景。商场有女装馆、男装馆和家居馆三大部分，囊括了3000多个不同品牌的皮具、腕表、珠宝，护肤品和时装配饰等，设有巴黎最大的旅游纪念品柜和3000平米女鞋专卖柜。老佛爷可谓是云集了几乎所有法国名牌以及国际驰名产品。一楼是香奈儿、迪奥、兰蔻、娇兰、伊夫圣罗兰等著名化妆品牌，以及LV、Chanel等各种驰名中外的名牌箱包。二楼则是各种品牌的服装等。

地址：40, Boulevard Haussmann（奥斯曼大道）, 75009 Paris
营业：周一至周六 09:30-20:30，周日 11:00-19:00
网站：www.haussmann.galerieslafayette.com
交通：地铁M7、M9到Chaussée d'Antin La Fayette站，M3、M9到Havre-Caumartin站；RER的A线到Auber站，RER的E线到Haussmann St-Lazare站

温馨提示：这里最大的好处是，可以直接退税并领取现金。对中国人的退税窗口开设在25号门，每日人流很大，建议您至少留足1小时办理退税，如果要现金需再延长半小时，而且要去另一个窗口排队。如果有同行的，最好分别排队，以便节约时间。如果是买手表，老佛爷里的品牌虽多，但价格优惠很少，您可以记录中意的款式和价格，然后出门，去对面巴黎歌剧院后面的一个十字路口，那里有多家专卖店，一级代理店等，顾客较少，比较下价格再下单也不迟，价格比老佛爷更合算！外国人可以通过巴黎观光卡（Paris visite）获得10%的折扣，也可以通过巴黎大部分酒店获得10%的折扣券，除了LV，Chanel等奢侈品牌以及食品红酒外都有折扣，同

时还可以获得 12% 的信用卡退税，或 10% 的现金退税。

老佛爷顶层的餐厅价格太贵，食物生冷，可能不适合国人胃口。但是，老佛爷背后一条街上有中餐馆，面食、米饭、炒菜等可任意选择，就地享用或外带皆可，价格在 10 欧左右，相对合理。

2. 巴黎春天百货公司

巴黎春天百货公司（Printemps de Paris）创建于 1865 年，是各大奢侈品的集合地，商场穹顶采用三千多块彩画玻璃组成，充满艺术情调。春天百货建筑群已被列为法国历史古迹，其宏伟华丽的“新艺术风格”令人惊叹。它始终以百货流行趋势的姿态，领导着世界潮流。商场分为绅士店（Homme）、女装店（Mode）和家庭用品店（Beauté et Maison）等，店与店或相邻，或隔街相望，由天桥连成一个整体。绅士店专卖男性用品，从高级西服到内衣内裤等一应俱全。女装店出售新潮女装及皮包、珠宝首饰、婚纱等。家庭用品店则全是居家用品，小到日用餐具，大到家具。虽然巴黎春天的分店遍布世界各地，但最正宗的，还是要数这家旗舰店，法国时尚界的所有服饰、礼品、珠宝乃至艺术品，这里几乎都能找到。

这里的服务质量世界一流。国际部（Printemps International）每天为顾客提供个性化的迎宾服务，多语种服务团队通晓 10 多种语言，其中包括中文专职翻译，让身在异乡的您享受在家一般的温暖。春天豪华世界（Printemps du Luxe）则浓缩了万多姆（Vendôme）广场、蒙田大街（Avenue Montaigne）和圣奥诺雷富布（Faubourg Saint Honoré）大街的各种时尚精品。另外，商场还特设了几家风味餐厅，让走进春天的人们在购物之余也能享受美食带来的愉悦和快感。您还可以走上高耸的露台，以 360 度的视野，欣赏整个巴黎市的美景。

地址：64, Boulevard Haussmann（奥斯曼大道）, 75009 Paris
营业：周一至周六 09:35-20:00，周四 09:35-20:45，周日 11:00-19:00
网站：www.printemps.com
交通：地铁 M3、M9 线到 Havre-Caumartin 站；RER 的 E 线到 Haussmann Saint-Lazare 站

3. 香榭丽舍大街上的商店

香榭丽舍大街（Champs-Elysées）不仅是巴黎最美丽、最宽阔的街道，也是巴黎乃至世界闻名的高级购物区。从凯旋门向着协和广场方向出发，香榭丽舍大街的左侧布满了各种大众化品牌店。诸如万宝龙（Mont Blanc）品牌店，斯沃琪（Swatch）钟表店，丝芙兰（SEPHORA）、马里奥诺（Marionnaud）和伊夫黎雪（Yves Rocher）化妆品连锁店，法国驰名香水娇兰（Guerlain）专卖店，以及 Zara、H&M、Gip 等品牌的服装店。最为人性化的设置，大概要数单一价超市（Monoprix）了，在如此奢华之地，您却能找到最廉价的日常生活用品。

香榭丽舍大街的右侧则云集了各种驰名中外的奢侈品牌，诸如兰姿（Lancel）、鳄鱼（lacoste）、珑骧（Longchamp）等。此外，它还和附近的乔治五世大道（Avenue George V）、蒙田大道（Avenue de Montaigne）构成了巴黎有名的金三角，汇集了路易威登（LV）、香奈儿（Chanel）、迪奥（Dior）、卡地亚（Cartier）、赛琳（Céline）、蔻依（Chloé）、古驰（Gucci）等众多奢侈品专卖店。

丝芙兰连锁店

马里奥诺连锁店

伊夫黎雪专卖店

娇兰专卖店

（1）路易·威登

位于香榭丽舍大街的路易·威登（Louis Vuitton），即 LV 商店每天门前都会排着长长的队伍，限时限量放行购物。店铺共两层，一楼以男女包的经典款为主；二楼是服装、鞋子和新款箱包。店内有专门的中文导购员，在这里选购箱包等商品会有购买数量的限制，一般一个护照只能买一个箱包，而钱包、皮带之类配件除外。根据《早新闻报》（*News Matin*），2017 年 10 月 4 日，路易·威登在万多姆广场（Place Vendôme）开设了自己的第三家品牌店[63]。

地址： 101，Avenue des Champs-Élysées（香榭丽舍大街），75008 Paris
营业：周一至周六 10:00-20:00，周日 11:00-19:00
网站：www.fr.louisvuitton.com

（2）爱马仕

爱马仕（Hermès）是世界著名的奢侈品品牌，1837 年，由梯也尔·爱马仕（Thierry Hermès）创立于法国巴黎，早年以制造高级马具起家，迄今已有将近两百年的历史。爱马仕是一家忠于传统手工艺，不断追求创新的国际化企业，截至 2014 年已拥有箱包、丝巾、领带、男女装和生活艺术品等 17 类产品系列。爱马仕的总店位于巴黎，分店遍布世界各地，1996 年在北京开了中国第一家 Hermès 专卖店。爱马仕一直秉承超凡卓越、极致绚烂的设计理念，造就优雅之极的传统典范。

地址：39, avenue George V（乔治五世大道），75008 Paris
营业：周一至周六 10:15–18:30，周日休息
网站：www.fr.stores.hermes.com

[63] News Matin, N° 2130 MERCREDI 4 OCTOBRE 2017

（3）兰姿

兰姿（Lancel）以贵族化的设计理念，为彰显社会地位的人士源源不断地创造出款款新包。兰姿既保持了传统风格，又富有强烈的时代感。其高端产品以蟒纹、鸵鸟、鳄鱼等纹样为主，配以流线型搭扣，尽显高雅与时尚。近年来，兰姿出产的各色手包、提包、“马桶”包，不仅在世界各地风行，而且成为法国浪漫女士的首选。

地址：4, Rond-Point des Champs-Élysées（香榭丽舍大街），75008 Paris
营业：周一至周五 10:00–19:00，周六 10:00–20:00，周日 11:00–19:00
网站：www.lancel.com

（4）珑骧

2014年12月，珑骧（Longchamp）以崭新的面貌正式入驻巴黎香榭丽舍大街77号，旁边是马卡龙鼻祖拉杜丽（LADUREE）和著名的富格饭店（FOUQUET）。店面分为两层，面积达500平方米，装饰简约典雅，大气奢华。店内展出了该品牌自1948年以来的经典款式，包括Le Pliage系列折叠包、方巾、行李箱、皮鞋、男士化妆品、成衣和配饰等，最具代表性的是丹麦艺术家阿斯特理得·克罗（Astrid Krogh）所设计的“云幻”（Cloud Illusions）系列专柜。

地址：77，Avenue des Champs-Élysées（香榭丽舍大街），75008 Paris
营业：周一至周六：10:00–20:00，周日：10:00–19:00
网站：www.fr.longchamp.com

（5）鳄鱼

鳄鱼牌（Lacoste）是法国著名品牌之一，最初主要负责高端男女成衣的加工。1933年由著名网球明星吉利耶（André Gillier）退役后和拉科斯特（René Lacoste）合作建成。鳄鱼牌服装的特色—“鱼网”，就是吉利耶发明创造的。如今，鳄鱼牌产品已经拓展到服装、鞋子、配饰、和香水等领域。2012年被瑞士零售集团摩斯兄弟（Maus Frères）高价收购。

地址：93-95，Avenue des Champs-Élysées（香榭丽舍大街），75008 Paris
营业：周一至周五 10:00-21:00，周六 10:00-19:15，周日 11:00 – 21:00
网站：www.lacoste.com

（6）拉杜丽店

香榭丽舍大街不仅是时装爱好者的乐园，而且是吃货们的天堂。尤其是创建于1862 年的拉杜丽店（LADUREE），被誉为巴黎著名高级甜点的摇篮。该店经过近一个半世纪的洗礼，将马卡龙（Macaron）打造成自己的名片，几乎无人不知无人不晓。甚至有人称，去了巴黎如果不品尝一下拉杜丽出品的 Macaron，等于没来过巴黎！拉杜丽堪称甜点中的路易·威登（Louis Vuitton），其甜品不仅好吃，而且注重外形和包装的精美，拉杜丽每年会邀请著名的时装设计师来设计其甜点的包装。拉杜丽出品的 Macaron，每一个颜色都代表着不同的口味。也有人形容该店的 Macaron 是“少女的酥胸”，因为吃起来香甜酥软，入口即化，一种甜蜜的幸福感也随之在口中蔓延。拉杜丽店的大门口总是排着长长的队伍，而您只有在品尝后才明白：等多久都值得！

地址：75, avenue des Champs-Élysées（香榭丽舍大街），75008 Paris
营业：周一至周四：07:30 - 23:00，
周五至周六：07:30 - 00:00，
周日：07:30 - 23:00
网站：www.laduree.fr

（二）法国药妆

法国药妆（Pharmacie），是购买药品、护肤品和婴幼儿用品的好去处。这里除了销售各种常用药品外，还有婴幼儿日常享用的各色食品和营养品，诸如备受准妈妈关注的达能公司（Danon）出产的佳丽雅（Gallia）奶粉等，都是国内游客非常喜爱的产品。

适合 0—6 个月婴儿

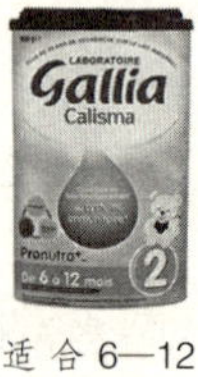

适合 6—12 个月婴儿

适合 12 个月以上婴儿

适合 24 个月以上婴儿

此外，法国药妆还出售女士青睐的各种化妆品。比如，“敏感肌肤的救星”——雅漾（Avène）、“问题肌肤的克星”——理肤泉（La Roche-Posay）、“劣质皮肤的舒缓佳品”——薇姿（VICHY）等耳熟能详的品牌，还有很受法国人欢迎的“纯植物天然活性护肤佳品”——欧树（NUXE）、“葡萄活性精华”——欧缇丽（Caudalie）和“洁净无刺激卸妆水”——贝德玛（BIODERMA）等明星产品。

雅漾（Avène）舒护活泉喷雾

理肤泉（la roche posay）舒缓喷雾

薇姿（VICHY）保湿水活霜

欧树（NUXE）抗表情纹面霜

欧缇丽（Caudalie）
葡萄活性精华爽肤水

贝德玛（BIODERMA）
卸妆水舒妍洁肤液

这些产品的价格不仅比国内便宜三分之一或更多，而且是赠送亲友的理想选择。此外，挂着绿十字招牌的药妆，在巴黎街头随处可见，非常方便。

（三）法国超市

法国著名的大型超市有家乐福（Carrefour）和欧尚（Auchan）等。家乐福是法国最大的综合性超市，世界第二大超市集团。欧尚则是法国第二大型综合超市集团。中小型超市有 E.Leclerc、Casino、Monoprix、Super-U、Intermarché、LiDL 等。其中 LiDL 的大部分商品价格最优惠。详见以下图表：

标志（Logo）	门面（Entrée）	标志（Logo）	门面（Entrée）
Carrefour		E.LECLERC	
Auchan supermarché		LiDL	

Casino supermarché

SUPER U

Intermarché

MONOPRIX

著名的家电类超市有：SURCOUF，法国最大的经销电脑配件及整机的仓储式的公司，其它销售范围包括软件、手机、多媒体。FNAC，以经销音像电气为主，经营范围有电器、电脑类、书籍和多媒体产品等，其质量上乘，价格也比较高。此外，还有 VIRGIN 和 DARTY 等超市。

周末跳蚤市场通常热闹非凡。人们纷纷把自己的东西拿出来摆摊设点。价格不贵，还可以讨价还价。例如一本书只卖 2 欧元。运气好的话，能淘到 1 欧元的好东西。天长日久，周末市场竟成了市政府的一项文化举措。

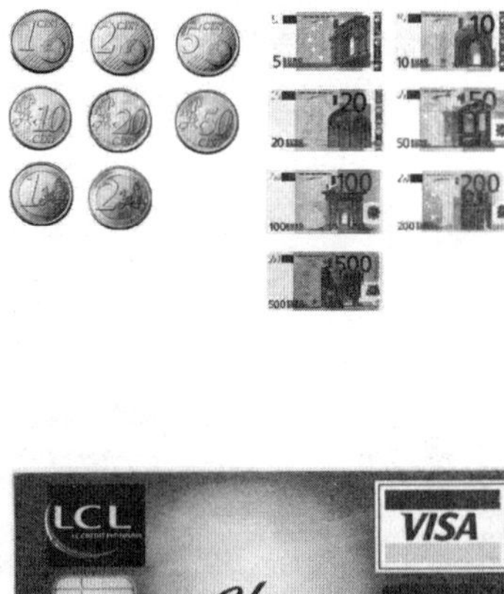

法国货币：从 2002 年 7 月 1 日起，欧盟成员国用上了一种新货币——欧元。法国也不例外。欧元分纸币和硬币两种。每个硬币的一面是国家名称和欧盟 12 颗星标志，另一面是面值数额，这点所有的国家都一样。而纸币的两面都有欧盟旗帜 12 颗星标志，以及面值和货币名称—欧元。如图所示：

法国银行卡

在法国期间，除带一定量的现金外，最好带上信用卡，这样既安全又方便。中

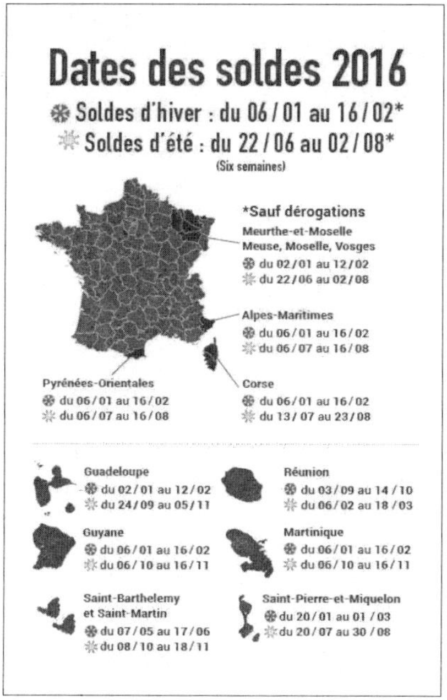

国各大银行发行的国际信用卡，只要是加入 VISA、MASTER CARD 等组织的，一般都能在法国使用。

另外，巴黎街头有不少兑换货币的地方，但不同兑换场所收取的手续费是不一样的。请注意比较各兑换场所收取的服务费用后再做决定。

商店打折：法国商店 1 年有 2 次打折期，冬季在 1、2 月，夏季在 6、7、8 月，折扣期长达 1 个月左右。具体日期由地方政府决定。通常，打折的商品主要是服装和鞋子。折扣率为 10% 到 70%。

左图所示是 2016 年的折扣广告，冬季打折期为 1 月 6 日—2 月 16 日，夏季打折期为 6 月 22 日—8 月 2 日。

温馨提示：在打折期第一周第一轮，尺码较齐全，折扣也少。适宜抢购大牌名包、化妆品、电器，还有必需的服饰。第二周或第三周开始第二轮，折扣增加，选择性较少，畅销商品几乎所剩无几，选择性购买。第三或第四周，常常是商家的大甩卖期，这时的价格最低。具体第几周打第几折，由商家自己决定，您只要时时关注商家广告即可。此外，在巴黎十二区，即华人区，您还可以找到中国甚至亚洲的各色产品，这里货物品种繁多，应有尽有。购物之余，您还可以在随处可见的中餐馆里品尝家乡的味道。

四、驰名品牌

法国的名牌从化妆品、箱包到各种服饰不胜枚举，常常令人眼花缭乱。为了让大家更直观地了解，我们特意制作了如下图表。

名牌标志	名牌简介
	路易·威登(Louis Vuitton)1854 年创建于法国巴黎，它是从奢侈皮具起家的。其各种经典设计顺应了旅行发展的重要阶段。1896 年，路易·威登 Monogram 帆布首次面世。随后陆续推出了 Steamer 和 Keepall 旅行袋，从而使出行更为轻松优雅。1997 年，LV 将其精湛的工艺和独有的奢华延伸到时装、鞋履、腕表、配饰及珠宝精品领域，成为法国集传统与风尚为一体的典范。2000 年，路易威登进军亚洲市场，并大获全胜。2006-2012 年，成长为世界著名奢侈品牌。2015 年，一跃为《福布斯》（*Forbes*）世界最有影响力品牌排行榜的第 14 位。
HERMÈS PARIS	**爱马仕**（Hermès）由 Thierry Hermès 在 1837 年创立于法国巴黎，因此也叫巴黎爱马仕。1947 年，Edmond Roudnitska 开发了爱马仕香水。1967 年，Catherine de Károlyi 为爱马仕创立了时装品牌。很快，爱马仕就发展成集设计、生产、销售于一身的世界著名奢侈品品牌，涉及皮具、成衣、香水和钟表等领域。截至 2014 年已拥有箱包、丝巾、领带、男女装和艺术品等十七类产品系列，造就了优雅之极的传统典范。
CHANEL	**香奈儿**（Chanel）是由 Coco Chanel 于 1910 年在法国巴黎创立的著名奢侈品品牌。其产品主要有时装、珠宝饰品及其配件、化妆品、护肤品、香水等，每一类产品都闻名遐迩，特别是香奈儿 5 号香水与时装。香奈儿是一个拥有百年历史的著名品牌，其时装设计永远保持着优雅、简约、精美的风格。如今，该公司由 Coco Chanel 的合伙人 Pierre Wertheimer 的后代掌管。

兰姿（Lancel）的前身是由朗塞尔（Alphonse Lancel）及其妻子 Angèle 于 1876 年在巴黎开设的一家工厂，专门生产烟斗以及跟香烟相关的饰物。自 1883 年起，兰姿的生意越来越好，先后在巴黎开设了很多分店，并且建立了“优雅的巴黎人”形象。1900 年，受到现代社会以及女性服饰的启发，兰姿开始设计和生产女士手提包。自 1927 年第一个兰姿牌马桶包问世后，其箱包事业的发展从此一发不可收拾。如今，兰姿已成长为法国箱包领域的百年历史名牌。

克洛伊（Chloé）品牌，1952 年由阿吉翁（Gaby Aghion）创办。在 Dior 独领风骚的五十年代，Gaby Aghion 和 Jacques Lenoir 合作，决定走高端成衣路线，从选料、裁剪到制作，力求精致完美。克洛伊品牌以布料的柔美和轻盈著称。众所周知的“成衣”概念就源自克洛伊。Chloé 的名字则源于 Gaby Aghion 的朋友，老佛爷著名设计师 Chloé Huisman 的名字。因为 Chloé 在法语里代表着青春活力，如同克洛伊品牌一样充满生机。

珑骧（Longchamp）由创始人让·卡士格兰（Jean Cassegrain）于 1948 年在法国巴黎创立。品牌名字的灵感来源于生产车间附近巴黎著名的 Longchamp 赛马场，意思是“奔驰的赛马”。该公司最早主要生产皮质饰品，它的第一个手袋诞生于 70 年代末。如今，其产品种类已大大扩展，有皮、布手袋，旅行袋，皮带、领带、丝巾、皮手套等时装配件，以及新开发的时装等。而今，“饺子包”和新出产的“背包”已经蜚声国内外。同时，世界各地的珑骧专卖店已达 300 多家。

赛琳·薇琵娜（Céline Vipiana）是法国著名女设计师，“赛琳”（Céline）品牌是以她的名字命名的。1945 年，她和丈夫一起在巴黎开设了第一家店铺，起名叫“Le bottier pour enfants”，以销售高级男童皮鞋起家。1964 年，第一款“赛琳”牌香水问世。1967 年，他们开始生产时装。此后，手套、手袋、女装成了赛琳的主打项目。赛琳牌手袋上的图案各式各样，而双轮马车则代表了它的经典。2010 年，简约而优雅的赛琳牌女装问世。2018 年，赛琳开始进军男装领域。

鳄鱼（Lacoste）是一家法国著名的服装公司，成立于 1933 年，其创始人是法国网球明星拉科斯特（René Lacoste）和著名的工科男 André Gillier。鳄鱼牌的著名标志是绿色短吻鳄图样。鳄鱼专卖店主要销售高价服饰、鞋子、手表、眼镜、皮革制品和久负盛名的 Polo 衫。如今，鳄鱼已发展成为注重“生活情趣”，融优雅和休闲于一体的国际驰名品牌。

迪奥（Dior）品牌的创始人是克里斯蒂昂·迪奥（Christian Dior）。他于 1905 年出生在法国诺曼底（Normandie），Dior 是他的姓氏。而 Dior 一词在法文中是“上帝”（Dieu）和“金子”（or）的组合，金色后来也成了 Dior 品牌的代表色。1946 年，迪奥在巴黎蒙田（Montaigne）大道开了第一家个人高级时装店。如今，除了时装，迪奥的产品已经扩展到美容、香水、珠宝、鞋子、手提包、葡萄酒等领域。一直以来，Dior 都是华丽与高雅的代名词。

伊夫·圣·罗兰（Yves Saint Laurent）简称“YSL”，是法国著名的高级时装品牌，主要经营时装、香水、箱包、眼镜、配饰、护肤品等。1962 年，YSL 在巴黎蒙田大道创建了自己的公司，并将艺术、文化等多元因素融于服装设计中，力求高级女装如艺术品般地完美。YSL 的旗舰产品是高级时装，服务对象主要是全球的富豪名流。它以用料奢华、做工考究和价格昂贵著称。

娇兰（Guerlain）由皮埃尔·娇兰（Pierre Guerlain）创建于 1828 年，距今将近 200 年的历史。娇兰是法国最古老的香水品牌之一，它的座右铭是品质第一。公司专注于研制不同种类的香水和香精，以配合不同人士的性格特质。主要产品有香水、化妆品和保养品。据说如今流行的涂唇抹粉的化妆艺术就源于娇兰。1853 年，娇兰为法国皇家打造了皇室专用香水，并被拿破仑三世皇后欧仁妮（Eugénie）钦选为御用香水专家（Parfumeur breveté de sa Majesté）。当年特为欧仁妮皇后研制的迷人香水和金箔蜂姿琉金帝王香水瓶依然令世人叹为观止。

兰蔻（Lancôme）由珀蒂让（Armand Petitjean）于1935年创办。1942年，他在巴黎2区创办了兰蔻学校，旨在培养攻占世界新市场的高级技师。1958年，兰蔻在布鲁塞尔世博会上荣获金奖。珀蒂让对玫瑰情有独钟，他不仅拥有自己的玫瑰园，还于1964年将玫瑰确定为兰蔻品牌的标志。作为闻名全球的高端化妆品品牌，兰蔻涉足护肤、彩妆、香水等领域，主要面向职业成熟女性，其产品像玫瑰一样芳香优雅，源远流长。

丝芙兰（SEPHORA），1994年，丝芙兰专卖店以圣经故事中摩西（Moses）妻子的名字命名。丝芙兰主要经营法国名牌香水和化妆品。它集美丽、智慧、勇敢和慷慨于一身，象征着高雅、快乐和自由。1997年，丝芙兰加入全球第一奢侈品牌公司LVMH。2005年，第一家丝芙兰专卖店在上海安家落户。如今，丝芙兰在全球21个国家拥有上千家店铺。

欧舒丹（L'OCCITANE）全称“L'OCCITANE EN PROVENCE”，意思是“普罗旺斯欧舒丹”。欧舒丹是一家专门制造和售卖个人护理产品及家居产品的国际公司，由奥利维埃·博桑（Olivier Baussan）创办于1976年，旨在弘扬家乡普罗旺斯的传统。主要生产基地在法国的马诺斯克（Manosque）。1996-1997年，欧舒丹公司陆续在纽约、香港和东京开设了专卖店。2010年，它成为首家在香港上市的法国企业。截至2013年，欧舒丹在全球90个国家已拥有2000多家专卖店。

欧莱雅（L'Oréal）公司由化学家出身的欧仁·舒莱尔（Eugène Schueller）创办于1909年。而欧莱雅这个品牌名字在1907年就出现了，它源于希腊语“OPEA”，是“美丽”的化身。如今，欧莱雅集团已经成长为美容品行业中的佼佼者，经营范围遍及 130 多个国家和地区，在全球拥有 200 多家分公司，是财富全球 500 强企业之一。在《2016 年 BrandZ 全球最具价值品牌百强榜》上，欧莱雅排名第 36 位。

碧欧泉（Biotherm）创建于 1952 年，隶属于欧莱雅集团，它是一个高档的护肤品品牌。1940-1950 年，朱利安（Jos Jullien）博士在法国比利牛斯山区的 Molitg-les-Bains 温泉水中发现了一种浮游生物（plancton thermal），经过试验和研究，成功从中提取活性因子，并应用于护肤产品，碧欧泉因此诞生。碧欧泉根据不同产品的具体功效，有针对性地加入矿泉活性成分，使两者相得益彰，从而实现对肌肤的完美呵护，如同其标志，希望通过“朵朵浪花”和泉水“窃窃私语”。1985 年，公司开发了男士碧欧泉（Biotherm Homme）。2016 年，英国足球明星贝克汉姆（David Beckham）成为“男士碧欧泉”的代言人。

薇姿（VICHY）品牌名由法国城市 VICHY 的音译“维希”演变而来。1931 年，美容学家盖兰（Guérin）先生和维希温泉治疗中心的皮肤科医生阿乐尔（HALLER）博士共同开发了薇姿护肤产品。他们尝试将维希温泉水融入美容护肤品，结果获得巨大成功。同时，他们将产品商标注册为 VICHY。薇姿产品用以舒缓、抗过敏功效著称的维希温泉水制成。事实上，早在罗马时代，维希小镇就因火山温泉水闻名。17 世纪，这里的温泉水荣获“温泉皇后”的美誉。如今，维希成了许多欧洲人的疗养圣地。

娇韵诗（Clarins）成立于 1954 年，是法国美容界的著名品牌。创始人是娇韵诗（Jacques Courtin-Clarins），原名叫 Jacques Courtin，毕业于巴黎医学院。1966 年，他成功从植物中萃取精油，制成身体调和护理油（Huile tonic）。1978 年，他在自己名字后面加上了 Clarins 品牌名。为了女性的健康和美丽，娇韵诗在 60 年的时间里，先后研制出了洁面乳、爽肤水、日霜、晚霜和身体保养等许多护理产品。今天，娇韵诗集团在全球 150 个国家拥有 19 家分公司，产品销量在欧洲位居第一。

伊夫黎雪（Yves Rocher）是法国著名的化妆品品牌。1956 年，创始人 Yves Rocher 怀着对植物和环保的极大热情，投身花草植物美容品的研究，并在 1959 年推出第一批源自自然的化妆品。1969 年，开设第一家店。1991 年，Yves Rocher 的儿子 Jacques Rocher 成立了"伊夫黎雪基金"（Fondation Yves Rocher），以奖励世界上为环保做出卓越贡献的女士。Yves Rocher 是全球唯一一家集种植、研发、生产、包装、销售于一体的化妆品品牌。2000 年，成为法国第一家网上直销专卖店，每月访问量多达 1,5 百万人次。2003 年，它成为世界生态植物美容品第一品牌。截至 2013 年，公司员工多达 15000。如今，伊夫黎雪在全球拥有 1700 家店铺，仅法国就有 650 家。总之，该品牌的优良品质，环保理念和平实价格已经深入人心。

欧树（NUXE）是在法国研制和生产，集 NATURE（自然）和 LUXE（奢华）于一身的天然护肤品。被誉为"最懂得俘获芳心"、"使女人焕发光彩"的美容品。这家出崇尚植物芳香疗法、多次荣获美容界大奖的法国知名女企业家雅贝士（Aliza Jabès）于 1989 年收购的公司，以"自然、健康、美丽"为理念，经过不到 30 年的发展，使 NUXE 很快成为天然美学的教主品牌，并在全球 65 个国家拥有 30 多家 NUXE Spa 店。

希思黎（sisley）是法国驰名的高档奢侈美容品牌。由多纳诺伯爵（Hubert d'Ornano）于 1976 年创立，并以法国印象派画家 Sisley 的名字命名。在妻子 Isabelle 的协助下，他成功研制出了高端植物性原料化妆品（Phyto-cosmétiques），即以植物萃取精华与植物精油为主要成分，配以独特配方研制而成。这种突破性成果很快被应用到了面部、身体护理，防晒、化妆和香水等产品。希思黎的产地位于法国布洛瓦（Blois）市。如今，希思黎的主要项目为面部、身体护理和防晒产品，是护肤品中尊贵与优雅的代表，在全球90个国家拥有30家分公司。

EAU THERMALE Avène

雅漾(Avène)护肤品牌，源自法国南部赛文(Cevennes)山区，以“古老、优美和温泉疗养”著称的Avène小镇。1736年，一匹马意外泡过温泉后，其皮肤瘙痒瞬间得到缓解。从此，人们发现了Avène泉水对皮肤护理的良好抗过敏性。1874年，Avène泉水被法国国家医学院授予“公众利益”（Intérêt Public）称号。1975年，怀着对沉睡已久的泉水疗效的极大兴趣，皮尔埃·法伯（Pierre FABRE）收购了Source Sainte-Odile疗养中心，并积极投身于活泉研发活动。1977年，Avène皮肤活泉疗养中心成立。1990年，Avène皮肤疗养实验室成立，雅漾护肤品也随之诞生，而这一切都要归功于皮尔埃·法伯。2004年，这里每年接待世界各地的温泉疗养者达3000之多。

BOURJOIS PARIS

妙巴黎（Bourjois）是世界级的彩妆品牌，也是名副其实的巴黎产品，由巴黎戏剧演员彭桑（Joseph-Albert Ponsin）创立于1863年。他最早在自己的公寓里研制“戏剧和城市专用脂粉”，并申请了专利，从此也开启了他创造化妆品的梦想。1868年，由合作商Alexandre Napoléon Bourjois先生接管，并正式命名为Bourjois，其中J代表了“快乐”（joie）。作为香奈儿的姊妹公司，妙巴黎多年一直与之并驾齐驱。经过多次易主后，2014年，它被美国科蒂（Coty）公司收购。妙巴黎新颖独特的包装，配合其糖果般甜蜜的色调，深得女性喜爱。而今，在全球50个国家和地区都有妙巴黎的产品销售。

五、购物退税

（一）法国购物

法国是名符其实的购物天堂。从高雅艺术品到小纪念品、从宝石到小饰品、从高档礼服到大众便服应有尽有，琳琅满目。当然，最为出名的还是高级时装、香水、化妆品、箱包和饰品。

世界上最有名的设计师和一线品牌都在法国设有专卖店，所有最新设计也首先在巴黎闪亮登场。巴黎自然而然地成了购买时装的最好去处。除了香榭丽舍大街（Avenue des Champs Elysées）、著名的老佛爷百货公司（Galeries Lafayette）、巴黎春天百货（Printemps de Paris）、“好便宜”（Le Bon marché）百货公司和BHV百货公司外，还有许多商业中心或购物大街，如蒙巴纳斯购物中心（Maine Montparnasse）、奥斯曼大道（Boulevard Haussmann）、旺多姆广场（Place Vendôme）、富布·圣·奥诺雷大街（rue de Faubourg-Saint-Honoré）、圣日尔曼德佩（Saint-Germain-des-Prés）区、蒙田大道（Avenue Montaigne）、歌剧院大道（Avenue de l'Opéra）等到处都能找到各种时装品牌。

另外，作为时尚之都的巴黎不仅汇集了世界各地的著名香水和化妆品牌，还聚集了大部分驰名国际的法国香水和化妆品牌。诸如香奈儿（Chanel）、娇兰（Guerlain）、迪奥（Dior）、伊夫·圣罗兰（Yves Saint-Laurent）、兰蔻（Lancôme）等顶级奢侈品牌。除了部分香水有自己的专卖店外，其它品牌在丝芙兰（SEPHORA）、马里奥诺（Marionnaud）和诺西贝（Nocibé）化妆品连锁店几乎都能找到，而且价格比国内优惠很多，这些物品也成了游客购物清单里不可或缺的部分。

在巴黎，名牌箱包，诸如LV、Hermès、Chanel等，通常款式新颖，限量供应，往往是一包难求，而且价格比国内便宜许多，退完税后的价格更是令人心动，引得世界各地游客常常趋之若鹜。

温馨提示：如果您要购买LV、爱马仕、香奈儿、克洛伊等世界驰名品牌，希望找一个安静舒适的购物环境，那么最好去香榭丽舍大街上的专卖店，这里的人流相对老佛爷会少很多，许多专卖店甚至根据游客流量分批放行。

（二）退税指南

法国，尤其是巴黎，堪称闻名世界的购物天堂，可是一提到退税，立即有种从“天堂”坠入“地狱”的感觉。为了帮助大家解除退税带来的烦恼和困扰，我们特意安插了详尽的“退税指南”，供大家参考。

1. 谁可以享受退税?

凡年满 16 岁以上，在法国逗留时间不到 6 个月的非欧盟居民，在法国逗留期间购买的商品可以享受增值税（TVA）退税服务。特别要注意的是这“6 个月”并不是指您在法国的停留时间在 6 个月内，而是短期申根签证或过境签证的有效期在 6 个月以内，包含旅游、探亲，以及其他短期申根签证。出境欧盟的期限则为 3 个月。

2. 哪些商品可以退税?

可退税的商品必须属于观光旅游性质，而不是商业经营性质。其中食品、饮料、烟草、军火、武器、石油产品、未开发的宝石、文化商品、大型交通工具及其部件和其它所有不能用于个人的自然产品不能享受退税政策。

3. 退税的条件是什么?

在有退税服务的商店购买商品；购买的商品属于旅游性质；在同一天同一家商店内购买的商品金额达到 175.01 欧元以上（含税）；必须是本人亲自将购买的商品带回居住国。

温馨提示：在大百货公司，如老佛爷、巴黎春天这样的大店，化妆品、香水、时装、箱包一应俱全，很容易凑够 175.01 欧元。如果几人同行，大家也可以凑在一起，选个代表负责办理退税，以免大伙一起排队遭罪。当然，在香奈儿、LV、兰姿（Lancel）等专卖店，一个包的价格就足够退税了。但是，在同一家店购买 175.01 欧元以上商品前，一定要和店方确认可以退税（DETAXE/TAX FREE）。

4. 退税时选择何种方式?

通常，在商店购物办理退税单时，店员会问您退现金还是退在信用卡里。通常有信用卡、现金和支票三种方式。但是最普遍的是现金和信用卡退税。注意，除了老佛爷等极个别百货公司外，退税手续一律在机场退税处办理。

（1）现金退税

如果选择退现金，退税比例为 10.8%，拿着验证通过的退税单，即机器扫描通过或人工盖章后，前往退税窗口排队领取现金，顺着 Travelex 或者 Change 的方向前往，您可以选择退税币种，但欧元最合算。办理现金退税每张退税单收取 3 欧元的手续费。

有些商家可以在购物时直接退现金，退税比例为 10.8%，比如老佛爷百货公司（Galeries Lafayette）和巴黎春天（Printemps），但需要用信用卡账号做担保，如商家在 6 个月内没有收到海关盖章的退税单，将会在您的信用卡中划走同等金额。

现金退税的好处是可以当场拿到税金，缺点是排队时间长。比如戴高乐 T1 有两个退税窗口，退欧元现金的窗口效率极低，队伍挪动缓慢，所以如果需要退欧元现金一定要预留足够的时间，通常需要排队等候一个小时以上。另外一个外币退税窗口的队伍人少很多，但汇率较低。比如人民币兑欧元 7:1 的时候，您只能拿到 6 元左右。

（2）信用卡退税

如果选择了信用卡退税，退税比例为 12%。需要把验证（在自助退税机上扫描货单条形码或在窗口加盖人工验证章）通过的退税单装入退税信封，封口以防丢失，在机场投到对应的邮筒里。注意退税单有一联是寄回给退税公司的，另一联是消费者自留底单（Customer copy），不要弄混了。邮寄前再次确认信用卡号填写是否正确、该签字的地方是否都已经签字。退税单附带的信封都是已经付了邮资的，直接投入即可。

信用卡退税的优点是无需排队。缺点是通常需要 4-5 周左右的时间才能收到退税款，也有可能收不到退税款，这时候可以通过底单上的税单号码写邮件或者打电话给退税公司，但如果英文或法文不好就比较麻烦。另外，退到 visa/mastercard 卡上的时候有汇率损失，通常退的是欧元。欧元兑美元 1.12 的时候，1 欧元退到卡里差不多只有 1 美元。

5. 商店出具何种文件？

如果商家提供免税购物（Détaxe/tax free shopping），欧洲主要有 global blue 和 premier 两家（如图），或者您需要在购物前和店员确认有权享受退税后，您就可以向店员索取退税单办理退税。出示护照后一般由店员打印基本信息：姓名、护照号、中根国外居住住址、邮箱地址、电话等，您必须当场选择退现金还是退到信用卡里，现在也可以选择支付宝。至于信用卡，一定要 Visa 或 Mastercard 等信用卡，而不是银行储蓄卡。退税并非必须是刷卡付费的同一张卡，也可以提供别的信用卡号。收到打印退税单（如图）后一定要仔细核对姓名和护照号等是否正确，有时候需要自己亲自填写，最好用英文填写地址、信用卡号等信息，并记得在相应位置签名确认，证明你遵守相关退税规定。店员会把办好的退税单装入信封交与您。千万注意不同商店办理的退税单必须分开存放，并在机场办理退税手续后，分开邮寄。

退税单验证后投入邮筒

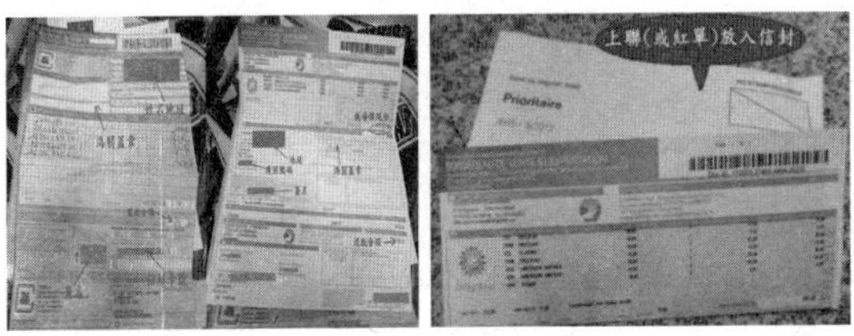

退税单样品

6. 何时办理退税验证程序?

在购物后三个月内，在从法国离开欧盟境内时，在办理乘机托运行李之前。注意，您携带所购商品离境的时间必须在含购物当月三个月以内，您的退税单必须在购物六个月内寄回。例如：您于 5 月 1 日购买商品，携带商品离境的有效期不得超过 8 月 30 日，退税单的返回期最晚不得晚于 11 月 1 日。另外，注意商品过海关时必须保持包装完好，不能使用，否则海关可以拒绝盖章。

7. 如何办理退税验证程序?

巴黎戴高乐国际机场退税处如图所示：

如果您持有法国退税单，可直接在 PABLO 自动退税机上办理退税验证，无须到海关窗口办理。PABLO 机通常设在国际机场行李托运楼层。

PABLO 电子触屏自动退税机操作程序：

A. 选择语言：在触摸屏幕提供的八种语言中任选一种语言。

B. 扫描验证：将退税单的条形码对准激光扫描仪，以验证退税单。

C. 海关电子验证：绿色屏幕会显示“税单已验证”字样，证明海关已经为您办好了验证，您的退税程序也宣告结束。显示红色屏幕时，请根据相关提示操作。

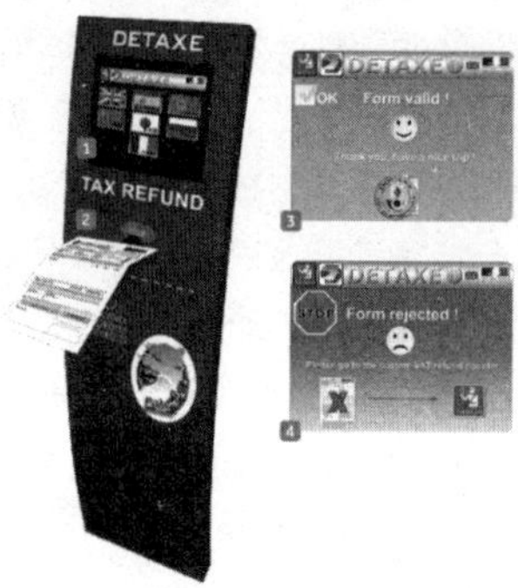

温馨提示：如果退税单上没有条形码或者机器验证不通过，需要由海关人员人工核对退税单并盖章。根据经验，一般大额商品机器可能会通不过，这时候海关人员会要求出示商品，所以，等所有退税手续办完，甚至领完您的退税现金再去办理行李托运，如果您要退的是现金，而且办理登机的时间足够。

退税单经 PABLO 机，即海关电子验证后，如果您当初在商店购物时选择的是现金退税，您就可以直接拿着盖章的税单到外汇窗口领取现金，您可以选择人民币或外汇。如果您当初选的是信用卡退税，那么税金将通过银行转账形式直接转到您预留的信用卡账号里。

如果您用的不是 PABLO 自动退税机，或者持有的是外国退税单，请咨询机场退税窗口，即海关验证处的工作人员。遇到检查时，需要出示电子机票、护照、退税单和办理退税的商品。如果不出示相关证件和商品，退税单将无效，而且还要交纳一笔罚金。

最后切记是在办理行李托运、登记手续（check in）前办理退税。

8. 如果在离境前未能办理退税手续，是否仍可退税?

是的，但是必须提供您所居住国家的海关验证单，以证实您已经交纳相关税金。或者向您所居住国家的法国使馆或领事馆出示退税单和相关商品，以获得验证单和证明。

注意：您必须在购物之日起的6个月内，向您离境口岸的海关提出事后补办验证的请求。并附上以下文件：

A. 证明您是非欧盟居民的身份证件副本，比如护照副本。

B. 您所居住国家的海关出具的验证单，或者法国使馆或领事馆出具的证明或验证单。

C. 您的机票或车票

D. 标明您离开法国或者欧盟国家前未能办理退税手续的理由，并注明法国离境地点和日期的信件。

如果您是经由法国之外的另一个欧盟成员国离开欧盟边境，您必须请求该国的海关部门进行海关验证，随后再将验证后的退税单寄回法国商店。

温馨提示：由于退税规定时常更新，这里提供的信息仅仅涉及目前退税的一般信息，仅供大家参考，并不能取代相关法律规定文件。详细规定请咨询相关网站[64]。

离境时请提前3小时到达机场，以防排队办理退税时间较长。在CHECK IN之前，先去退税（DETAXE）柜台排队，您必须把护照、机票（如在戴高乐机场办理退税，一定要将电子机票打印出来出示给退税窗口）和退税单带到机场给海关人员过目。如果海关人员要查验您的退税品，您必须打开行李接受查验，如果您拒绝，海关人员也不会给您的退税单加盖出口退税章，您也就无法退税。海关将在这两联退税单上盖章。这时，您只是办完了退税手续而已。

如果您选的信用卡退税，那么您只要将海关盖章后的退税单装入商家提供的信封，投进海关窗口旁边的邮筒即可。发票和副联则需要妥善保存，以防退税手续失败，可以凭此申诉。

另外，Global Blue和Premier都可以在官网上通过底单上的单号（Doc-ID）追踪信用卡退税进度，一定要留好底单。如果是人工盖章，建议邮寄的那份用手机拍照留底。

[64] www.douane.gouv.fr；www.rendezvousenfrance.com；智能手机免费上网：douane.fr

第六部分 法国留学

法国丰富浪漫的社会文化，完善的教育体制，世界一流的教学水平，院校和专业的多样性，以及低廉的留学费用，吸引了中国乃至世界各国的学生前往求学。据统计，2013 年赴法国留学的中国学生约 1 万人，2015 年达到 5 万人，预计 2020 年在法中国留学生将达到 8 万人。

一、留学准备

去法国读大学前，大家都会问一系列的问题：自己满足赴法留学的条件吗？该选择什么专业、什么学校？如何才能选择自己喜欢的专业和学校？等等。下面就这些令人困惑的问题和大家一起探讨下。

（一）留学条件

1. 年龄

报考法国本科，年龄必须在 18 岁以上。如果高中毕业想申请法国学校，年龄不得超过 22 岁；研究生的年龄基本限制在 30 岁以内。但是，私立院校的招生年龄可适当放宽。

2. 学业

要求高中毕业及以上，需要有高考成绩，而且必须达到二本线以上，有的法国学校则要求高考成绩超出一本线 20—40 分，或者您在国内高校的平均成绩在 80 分、甚至 85 分以上。

3. 资金

法国的生活费用并不贵，而且对留学生有许多优惠政策。如果在大学公寓居住，在学校餐厅用餐或自己做饭，那么，相关费用并不算高。此外，学生交通卡享受半价优惠，国家博物馆对 26 岁以下的学生免费，许多文化娱乐场所诸如电影院、图书馆、体育馆等对青年学生都有减价优惠。因此，基本生存和文化娱乐需求方面的费用不是很高。

法国大学生的每月平均生活预算巴黎地区为 1000 欧元左右，外省则为 800 欧元左右。法国公立大学免学费，注册费在 300 欧元左右；留学生的基本医疗保险费 1 年 200 欧元左右；私立学校的学费相对较贵，1 年在 6000—10000 欧元不等；电话费因人而异，学生优惠套餐在 10 欧元左右；其它生活必需的花费则根据个人经济条件和消费习惯的不同而不尽相同。

对留学生来说，安居是顺利度过留学生涯的重要保障，而住房往往是一个非常棘手的问题。法国各大城市都面临房源少，价格贵，门槛高的现象，尤其是巴黎，市内房租平均比外省高出 50%。另外，租房的条件非常苛刻，不仅要看租房人的经济水平，还要签订严苛的租房合同。如果不能当面签订租赁合同，则必须预先支付相当于一到两个月房租金额的保证金。私营学生公寓的房租大约 600 欧元左右；由大区大学及学校事务管理中心（CROUS）管理的住房房租相对低廉，平均每月在 100—300 欧元，不过 CROUS 的住房通常留给了享受法国政府奖学金的本国学生和外国留学生。

通常，持有长期签证的留学生都可以向家庭补助管理署（CAF）申请房补。只要在该官方网站[65]上注册，根据提示填写个人信息，把需要的资料邮寄到 CAF 即可。房补的金额通常是租金的 30% 左右，但需要注意的是上限为 250 欧元。

温馨提示：由于以上种种因素，建议大家提早联系解决住房问题。您可以直接请学校帮忙寻找，通常各大院校都会储备一定的房源信息；也可以咨询有法国留学经验的亲戚朋友；或者在各大城市的 CROUS 网站上查询房源信息，比如巴黎市的 CROUS 网址[66]。

另外，根据经验，中国留学生向CAF提交材料时，除了提供所需资料：护照首页复印件、居留证正反复印件、银行账户证明（RIB）、学生证复印件、房主开具的住房证明（一份水电或电话或租金支付凭据）外，还需提供本人的出生证明公证件，建议同时对出生证明进行认证（出国前，在所在地外事服务中心办理），这样申请 CAF 的成功率会更高。

4. 语言

（1）英语

对于所有参加英语授课的学生，有的学校可能要求提供 GRE、IELTS、TOEFL、TOEIC 中的一项成绩。比如，有的学校要求提供雅思（IELTS）或托福（TOEFL）成绩。如果就读本科，雅思（IELTS）成绩要求达到 6.0 分以上，托福（TOEFL）成绩则要求达到 80 分以上。总之，具体要求视不同学校及专业会有差异。

（2）法语

如果您所申请学校的课程是法语授课，那么您至少要通过一种预签证法语测试 TEF 或 TCF。根据法国高等教育署官方网站公布的信息，对于参加法语水平考试的申请人，只能选择名称为“预签证程序法语考试”的法语水平考试，而且考试当日系统会自动生成考试类型 TEF 或者 TCF。因此，您只有在考试当天才能知晓您的考试类型。事实上，两种考试类型的区别并不大，试题类型均为选择题，内容主要涉及阅读理解、听力、句型和语法。另外，申请人也可以选择参加法语联盟组织的 Delf 或 Dalf 考试，但必须获得 B2 及以上成绩才能代替 e-TEF 或者 TCF TP 考试。

---

[65] http://www.caf.fr
[64] http://www.crous-paris.fr

温馨提示：如果您希望注册法语考试场次，就必须在“Etudes en France”系统上创建一个账号，填写表格并且确认提交后才能选择考试场次；最好提前三个月就在“Etudes en France”系统上报名，提早通过法语水平测试；另外，法国高等教育署在各地设立的办事中心每周至少会安排一次 TEF 和 TCF 考试。目前，在中国只能参加 e-TEF 考试，即机考，不是书面试卷形式。考试成绩的有效期为一年。详情参见网站[67]。
另外，根据法国高等教育署网站消息，以下学生可以免除法语水平考试：已经有法语考试成绩证明的学生；已经取得法国教育部承认的法国文凭的学生；学生来自母语为法语的国家；已经取得法语本科学历的学生；大学四年级法语本科在读的学生；法国政府奖学金、埃菲尔奖学金和 Erasmus Mundus 奖学金获得者；已经通过 Tage Mage 考试的。

（二）申请学校

（1）英语授课

法国优质的高等教育资源、丰富多彩的文化生活和欧盟 27 国的开放前景，每年吸引着世界各地成千上万的留学生纷至沓来。同时，法国大学为了吸引更多的留学生，则不断开拓英语授课项目，增开国际留学生班。在法国，目前有英语授课和法语授课两种选择，然而大部分院校和专业用法语授课，但是，对英语授课的院校，课程中心会针对学生的法语水平增开相应的法语课程。这样，参加英语授课的学生不仅可以提升自己的英语水平，同时也有机会学习法语，一举两得。

目前，在法国以英文授课的专业主要有：数学，商业管理，经济、法律，工程和技术，农业和农工业，旅游、酒店、美食，科技、环境和地球科学，人类学、语言学、文学，建筑、艺术、设计和时装。英语授课的学校主要是法国一些私立工程师学校和法国高等商学院等，对象主要是来自世界各地的留学生。

法国高等商学院主要有：创立于 1881 年的巴黎高商（HEC）世界闻名，该校在历年的法国高等商学院排名中都是名列前茅。高等经济商学院（ESSEC）创建于 1907 年，该校的一大特色是和许多企业建立了良好联系，其学生常常受到爱马仕、路易威登等驰名企业的青睐。欧洲高等商学院（ESCP Europe）创立于 1819 年，该校的特色是国际化，并以国际交流著名。除了法国巴黎校区外，该校在德国柏林、西班牙的马德里、意大利的都灵、英国伦敦以及中国上海（同济大学）都建有分校区。还有里昂管理学院（E.M.LYON），其文凭得到中美法等政府和主要认证机构的承认，也是最早得到 EQUIS，AACSB 和 AMBA 三大认证的国际顶级商学院之一。该校的奢侈品管理与市场营销、国际酒店管理等专业尤为出名。另外，还有以供应链及销售管理、工

[67] http://www.fda.ccip.fr

程管理等专业闻名的南特经济管理学院（Audencia Nantes），以及以国际红酒贸易、采购与市场管理、销售谈判与贸易交流等专业著称的蒙彼利埃高等商学院（Montpellier Business school）等。

（2）法语授课

在法国，绝大多数院校都是用法语授课的。通常国内留学生高考过后会选择以下学校深造。

综合性大学（université），主要有巴黎大学（Université de Paris）、斯特拉斯堡大学（Université de Strasbourg）、图卢兹大学（Université de Toulouse）等。这些大学虽然门槛不是很高，但是“宽进严出”，要求学生每年必须修满规定学分，否则不能毕业。巴黎大学又分为巴黎一大、二大、三大等 13 所大学，其中以居里夫妇命名的巴黎六大知名度最高。巴黎六大与文科见长的巴黎四大签署协议，即将于 2018 年进行强强联合，以适应国际竞争的需求。不过，综合性大学一般没有好坏之分，学年结束也可以转到自己想去的学校。

工程师学校、高等师范学校以及高等商业学校，对于法国本土学生来说，要求高中阶段会考（Bac）成绩优异者才有资格就读。他们需要两年预科（PREPA）学习，然后参加竞赛（Concours），满足要求的学生才能进入大学校（Grande école），即工程师、高师或高等商学院，再进行为期三年的学习。对于国内学生，这类学校的申请有一定难度，因为这与申请者在国内学校所学专业、成绩以及法语水平等因素有关。国内学生也可以通过“中法 9+9”项目申请。自 2000 年以来，该项目在中国有 12 所合作院校（北大、清华、复旦、浙大、上海交大、南京大学等），从中选拔优秀本科生，前往法国巴黎高科（ParisTech：Institut des sciences et technologies de Paris）的 12 所精英工程师学校攻读工程师学位。学生在完成中国的本科学业之后，前往法国进行为期两年的学习，目的是为了培养杰出的应用型和管理型人才。

此外，还有五年制大学校，即连续攻读 5 年获得工程师或其它相应文凭。这类学校的教学质量相对较高，因而吸引了很多国际留学生，比如国内流行的 INSA 集团和 UT 集团就属于这类，对于留学生的高考成绩要求也高，通常要高出一本线 20 分以上。

在法国，最为出名的精英学校有：综合理工学校（Ecole Polytechnique），创建于 1794 年，通常被认为是法国最好的工程师学校，据说半数以上法国著名企业总裁的位置被该校毕业生垄断。甚至在法国流行着“每一扇门都为综合理工学校的毕业生敞开着”（« Si vous êtes diplômé de l'école Polytechnique, chaque porte sera ouverte pour vous »）。国家行政学校（ENA：Ecole nationale d'Administration），戴高乐（De Gaulle）是创建者之一。在法国第五共和国历史上有三位总统曾经就读于这所学校，如前任总统奥朗德（F. Hollande）、希拉克（J. Chirac）和德斯坦（V.G. d'Estaing），还有 7 个总理以及众多部长。巴黎政治学院（Science Po），创立于普法战争之后的 1871 年，法国好几位国家元首曾就读于此，比如法国前总统希拉克（J. Chirac）、萨科齐（N. Sarkozy）和奥朗德（F. Hollande）等。此外，现代奥林匹克之父顾拜旦（P. Coubertin），时尚大师迪奥（C. Dior），以及当代世界文学大师普鲁斯特（M. Proust）都出自这所学校。巴黎高等师范学院（ENS Paris），每年只招收 200 名左右的学生，录取率是百分之一。该校的办学宗旨是"通过一种高水平的学术与文化训练，培养有志从事基础或应用科学研究的学生从事大学和中学教学，为法国国家行政部门和企业服务"。但是，该校没有毕业证发放资格，也没有国家学历证书的授予权。所以，就读巴黎高等师范学校修业四年，前两年学生在一所综合性大学学习获取文凭和学士学位，后两年须在本校教师指导下准备中学教师证书和中学高级教师全国会考。只有通过会考者才能获得教师资格。此外，还有巴黎中央理工（ECP：Centrale Paris），巴黎路桥学院（ENPC：Ponts et Chaussées），巴黎高等艺术工艺学院（ENSAM：Arts et Métiers ParisTech），巴黎电信学院（TELECOM Sud Paris）等。

法国的公立大学发的是国家文凭，公立大学之间可以自由转学。

（3）双向选择

确定好学校和专业后，即可向学校递交申请，学校将对所有材料进行研究审核，如果没问题，学校会以邮件形式告知候选人是否可以参加该校的测试。

通常，测试分笔试和面试。学校将召开教务会议，并根据学校规定、专业要求等确定测试的具体内容、方式和时间等，并以邮件形式提前通知。

目前，学校常用 Skype 软件，对候选人进行必要的笔试和面试。

温馨提示：中法两国在时间节点上有差异，切记不要错过测试时间，以免给他人留下不好的印象，影响自己的后续计划，严重的甚至影响录取结果。有些学校比较人性化，在参加测试之前，您可以向它们索要测试的内容和知识范围，以便充分准备，从容面对。

（4）报名材料

一旦被成功录取，敬请尽快联系学校，索要相关报名材料，通常入学所需的材料如下：

1）填写学校提供的申请表

2）个人简历

3）1 张身份证件照片

3）1 份学习计划书

4）2 位教授推荐信

5）1 份大学毕业证复印件 + 法文或英文翻译件

6）大学成绩单和高考成绩单

7）护照复印件

8）TOEFL、IELTS 或其它学校要求提供的英语成绩

9）提供学费（公立学校除外）、报名费、学杂费支付证明。

10）住房订金及其证明

二、留学签证

一旦拿到学校入学通知书和住宿安排证明等材料，就可以办签证了。目前，留学签证必须通过法国高等教育署（CAMPUS FRANCE）办理，称为预签证。

（一）预签机构

CAMPUS FRANCE CHINE

法 国 高 等 教 育 署

法国高等教育署（Campus France）前身为法国教育服务中心，是一家非营利性教育机构，隶属法国驻华大使馆，该机构专门负责为赴法留学的中国学生提供各种留学咨询服务，协助留学生申请法国大、专院校，并向留学生颁发赴法留学签证。为了更好地服务广大中国留学生和推广法国教育，法国教育服务中心不仅在北京、上海、广州、武汉、成都和沈阳 6 个城市创建了服务中心，还在重庆、哈尔滨、济南、杭州、南京、青岛和西安 7 个城市设立了办事处。留学生可在法国高等教育署的网站[68]上查询到赴法留学的各种信息和详尽的签证办理程序等。

（二）预签程序

1. 注册

（1）如果您选择的是法语授课项目，您也可以同时注册法语水平考试和面试评估。如果您选择的是英语授课院校，那么您只要注册办理留学预签证手续即可。对于所有希望到法国进行学习和深造的学生来说，预签证程序是必不可少的，也是办理留学签证的第一步。

（2）在法国高等教育署的“Etudes en France”系统上完成注册。首先，填写个人信息，建立“我的文档”。其次，完成“填写我的专业”。最后，确认所有信息完整无误后，点击“向 Campus France 提交材料”即可。

（3）利用该系统，学生不仅可以查询个人信息和材料处理情况，还可以留言提问，注册法语水平考试，选择面试预约时间，随时了解预签证进度等。

（4）注意以下 6 种情况不属于法国高等教育署的服务范围，而应该到法国驻华大使馆和相关领事馆办理。第一，返签证的办理。第二，用工作交换食宿者。第三，各种实习者，包括从事不获取文凭的研究者。第四，未成年签证，即年龄未满 18 岁，尤

[68] http://www.chine.campusfrance.org

其是中小学生。第五，注册的院校不属于高等院校范畴。第六，短期学生签证，即有效期不足 3 个月的学生签证。

温馨提示： 法国高等教育署网站提供的“Etudes en France”系统是法国外交及欧洲事务部为电子化处理学生材料所使用的官方系统。该系统能大量缩短等待时间，提供材料进度的实时查询等，非常便捷。但是，该系统需要一个高速的宽带网络，否则，就会出现页面显示缓慢，甚至打不开的状况。

2. 材料

在法国高等教育署的“Etudes en France”系统上完成注册的同时递交材料。具体的材料清单可在法国高等教育署的官网上下载，大致包括以下内容：

（1）身份证

（2）护照

（3）长期签证申请表

（4）法国签证照片

（5）出生证明公证件

（6）法国大学专业的预注册证明

（7）法国大学的语言预注册证明（如果有）

（8）有效的英语或法语水平测试证明，英语成绩需要公证

（9）大学毕业生，需要提供毕业证和“学信网”出具的大学毕业证书认证报告（英文版）；如果您有学位证，则需要提供大学学位证书，以及教育部学位与研究生发展中心出示的学位书认证报告（英文版）

（10）大学在读生，需要提供大学录取通知书，以及高考成绩认证报告。

（11）高中毕业生提供高考成绩及其认证报告

（12）住房安排证明

（13）银行存款证明

（14）家长签署的经济担保信。

（15）父母近 6 个月的银行对账单

（16）机票订单

温馨提示： 根据法国高等教育署网站最新消息，需要注意：第一，申请人不再需要提交书面材料。所有材料都必须上传到“Etudes en France”系统中。第二，建议申请“认证报告”的学生提早办理，因为申请此报告最长需要一个月时间。如果在创建高教署帐号前或在预约面试前，仍然没有获得认证报告的情况下，为了不耽误您的签证申请流程，您可在面试后将“认证报告”快递给高教署。第三，注意您的材料只有在支付预签证程序费用被确认后，才会被处理。第四，注意把握提交材料

的时间节点，建议您比赴法日期至少提前三个月开始办理。第五，注意在居住地对应的中心办理预签证程序，在“Etudes en France”系统中，居住地由您填写“我目前的个人情况”里的地址来确定。同时，地址一旦确定，将无法更改，而且您必须在相应的预签证受理中心寄送材料和进行面试。第六，以上列举的材料仅供参考，详细的资料清单建议及时到法国高等教育署的官方网站上查询。

3. 面试

在法国高等教育署的“Etudes en France”系统上完成注册和材料提交后，只有当您的材料被对方确认完整，除“认证报告”可以在面试结束后提供外，并且面试费用已经支付的情况下，您才有权申请开通面试通道，并预约面试时间（持续20分钟）。

面试是办理留学签证中必备的关键环节之一，目的是为了更好地了解您的个人学习情况和留学计划，包括您的学习动机、大学学习经历、法语或英语口语水平及其水平测试成绩、甚至对未来职业生活的构想等等，但最重要的是对您未来学习计划的可行性及合理性进行客观有效的评估。比如，您对赴法学习的准备是否充分，您的所学和未来计划是否连贯，您的外语水平是否达到对方院校的语言要求，您的专业选择和将来的职业是否关联等等。

据调查，面试过程中常常会遇到如下问题：

（1）Nom et prénom, s'il vous plaît ?（请问，您叫什么名字？）

（2）Quel est votre niveau d'éducation / d'instruction?（您是什么学历 / 学业水平？）

（3）De quelle école êtes-vous diplômé ?（您毕业于哪所学校？）

（4）Quelle était votre spécialité ?（您学的什么专业？）

（5）En quelle année avez-vous fini vos études universitaires ?/En quelle année êtes-vous diplômé?（您是哪一年毕业的？）

（6）Pourquoi allez-vous en France pour faire vos études ?（您为什么选择去法国留学？）

（7）Avez-vous déjà appris le français ?（您学过法语吗？）

（8）Pendant combien de temps avez-vous appris le français/ l'anglais ?（您学了多长时间的法语 / 英语？）

（9）Dans quelle école voulez-vous continuer vos études ?（您打算去哪所学校学习？）

（10）Qu'est-ce que vous allez apprendre comme spécialités ?（您打算学习什么专业？）

（11）Comment avez-vous trouvé cette école ?（您是怎么知道这所大学的？）

（12）Qu'est-ce que vous voudrez faire quand vous finirez vos études /quand vous serez diplômé de l'université ?（您毕业后打算从事什么工作？）

（13）Voulez-vous rester en France ou retourner en Chine après vos études ?

（你毕业后希望留在法国还是回国？）

（14）Qui va payer pour vos frais d'études ?（您的留学费用谁来支付？）

（15）Que font-ils, vos parents ?/Quels sont les métiers de vos parents ?（您的父母从事什么工作？）

（16）Quel est le salaire de vos parents ? / Combien gagnent vos parents par an ou par mois ?（您父母的工资收入如何？月 / 年收入是多少？）

（17）Est-ce que vos parents voudraient payer tous les frais pendant votre séjour en France ?（您的父母是否愿意支付您在法国留学期间的所有费用？）

（18）Est-ce que vous voudrez travailler pendant vos études en France ?（在法国学习期间，您是否愿意打工？）

（19）Avez-vous des amis ou de la parenté en France ?（您在法国有没有亲戚朋友？）

（20）Qui vous aide à remplir les formalité administratives du séjour ?（您是通过谁来办理留学手续的？）

温馨提示：面试前需要做好准备工作；面试时注意基本的礼貌礼仪，如实回答提问，自然大方地表达自己的观点，简明扼要地阐述自己的学习计划。在回答您是否愿意在法国学习期间工作时，建议您给予否定答复，因为留学生在法国的第一年禁止打工。另外，对于任何人来说，在没拿到正式居住证的情况下，打工属于违法。

（三）注意事项

1. 信息更新

这里提供的所有信息都有一定的时效性，仅供大家参考。同样，留学政策也不是一成不变的，相应的签证程序也可能进行调整，因此，希望大家随时关注法国驻华大使馆、各领事馆以及法国高等教育署官方网站公布的各种信息，及时更新。

2. 时间节点

通常，法国学校和中国学校一样都是 9 月开学，7、8 月份办理签证者人满为患，最好提前 3 个月，即 6 月份就开始递交材料。如果因某种原因不能按时签出，必须提前和学校说明情况，必要时需要学校提供同意延期入学的证明。为了节约时间，您可以要求法国学校直接和法国高等教育署或法国签证中心取得联系，但是需要注意的是，您可能只有一次获得延期证明的机会，并且最长期限为 1 个月，所以一定要赶在法国大学延期的时间内，完成递签。总之，要注意签证办理的所有时间节点。

三、教育体制

（一）简介

法国的教育体制由幼儿教育、初等教育、中等教育及高等教育构成。法国儿童自3岁开始进入幼儿园，6岁起进入小学，小学教育5年。初中4年，全部免费。初中学段结束时，学生须参加初中毕业考试，并以此决定学生的去向：就读普通高中或职业高中。高中3年，要付书费。高中教育通常为理论基础教育和数学、科学等专业的启蒙教育。职业高中3年，主要为学生获得技术文凭做准备。高中毕业后参加中学毕业会考（baccalauréat 简称 bac），通过者可取得业士学位（bachelier）。通常有几种不同的会考形式：文科、理科、社会经济等。只有通过中学毕业会考，学生才能在大学里继续他们的高等教育。

值得注意的是，在法国教育体制中，从小学到高中各学年段的命名与世界大多数国家有很大区别。

法国学制 Le système scolaire	
幼儿园 Ecole maternelle	(3-6 ans)
小学 Ecole primaire	(6-11ans)
初中 Collège	
六年级 / 预备 6e	(11-12ans)
七年级 / 初一 5e	(12-13ans)
八年级 / 初二 4e	(13-14ans)
九年级 / 初三 3e	(14-15ans)
高中 Lycée	
高一 2nde	(15-16ans)
高二 1ère	(16-17ans)
高三 / 毕业班 Terminale	(17-18ans)

（二）中学

法国初中开设的必修课有：数学，法语，史地和第一外语（LV1）等。许多初中还开设第二外语（LV2）。对于上课没有弄懂的内容，学校会安排1小时的自习课（Aide au travail individualisée，简称 AI），主要用来学习数学和法语。

以下是法国一所初中的课表：

Période 时间段	Lundi 星期一	Mardi 星期二	Mercredi 星期三	Jeudi 星期四	Vendredi 星期五	Samedi 星期六
8 h - 9h	Maths 数学	Maths 数学		SVT[69] 生命科学		EPS[70] 体锻
9h - 10h	Anglais 英语	Français 法语		SVT 生命科学	Anglais 英语	EPS 体锻
10h - 10h15	Récré 课间休息	Récré 课间休息		Récré 课间休息	Récré 课间休息	
10h - 11h	Maths 数学	Perm 自习		Techno 科技	Français 法语	
11h - 12h	Anglais 英语	Maths 数学		Histoire-géo 历史地理		
12h - 13h30	Cantine 午饭	Cantine 午饭		Cantine 午饭	Cantine 午饭	
14 - 15h	Français 法语	Espagnol 西班牙语			EPS 体锻	
15h - 16h	Français 法语	AI 自修		Sciences physiques 物理	Arts plastiques 美术	
16h - 16h15	Récré 课间休息	Français 法语		Récré 课间休息		
16h - 17h	Histoire-géo 历史地理			Espagnol 西班牙语	Musique 音乐	

法国中学从星期一到星期六上午上课，星期三下午和星期日休息。

法国中学生的作息时间并非整齐划一。比如笛卡尔中学，7:55，学生进校。第一遍铃声通常是 7 : 55。上课时间从 8 : 00 到 18 : 20。中间包括午餐时间。早上和下午共有两个时间段休息，分别是：9 : 55—10 : 10 和 15 : 05—15 : 20。一节课通常为 55 分钟。学生的离校时间按照年初制订的作息时间表执行，但每个学生的具体离校时间和方式视学生的课表和家庭而定。

离校：对于初中生来说，两节课之间不得走出校门。临近中午或放学时间，值班老师不在时，必须经过学生父母同意方可离校。对于高中生来说，只要父母同意，没课的情况下，都可以离校。学校规定，任何学生一旦离开校园，学校将不承担任何责任。

[69] Sciences de la Vie et de la Terre 的缩写
[70] l'éucation physique et sportive 的缩写

考勤：学生必须按时上课。如果迟到，应到校生活办报到。多次迟到将受到惩罚。学校作息时间如有变动，必须及时通知学生。如果学生不能上课，学生家长必须告诉校生活办缺课的理由和时间长短。如果是临时缺课可直接打电话告知学校，其它情况则通过缺课单来反映。返校时，学生可带着缺课单和家校联系册到校生活办报到。请假后返校开始上第一节课之前，学生应该把校生活办确认过的家校联系手册给任课老师过目。学生的所有迟到、早退和缺课现象都应该在学生期末反馈单上反映出来。

学期总评：根据学校的课程安排和作息时间表，学生要获得好评，必须按时上好每节课。学校为每位学生准备一个家校联系册，在这个册子上记录着学生自己的得分情况。当然，也有一些特殊事件的记录，比如老师不能上课，或学生出现纪律问题等。家长因此对学生在校情况了如指掌。学期结束时，学校会把成绩单寄给家长，让父母过目签字。整个学期，学生有各种水平的测试和课堂作业。对于准备参加高考的班级，学校会适当增加一些作业和模拟考。

随着信息技术的发展，现在法国中小学有统一的教学网站。除了家校联系册外，学生的“考勤”、“作业”、“成绩”、“学期总评”，甚至教师的“教学计划”、等信息都直接反映在网站上，以便学校、家长、教师和学生随时查询和了解。

法国高中开设的课程，因学校定性的不同而有所区别。有的高中校长有权决定开设选修科目。以笛卡尔中学（Lycée Descartes）为例，其高一班的课表如下：

笛卡尔中学

	Lundi	Mardi	Mercredi	Jeudi	Vendredi	Samedi
8H00 9H00	PE 辅导课 SES 经济社会科学	HIGEO 史地	LATIN 拉丁语	PE 辅导课	PE 辅导课	FRANC 法语
9H00 10H00		CHI3 汉语 三外 / FRANC 法语	PHCH 物理 化学	MATHS 数学 CHI3 汉语三外		
10H00 11H00	SVT 自然科学	TP- PHCH 实践： 物理化学 / TP- SVT 实践： 自然科学实践	FRANC 法语			
11H00 12H00	ESP2 西班牙语 二外 TP- SVT 实践： 自然科学实践	TP- PHCH 实践： 物理化学	MO : ANG 1 分组讨论： 英语一外 / MO : MATHS 分组讨论：数学	ANG 1 英语一外	I : MATHS/ HIGEO II : ESP2/ HIGEO 单周数学 / 史地，双周西班牙语 / 史地分组辅导课	PHCH 物理化学
12H00 13H00	REPAS 午饭		MO : MATHS 分组讨论： 数学 / MO : ANG 1 分组讨论：英语一外	REPAS 午饭		
13H00 14H00	VDC 班会	REPAS 午饭	REPAS 午饭	EPS 体育	REPAS 午饭	
14H00 15H00	MATHS 数学	MATHS 数学			ANG 1 英语一外	
15H00 16H00	SES 经济社会科学 / CHI3 汉语三外	LATIN 拉丁语	HIGEO 史地 / HIGEO 史地			
16H00 17H00	PE 辅导课		ESP2 西班牙语 二外 / PE 辅导课			
17H00 18H00		LATIN 拉丁语				

（三）高校

法国高校将每个学年分成两学期，半年为一个学期，即从 9 月到次年的 1 月和 2 月到 6 月。考核采用学分制，每个学期的学分为 30 分。本科通常为 3 年，或 6 个学期，学分为 180 分；硕士为 2 年，或 4 个学期，学分为 240 分；本、硕连读的学分为 300 分。目前，法国高校大部分都采用欧洲三级学制，即学士、硕士、博士，简称为 LMD 学制：licence（学士），master（硕士），doctorat（博士）。master 又分为 master1 和 master2，原来则叫：maîtrise（硕士）和 DEA（研究型博士预备班）/DESS（职业型博士预备班）。Master2 分为两个方向，master recherche（之前称为 DEA，通过后可升至博士阶段）；master professionnel（之前称为 DESS，通常毕业后就业）（如图所示）。

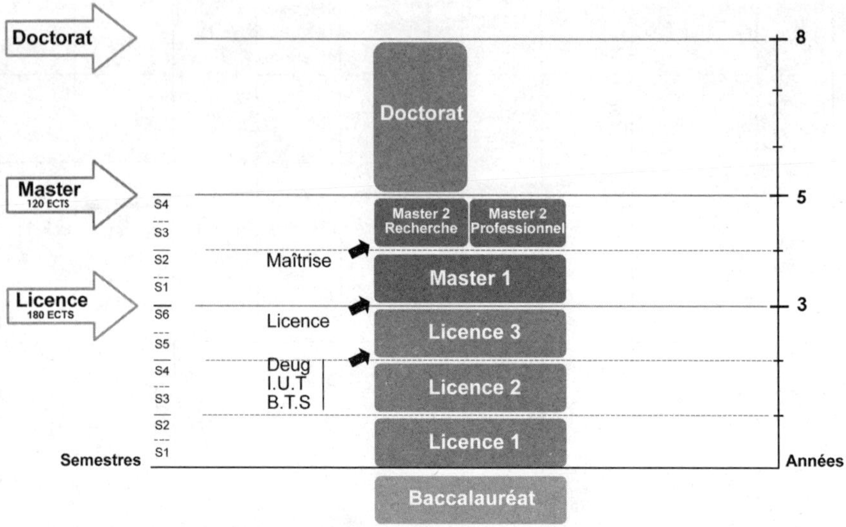

另外，中法两国教育部于 2007 年签订的《学位和文凭互认协议》表明，中国的四年制本科教育、硕士教育、博士教育和欧洲的三级学制基本对等，外国学生所授文凭和法国本土学生一致。

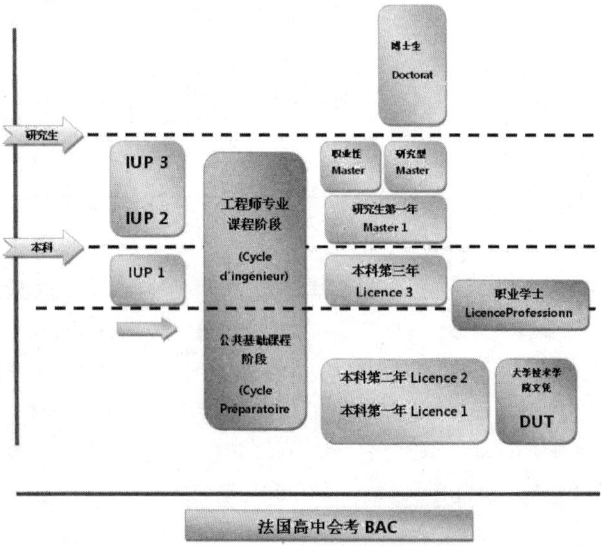

法国高等教育大致分为两种类型：综合性大学（Université）和大学校（Grande école）。在法国，所有通过高中毕业会考（Baccalauréat，简称 Bac）的学生都可以直接上综合性大学或高等技术学院。综合性大学的教育囊括各个领域：科学、技术、文学、经济、法学、宗教、军事等。为了与国际接轨，法国国民教育部从 2004 年起开始在综合性大学里实行新的“358”学制，即 LMD（Licence-Master-Doctorat），指通过高中会考后，完成 3 年、5 年、8 年学业的学生将分别获得学士、硕士、博士学位。高等技术学院主要对学生进行职业技术培养，主要培养技师。大学校，也译为高等专科学校或精英大学，是法国对需要通过入学考试（Concours）录取学生的高等院校的总称。大学校的教育主要涵盖商业经济、文学和科技三大领域。大学校以培养社会精英而闻名于世，进入大学校的学生须经过两到三年预科阶段的艰苦学习，并通过竞争激烈的考试[71]。

1. 综合性大学

法国共有 87 所综合性大学。全属公立教育机构，即实行免费教育。只要通过 Bac 即可申请入学，学生每年只需交纳 200 至 600 欧左右的注册费。无论哪所大学所颁发的文凭，凡属国家文凭，都具有同等价值。国家文凭有学士（Bac+3 年制）、硕士（Bac+5 年制）和博士（Bac+8 年制）。

巴黎索邦大学（La Sorbonne）

2. 高等专科学校

高等专科学校：又称为“大学校”，俗称“精英学院”。例如国家行政学院 (ENA)、高等商业学校、高等师范学院等。高等专科学校的学制一般为 3 年。这些学校规模不大，但声誉很高，许多高级官员、学者、工程师、企业管理人才都毕业于此类学院。高等专科学校的毕业生一般都被授予“工程师”或其他专业资格证书，获得此类证书的学

[71] www.education.gouv.fr/sup/cpge.htm

生也可转入大学进行第三阶段（博士阶段）的学习。

法国的高等专科学校分为公立和私立两类。包括高等工程学院，高等商院，技术学院和艺术院校。

高等专科学校的入学条件很严苛，学校根据候选人的中学会考成绩与申请材料择优录取。被选中的学生需在预科班学习两年，然后参加国家统考。统考通过的学生进入学校再学习 3 年，获得相应文凭。落选者可以再读一年预科或直接进入综合性大学，开始第三年的专业学习。

3. 其它院校

在法国，还有艺术、音乐、舞蹈和戏剧等创作性领域高等专业院校需要进行严苛的预科学习和通过考试才能就读。这类学校归法国文化部管辖，通常学制较长。大部分学校自行组织入学考试，并根据成绩择优录取。

总之，法国的普通综合大学不设入学考试，只要有高中毕业会考文凭就可以入学。重点专科学校则自设入学考试，通常难度相当高，仅有高中毕业文凭是不够的，需要读预科学校。有些顶尖名牌学校，是考生全力奋斗的目标；如巴黎综合理工，法国公务部门许多官员以及许多大企业的总裁、高级主管都是这类学校的毕业生。

四、医疗保险

法国社会保障非常完善，其中医疗保险具有强制性，保费也比较昂贵。

（一）医疗险种

目前法国的保险制度存在以下险种（Régime）：普通险种（Régime général），此种投保人最多，为工薪阶层设立，全国约有五千多万人属于此项，占到 80% 的比例；农业类险种（Régime agricole），是农业工种互助会为农业雇工或自耕农设立的，投保者约四百多万人；非农业、非受雇、自由职业者保险种（Régime social des indépendants）是为商人、手工业者、实业者以及自由职业者设立的；另有为公务员和军人，铁路、公交、水电局职工等高风险或特殊工种人员设立的特殊保险种（Régimes spéciaux）。每一个保险种里又分好几个领域，例如普通保险类里有疾病保险、养老保险等。

在医疗保险这一项里，社保局（Sécurité sociale）一般只给予 70% 比例报销医疗费，药品的报销比例大约为 65%。为了填补余额，各行业自主办起了互助性的补充保险（Régime complémentaire），形成“基本保险”、“补充保险”，甚至“补充补充保险”的多层次结构。同一行业人员里，普通职员和干部还有各属于自己的不同保险部门，总部下面还有地方分部等。但不论属于哪一种，目的都是寻求保护，最后形成基本覆盖全民的医疗保险网。

（二）学生医疗险种

在法国，外国留学生享受和法国学生一样的社会福利，如房补、交通补、医保等，尤其是医疗保险。按照规定，一名进入法国大学学习的学生，需要购买215欧元（2016—2017学年的价格）的医疗保险，每年的价格会有轻微变动，有效期为一年。这是办理外国学生在法国一年学生居留证所必须的。但该保险只负责大病住院和70%的门诊医药费报销。如再参加附加保险，则可按不同比例报销剩余的30%。附加保险依种类不同，保费为每年100欧元到600欧元不等。如果保费增加到一定数目，就可以做个眼睛全保险。在保险期的一年中，不仅所有眼睛治疗都能报销，还可以免费配眼镜。在法国，一般工薪阶层轻易不敢看牙，因为牙科的治疗费用实在高得离谱。所以，对牙齿不好的同学，建议选择牙齿全保。当然，也不必要盲目上牙保。

（三）办理保险须知

第一次上保险虽然麻烦，但只要注册，保险中心就会给你一个学生保险号码，而且将来每次上新保险的时候，号码都不会改变，以便将来查询方便。

高等学校的学生，包括留学生，可享受大学生社会保险金直到28岁。

学生保险优惠较多。在银行开户、周末看电影、日常买书籍等方面都有优惠，甚至还能得到歌剧院的免费入场券。但具体情况根据每年保险优惠单的不同而定。

如果你是实习生，学生保险依然有效。学生医疗保险参考期限为学年，即从每年的10月1日至次年的9月30日。如果开学很晚（如博士阶段），你可以向学校要一个证明，就可以到学生保险中心办理保险了。切记，任何一种状况下，你的学生保险到来年的9月30日自动作废。

学生保险在世界各国都生效。即使你在法国以外的国家看病，只要保存好当地的发票，回到法国后，同样可以报销。

2000以来，法国政府采用一种新的医保卡，法语叫Carte Vitale，以取代老式社保卡和病历，这大大简化了医疗费用报销等手续。

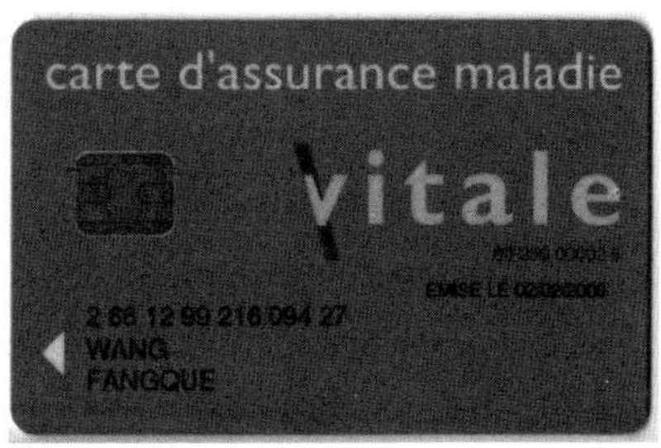

（四）法国医院

法国的医疗设施发达。有公立、私立医院，也有合作式诊所和私人诊室。大城市里这四种形式并存，小城市经常是后两种。法国是福利制的医疗保险，只要有份正式工作，住院、看病、买药都可按比例报销。

法国人看病习惯有固定的医生，即“家庭医生”或者“综合医生”（médecin traitant），多为内科。法国人不说我去看病，习惯说我去看我的医生，或者说我和我的医生有个约会。通常都是由综合医生先行诊断，如果遇到解决不了的问题时，才会介绍您去看专科医生或专科医院。

在法国，看病和买药往往是分开的。医院诊所专门负责看病，药店则专管卖药，您可以拿着医生的处方到任何一家药店买药。药店遍布各地，而且每个居民聚集地总能找到一家夜间营业以应急需的药店。

（五）法国药店

法国药店无论在城镇乡村，也不管大小规模，其外部标识，内部装潢和陈列都大致相同。药品不仅齐全，而且按照统一顺序摆放，顾客能够用最短的时间找到自己想要的物品，十分方便，因为这一切都是法国政府的统一规定。此外，每家药店至少有一位专业药剂师现场指导，其建议具有很高的权威性，且深受百姓信赖。

法国药店按照营业时间分为两类。一类是普通药店，周一至周六全天营业；一类是急诊药店，全年无休。法国法律规定，每个社区至少有一家急诊药店。无论哪种，对药品管理都很严格。

温馨提示：到达法国后，一定要尽早办理医疗保险 CMU[72]，以保证在生病时可以得到免费医疗。在法国，每个人都要有一个固定的医生。不过，最好先预约，后就诊。为了方便大家，法国的医生每周都安排有无需预约的就诊时间，比如星期六早上的某个时段。

[72] https://www.cmu.fr/

五、银行电信

（一）法国银行

1. 主要银行

在法国，著名的大银行总共有 10 家左右。根据网站[73]针对法国银行 2016 年的排名报道，列表如下，仅供参考。

银行标志	银行简介
BNP PARIBAS	**巴黎国民银行**（Banque Nationale de Paris） 简称 BNP，法国一家大商业银行。1866 年成立。1993 年实行私有化。总行设在巴黎。2000 年和 Paribas 合并组成 BNP Paribas 银行。它与我国银行有代理行关系，在北京、上海和广州设有代表处，在深圳和天津设有分行。2016 年的银行业绩在全国排名第一。 网站：https://group.bnpparibas
CRÉDIT AGRICOLE	**农业信贷银行**（Crédit Agricole） 法国资本实力最雄厚的一家合作银行，它于 1894 年成立，总行设在巴黎。在本国银行排名列居首位，在世界大银行排名中列第七。2016 年的业绩在全国排名第二。 网站：https://www.credit-agricole.com
SOCIETE GENERALE Banque & Assurances	**兴业银行**（Société Générale） 法国一家大商业银行，1864 年成立。在本国列第 5 位，在世界列第 27 位。它与我国银行有代理行关系。2016 年的银行业绩在全国排名第三。 网站：https://particuliers.societegenerale.fr
GROUPE BPCE	**法国 BPCE 银行集团**（Groupe BPCE） 是一家法国著名银行，该银行于 2009 年由国家储蓄银行（Caisse nationale des caisses d'épargne）与国民联邦银行（Banque fédérale des banques populaires）合并而来，总部位于法国巴黎。该银行透

[73] http://www.culturebanque.com/banques/classement/banques-francaises/

过其附属公司为个人、专业人士、中小型企业、大型企业和机构提供国际银行、金融、房地产融资服务。2016年的银行业绩在全国排名第四。

网站：https://www.groupebpce.fr

法国工商信贷银行（Crédit industriel et commercial）

简称 CIC，是法国最早的储蓄银行，建于 1859 年。在法国本土拥有 6 家地区银行，在卢森堡拥有 1 家。1998 年建成工商互助信贷银行集团（Crédit mutuel-CIC），简称 CM-CIC。2016 年业绩在全国排行第五。

网站：https://www.cic.fr

法国邮政银行（La Banque Postale）

2006 建成的国家公有银行。提供邮局（邮政支票中心）和国家储蓄的所有金融服务。属于邮局的分支机构，并在各大邮局设有服务网点。2016 年的业绩在全国排名第六。

网站：https://www.labanquepostale.fr

里昂信贷银行（Crédit Lyonnais）

法国一家大商业银行,1863 年成立。法国政府拥有其 66.15% 的股份。总行现已迁至巴黎。它与我国银行有代理行关系，在北京、广州、上海、深圳等地设有代表处。

网站：https://particuliers.lcl.fr

储蓄银行集团（Groupe des Caisse d'Epargne）

法国一家储蓄和商业银行。1818 年成立，总行设在巴黎。2009 年 7 月，原来的 17 家地区储蓄银行与大众银行合并，称为 BPCE 集团，成为法国的第二大银行集团，而且延续了储蓄银行和大众银行的标志。有时，也叫“松鼠”（l'Écureuil）储蓄银行，就像 Logo 显示的那样。

网站：https://www.caisse-epargne.fr

国民互助信贷银行（Crédit Mutuel Confédération Nationale）

法国一家为中小企业提供融资服务的专业性信贷机构。

总行设在巴黎。在本国列第 7 位，在世界列第 57 位。它与我国银行有代理行关系。

网站：https://www.creditmutuel.fr

法国大众银行（Groupe des Banques Populaires）

法国一家商业和合作银行。1917 年成立，总行设在巴黎，在本国列第八，在世界列第八十一位。它与我国银行有代理行关系。

网站：https://www.banquepopulaire.fr

2. 建立账号

如果要在法国生活 6 个月以上，那么拥有一个银行户头和一张信用卡非常必要。信用卡和个人支票的使用已十分普及，而且非常安全方便，平时出门不必随身携带太多现金。另外，在法国办理许多手续都需要银行往来的账单作为证据。因此，到法国之后要做的第一件事情，就是办理银行卡。而且，如果您想要申请法国的电话号码，加入医疗保险，租住房屋等，法国银行账号都是必不可少的。可是，法国银行太多，该选择哪家银行呢？根据经验，可以去兴业银行（Société Générale）、巴黎国民银行（Banque Nationale de Paris）、国民互助信贷银行（Crédit Mutuel Confédération Nationale）、储蓄银行（Caisse d'Epargne）等在中国设有代理处的银行。另外，建议选择离自己的住所或学校较近的银行办理，方便以后您和银行之间的各种业务往来。

那么，具体该如何办理，需要什么手续，办理何种业务呢？主要的操作程序如下：

（1）开户

开户通常需要如下材料：

1. 个人有效护照

2. 法国长期签证（附在护照上的），或者有效法国居留证（有效期一年，现在的第一年居留直接附在护照本上）

3. 居住证明：本人签订的房屋租赁合同，或者房东出具的居住证明（最近 3 个月内的水、电、煤气或电话账单，房东身份证复印件以及房东给您出具的书面居住证明）。

4. 学生证：如果您是学生，可以根据到校报到后办理的学生证，办理青年账户，可享受特别优惠（比如免手续费）。如果运气好，您所注册的学校也会帮您直接办理，您只要提供护照原件即可。

准备好资料后，可直接前往选定的银行代理处开户，或者预约开户时间。

温馨提示： 法国所有银行都可办理开户手续，但必须提供居住证明，如果您来法国之前尚未找好住处，临时住在亲朋好友家，那就提供朋友的地址，先办理银行卡，因为没有账号，也就无法申请电话号码，会给您的生活带来许多不便。另外，银行卡主要有 Visa 和 Mastercard 两种储蓄卡，Visa 卡相对实用。在法国，一般不设信用卡，切忌透支消费。如果您的银行卡出现负数，请务必在 15 天内补足欠款，否则会影响您的银行信誉等。最后，且勿随意开具空头支票，否则银行会暂停您的银行账户，情节严重的还会取消户头长达 10 年之久。

（2）办理业务

通常，您需要办理的都是最基础的业务，即一张普通的 Visa 或 Mastercard 卡和一本支票本即可。

（3）注意事项

1. 银行会给您指定一个理财顾问，专门管理您的账号。以后有银行事务，请尽量和您的顾问取得联系，所以，保存顾问的联系方式很必要。

2. 如果不懂理财顾问所提供的服务项目，就不要随便答应“oui”，否则，您很可能要承担许多不必要的费用。

3. 如果电话号码、住址和邮箱有变动，务必及时和您的开户行或您的理财顾问联系更改。

4. 各大银行关于银行卡的消费额度都有不同规定。在使用银行卡之前，务必向您的财务顾问了解清楚，以免各种尴尬和麻烦。比如，有的银行规定每天取现不得超过 300 欧元，每周不得超过 500 欧元，大笔金额消费需要请示银行等等。

5. 大面额交易时最好使用支票。比如租房押金、房租以及无法刷卡的地方等。签支票前，一定要确认自己的账户有足够的金额来保证支票兑换，否则后果严重！

6. 在法国的银行密码是终生的，不可更改。所以，拿到银行密码后，一定要记住。如果忘了，需要去银行重新申请，并缴纳一定手续费。另外，银行账户一定要上保险，以保证银行卡被盗用后银行能给予赔偿。

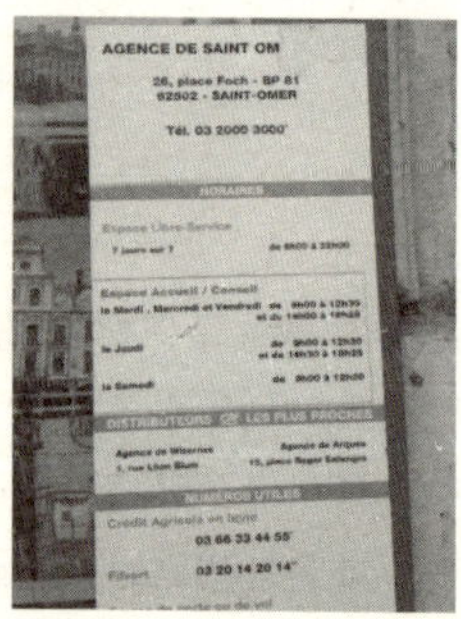

温馨提示： 法国各大银行星期天和星期一不开门，星期六通常营业到 12:00 或 12:30。早上的开门时间为 8:30 或 9:00 点。具体的营业时间因银行的不同而不同。比如，农业信贷银行（Crédit Agricole）和兴业银行（Société Générale）的营业时间就有所区别（如图所示）。

（二）法国电信

法国的现代化通信设施发达。主要服务机构是法国电信（FRANCE TELECOM）公司。成立于1988，总部位于巴黎。主要经营电话、传真和互联网等通信业务。

法国目前的电话号码为十位数字。最前面两位数字是区号。全法国共分五个区域号：巴黎01；西北部02；东北部03；东南部和科西嘉（Corse）04；西南部05。

从法国往国外打电话，须先拨国际接入代码00，然后再拨相关国家代码。例如，中国的代码为86，加上您需要拨打的号码。例如您需要拨打的号码是021-58376849，那么您需要拨打0086-21-58376849。

如果从外国往法国打电话，则应拨00 33（法国的代码），加上您需要拨打的号码。例如您需要拨打的号码是01-54392596，那么您需要拨打0033-1-54392596。

1. 固定电话

可在附近的法国电信运营商处申请，还可以同时租用电话机。法国电信公司的固定电话订费实行全国统一价格，最低每月10欧元左右。

在国外，首先要解决网络问题和手机问题。在法国如果想用固定电话，首先要征订网络盒子（box）。法国各大网络供应商推出的包月价格（网络＋电话＋电视）不同，但网络流量不限量，而且拨打法国和中国座机都是免费的。

上面说的免费拨号座机，一般来说不需要办理任何手续，基本网接好后，就可以打电话了。不过需要注意一点，如果大家想给国内的手机拨打电话，最好向自己的电信公司咨询。因为有一些是免费的，有一些是需要加个套餐才可以免费拨打。不过，如今大家通常会用微信、QQ等网络系统和国内联系。法国人则更喜欢使用Skype、Facebook和Webchat。

在法国，主要有三大宽带运营商：法国电信（Wanadoo），Neuf和Free。这三个公司都有宽带＋固定电话，或者宽带＋固定电话＋有线电视的产品包推出。大多数家庭现在使用的都是这种产品包，同样的产品包也可以根据不同服务，选择不同包月资费。

2. 移动电话

法国目前主要有三大公司提供移动电话服务：ORANGE、SFR和BOUYGUES公司。每家公司都有多种征订形式和服务价格。2013年，法国电信公司（FRANCE TELECOM）改名为Orange电信公司。

温馨提示：在法国，优惠通话时间段是星期一到星期五的晚上 7 点到次日早晨 8 点，以及周末和节假日。手机号码以 06 或 07 开头。法国人干什么事情都讲究电话预约，请人吃饭要预约，去银行办事要预约，修车要预约，找医生看病要预约，甚至连理发也要预约。在法国，如果事先不预约，对方可能会觉得您不礼貌，或者干脆吃闭门羹。因此，电话或电子邮件预约显得非常重要。

3. 电子邮件

法国各地的网吧或互联网服务站非常普及，只要申请注册一个个人电子信箱即可进行通信交流。此外，某些网络服务公司，例如 HOTMAIL、CARAMAIL、IFRANCE、YAHOO 等也提供免费电子信箱服务。

计算机信息与多媒体：据统计，半数以上的法国人使用计算机。在法国年轻人，尤其是 13 岁到 20 来岁的年轻人当中，手机短信（texto/MSM）非常流行。因为在年轻人眼里，它快捷，隐秘，趣味性强。他们也经常上网聊天（chatter），并以此增进友谊。

（三）法国邮政

LA POSTE

在法国，每个城市都设有邮局，法国邮局的标志如图所示。此外，在许多学校、街区和公共场所都设有黄色邮箱，投递时，只需分辨 “本省” 和 “外省及国外” 两个投信口（如图所示），正确投递即可。

在法国各个邮局，都设有个人自助服务机，您可以给自己的信件称重，购买邮票，只需按照屏幕提示操作即可，或向邮局工作人员求助。邮资为全国统一价格，依照信件的重量、紧急程度和邮递方式定价。

邮箱

自助服务机

通常，法国的国内邮票有红、绿和灰色三种（如图所示）。红色邮票最贵，表示信件在寄送时享有优先权，一两天即可送达。绿色邮票，也称环保型，需要两三天递送。灰色邮票，即经济型邮票，表明信件最便宜，送达时间最长，需要四五天。

法国邮资根据信件重量的不同而不同。比如，法国 2018 年的普通信件价格如下图所示：

重量	优先型	经济型	环保型
20g 以内	0.95 €	0.78 €	0.80 €
20-100g	1.90 €	1.56 €	1.60 €
100-250g	3.80 €	3.12 €	3.20 €
250-500g	5.70 €	-	4.80 €
500g-3kg	7.60 €	-	6.40 €

总之，为了准确估价，需要去邮局称重后支付相应邮资。平信最重 3 千克，邮价最高 7.60 欧元。挂号信最重 3 千克，最高价 13.00 欧元。信件最重为 3 千克，超过 3 千克就要作为包裹邮寄。以下是 2018 年法国邮局的官方价格，仅供参考，具体问题需要到邮局当面咨询。

2018 年挂号信价格表

挂号信	R1	R2	R3
20g 以内	4.05 €	4.75 €	5.85 €
20-50g	4.55 €	5.30 €	6.30 €
50-100g	5.20 €	5.85 €	6.90 €
100-250g	6.30 €	7.05 €	8.10 €
250-500g	7.40 €	8.05 €	9.10 €
500-1kg	8.50 €	9.20 €	10.25 €
1kg-2kg	10.10 €	10.80 €	11.90 €
2kg-3kg	11.25 €	11.95 €	13.00 €

备注：根据重量和重要程度，挂号信分为 R1、R2 和 R3 三个等级。

2018 年快递价格表

包装	重量	价格
信封	1 kg	26 €
袋装	1 kg	27 €
袋装	2 kg	29 €
纸盒	3 kg	32 €
纸盒	6 kg	34 €
纸盒	12 kg	42 €

2018 年包裹价格表

重量	价格
-250 g	4.95 €
-500 g	6.15 €
-750 g	7.00 €
-1 kg	7.65 €
-2 kg	8.65 €
-5 kg	13.15 €
-10 kg	19.20 €
-30 kg	27.30 €

不同的是，法国邮局同时经营银行业务，可以在那儿开设邮政账户 (COMPTE CHEQUE POSTAL–CCP)。

（四）法国媒体

1. 法国电视

法国有 6 家国家性的电视台，其中 3 个为国营公共电视台，即法国电视二台（France 2）、法国电视三台（France 3）、和法国电视五台（France 5），而法国电视一台（TF1）、法国电视六台（M6）和法国电视四台（Canal+）为私营电视台[74]。

[74] https://fr.wikipedia.org/wiki/T%C3%A9l%C3%A9vision_en_France

电视一台，建于 1935 年，是法国收视率最高的电视台。不仅有国内国际新闻、天气预报、科学探索等，周末还会奉上精彩纷呈的“真人秀”，“名人舞蹈秀”，“法国好声音”等娱乐节目。法国电视二台和三台于 1989 年重组，优势互补，其实力得到进一步增强。法国电视四台是私营的加密电台，于 1984 年建立。它收费服务，主要播放电影和体育比赛节目。法国电视五台于 1986 年建立，作为教育台专门播放知识、培训和就业节目。同年，法国电视六台建立，主要用于播放文艺和音乐节目。

法国国际电视台 TV5 建立于 1984 年，是法国、瑞士、比利时和加拿大几个国家联合创立的法语国际电视频道。2006 年改名为 TV5MONDE。它用通信卫星向 80 多个国家转播法语和英语节目。时装电视台（Fashion TV）创建于 1997 年，总部设在巴黎，是全球收视率最高的专业时尚电视频道之一，五大洲的 202 个国家可以同时收看。地方电视台主要是七台和八台。法国卫星电视台 France Ô 负责法国海外省区的电视节目。

在法国，除了加密台（Canal+），大部分无线电视节目属无偿接收，以征收收视税的方式对国有电视台进行补贴。有线电视节目、卫星节目以及加密台的节目则需要付费，才可以观看。

2. 法国广播

早在 20 世纪初，法国就有种种无线广播的实验。1908 年，“无线电之父”德福雷斯特（Lee De Forest）在巴黎的艾菲尔铁塔上做过广播实验，声音可传播 800 千米远。1921 年，法国创建了埃菲尔铁塔广播台（Radio Tour Eiffel），即法国历史上第一家国家广播电台。

法国广播电台（Radio France）是法国主要公共广播机构之一，负责经办 3 套全国性广播节目：“法兰西面向全国”、“法兰西——文化板块”、“法兰西——音乐频道”。

第一套为综合性节目；第二套以文学、戏剧、电影、科学技术等文化知识节目为主；第三套节目为调频广播，主要内容为古典、现代音乐和有关的评论和解说。法国广播电台的前身为埃菲尔铁塔广播电台。1945 年，电视重新开办以后，广播机构改组为国营法国广播电视公司（RTF）。1982 年成为负责承办法国本土无线电广播节目的独立公共事业机构。

法国电台广播的重点放在戏剧和教育节目上。教育节目包括向学校广播，进行语言教学活动；新闻信息部分有固定的新闻、评论、谈话节目。每年用 15 种语言向国外播出各类节目。

RFI 法国国际广播电台是世界最有影响的法语电台之一，它在全世界拥有包括非洲、美洲、欧洲、亚洲以及来自大洋洲超过 4000 万的听众。

法国国际广播电台中文部，每天定期向亚洲报道当天的国际新闻、亚太动向、世界经济等，也能听到今日要闻解说、法国报纸摘要等内容。收听法国国际广播电台，感觉一切就在眼前。法国国际广播电台的专题节目丰富多彩，涉及政治、经济、社会、文化、艺术、科技、环保、旅游等多领域。在收听时事新闻之外，还可以就某专题，某内容向听众提供比较全面深入的报道与分析或是采访等。

广播时刻陪伴着法国人。每个法国人平均每天要收听 3 个多小时的广播节目。据调查，听广播已经成为法国人仅次于看电视的第二项日常休闲活动。

3. 法国报纸

法国目前的报业大致分为两类：全国性日报，在巴黎出版全国发行；地区性报纸，仅关注本地区。法国几种全国性的报纸几乎全部集中在巴黎，主要有《世界报》（*le Monde*），《费加罗报》（*Figaro*），《解放报》（*Libération*）和《法兰西晚报》（*France-soir*）等。其中《世界报》最受欢迎，其销售量一直高居榜首。这和该报精英团队极其辛苦的工作模式密不可分：早晨 7:00 开始编前会议，上午 10:30 所有的编辑排版工作结束，11:00 印刷。下午 1:00 巴黎的读者就可以读到《世界报》。让读者在第一时间内了解到世界各地所发生的时事，是《世界报》一直以来的卖点。

《欧洲时报》（*Nouvelles d'Europe*）为华文日报，每周出版 5 天。周一、周二、周三、周四 16 版周末 20 版。版面设有：要闻版、环球焦点、法国新闻、欧洲新闻、华埠消息、

LE FIGARO
EXPOSITION
EUGÈNE BOUDIN, LE PRÉCURSEUR DE L'IMPRESSIONNISME
GOLF
TIGER WOODS RETROUVE SA PREMIÈRE PLACE MONDIALE
Hollande fait du Hollande
Medef : fin de partie pour Laurence Parisot
Le Pape lance l'église à la reconquête du monde
Il n'a pas osé...
MADELEINE PEYROUX

Aéroports La grève de trop
0,50€ seulement
VOTRE GRAND QUOTIDIEN NATIONAL
France Soir
Menaces sur l'aide au logement
Les étudiants vont payer plus
pages 2 et 3
BETTENCOURT
Eric Woerth veut se battre
Après l'audition de son épouse, le ministre demande à être entendu
page 4
FOOTBALL
Domenech bientôt expulsé ?
L'ex-sélectionneur connaîtra son sort demain
page 16
PÉDOPHILIE
Deux arrestations au cap d'Agde
Au moins cinq enfants auraient été abusés
page 5
Découvrez les trésors de la Camargue
pages 36 et 37

Le Monde
www.lemonde.fr
MARDI 31 MAI 2005
Chirac désavoué, l'Europe déstabilisée
Les résultats complets
L'impasse
LES RÉSULTATS DU RÉFÉRENDUM

JEUDI 17 NOVEMBRE 2016
Libération
I-TÉLÉ LA GRÈVE S'ACHÈVE DANS LES LARMES
POISSON LE SEPTIÈME MERCENAIRE
JEUDI IDÉES ET LIVRES
MACRON
ATTENTION À LA MARCHE
L'ancien ministre de l'Economie candidat à l'Elysée? «Libération» explique pourquoi il peut gagner. Et pourquoi il n'a quasi aucune chance...

大陆新闻、大陆广角、大陆经贸、港澳消息、台北传真、东南亚新闻等新闻版面。

欧洲时报社总部设在巴黎，旗下《欧洲时报》创刊于 1983 年，发行覆盖欧洲，是欧洲最具影响力的华文日报。欧洲时报及其旗下的其它传媒的读者都是旅居欧洲的华人、华侨，还有在欧洲各国的中国留学生和中国派驻欧洲、北非各国的外交、商务机构的工作人员。此外，一些研究中国文化、关注中国现状及发展的外国汉学家、爱好中国文化和学习中文的外国学生也是欧洲时报的热心读者。

但是，与全国性报纸相比较，地方性报纸似乎更受读者的喜爱。

第七部分：校际交流

随着世界经济的迅猛发展，国际人文活动的日益频繁，以及 2014 和 2015 年 “高级别人文交流会议”召开之际中法两国签订的一系列新条约，都不同程度地加快了双方合作交流的历史进程，从而大大推动了两国广大青年人的交流互访活动。

另外，随着法语教学在中国中学的普及，以及广大中学的日益国际化，越来越多的学校希望结交法国姊妹学校，实现双方师生的合作共赢。与此同时，法国年轻人对汉语世界的热情也日益高涨，法国中学同样渴望在中国找到合作学校。于是一系列的校际结对互访活动被提到了议事日程。

为了顺利实现双方学校的交流互访，前期的准备工作不可避免。诸如合作协议的签订、学生信息的统计、签证手续的办理等。而要实现学校之间的高效互访，尤其是学生间的有效沟通，除了培养学生具备一定的语言文化素养外，还需要在互访前期充分了解对方的性情爱好、家庭背景等细节，以便有的放矢，有效交流。因此，姊妹学校之间，结对学生之间的信息采集和书信往来非常重要。

下面是信息沟通、材料准备、签证手续等方面的简要介绍，仅供大家参考。

一、学生信息

学生信息 INFORMATIONS SUR L’ELEVE

<table>
<tr><td>姓 Nom:</td><td>名 Prénom:</td><td>班级 Classe:</td></tr>
<tr><td>性别 Sexe:</td><td>年龄 Age :</td><td>身高 Taille:</td></tr>
<tr><td colspan="3">出生日期和出生地 Date et lieu de naissance:</td></tr>
<tr><td colspan="2">电话 Téléphone:</td><td rowspan="3">照片 Photo</td></tr>
<tr><td colspan="2">邮箱 E-mail:</td></tr>
<tr><td colspan="2">护照号 Numéro de passeport:</td></tr>
<tr><td colspan="3">你愿意接待男孩还是女孩？或者无所谓？（请在对应方框里打勾）
Voulez-vous accueillir un garçon ou une fille, ou bien n'importe qui ?（Cochez la case correspondante）
□男孩 Garçon　□女孩 Fille　□无所谓 Sans préférence</td></tr>
<tr><td colspan="3">住房条件（请在对应方框里打勾）Conditions de logement（Cochez la case correspondante）:
□结对拥有独立房间 Il/elle aura sa propre chambre
□和结对同住一室 Il/elle partagera sa chambre avec son correspondant</td></tr>
<tr><td colspan="3">兴趣爱好 Centres d'intérêt:</td></tr>
</table>

宠物（请在对应方框里打勾）Animaux domestiques（Cochez la case correspondante）： ☐有 Oui　☐ 无 Non　☐什么动物？ Lesquels?
其它信息：比如对什么过敏？忌吃何种食物？等（Autres informations : allergies, aliments non appréciés,…）

父母信息 INFORMATIONS SUR LES PARENTS

	父亲 Père	母亲 Mère
姓名 Nom et prénom		
电话 Téléphone		
邮箱 E-mail		
职业 Profession		
家庭地址 Adresse		

二、游学签证

（一）护照和签证

1. 中国护照

中国护照可到相应的出入境管理局申请办理。

广东：http://www.gzjd.gov.cn/ydyysq/index.do

成都：http://www.cdcrj.gov.cn/exitentry/

北京：http://www.bjgaj.gov.cn/idn/index.jsp

上海：http://crj.police.sh.cn/

沈阳：http://gabsdt.shenyang.gov.cn/class.asp?style=crjgl

武汉：http://www.whcrj.gov.cn/

2. 法国签证

请在中国外企德科签证中心网站上查阅申请签证所需的材料清单，并根据签证类型在网上预约时间。具体的网站地址和申请程序请参见第五部分：法国旅游中（二）申请程序 2. 操作程序（详见第 206 页）

3. 签证手续

（1）2 张 3.5cm x 4.5cm 白底彩色近照（近 6 个月内）。

（2）短期申根签证申请表原件。网上下载，用英文或法文填写，本人签字。对于未满 18 岁的未成年申请者：申请表必须由父、母或法定监护人签名。

注意：父母请不要代签未成年人的姓名。请在签名旁边加注“父亲”或“母亲”或“监护人”。用英文或法文标注。建议父母双方同时签名。

（3）中法双方签署的合作协议原件和复印件。

（4）飞机票订单复印件。如订单语言为中文，则必须用英文或法文翻译关键信息，包括申请人姓名、始发地、目的地、出发及到达日期等。

（5）海外医疗保险原件和复印件。保险额度 30 万以上人民币。

（6）接待证明原件 / 酒店订单和复印件。如果交流师生旅法期间住在法国家庭，则需要接待家庭提供住宿证明原件和复印件，要求注明接待人的姓名、家庭住址、电话号码、接待时间、接待缘由、接待对象的姓名，并提供接待人的身份证明复印件（身份证或护照）。

（7）经过中国外交部、中国驻外使馆或省外办认证的出生公证或监护人关系公证书，原件（内含英文或法文翻译）和复印件。

（8）对于未成年人，须提交经中国外交部外事服务中心认证的亲属许可公证书原件（内含英文或法文翻译）和复印件。

（9）由法国的接待学校或旅行的法方组织机构出具的邀请函原件和复印件。信中须注明：旅行目的（修学游或以教育为旅行目的），详细行程，逗留时间，所有被邀请人名单（姓名、生日、身份：中小学生、大学生、随行老师、学生家长）。所有成员的费用支付方式，团组的带队人姓名。

（10）学校在读证明或最近的毕业证原件和复印件。由学校出具的写明当事人姓名、就读年级和允许其请假赴法的证明原件，该证明材料上须标明学校的地址、联系方式，加盖学校公章，还须写上开具该证明的负责人的职务、姓名并由其签字。

（12）详细行程复印件和翻译件，要求加盖组织单位公章，负责人签字。

（13）户口本复印件和翻译件。提供本人所在户口本上全体成员户口页。

（14）学校机构代码证明复印件。

（15）护照原件和复印件（护照前五页，以及所有带签证或盖章的签证页）。申请者须确保护照最后一页已签名，护照尚在有效期内。

（16）委托代交签证申请授权书原件。如父母为未成年申请者代交，则不需要提供委托书，但应提供户口等证明关系的材料。委托书右上角标有“法国签证”字样。

（17）代理人身份证或护照原件和复印件。

温馨提示：相对学生，尤其是未成年学生，随行教师的资料要简化很多，除了上述必需提供的部分资料外，还需提供学校开具的在职证明和工资收入证明的原件（内含英文或法文翻译）和复印件，注明日期，加盖学校公章，校长签字。提供近 6 个月的银行账单，名字用拼音标注，加盖银行公章。

建议至少提前半年就准备材料，结对学生名单的确定，师生信息的搜集，接待家庭证明，学校的在读证明，工作证明等；最好提前 3 个月就能确定行程，预订机票。

如果材料办理的时间不是很充裕，中法邮件所需时间太长，防止邮寄过程中材料丢失等，建议保留甚至使用扫描件，也是可以的。

如果是团队，人员众多，可以委托旅行社代办，最好邀请公证人员到学校直接办理出生证明和父母许可证的公证。

注意：从 2015 年 10 月 12 日起，年满 12 周岁以上的签证申请者必须本人亲自前往签证中心。必要时则前往领事馆，进行生物识别数据（指纹和数码照片）的录入。更多信息，请在网站[75]上查询。

最后，签证手续资料可能每年都有可能更新，建议办理之前，亲自到相关大使馆或总领事馆进行当面咨询，这样可免去许多意想不到的麻烦。

（二）实用信息

为了方便大家办理签证手续，紧急情况下及时取得联系，掌握双方国家大使馆和总领事馆的相关信息非常必要。

1. 法国驻华大使馆和总领事馆

北京 法国驻华大使馆 北京市天泽路 60 号，邮编：100600 电话：(+86 10) 85 31 20 00 网址：http://www.ambafrance-cn.org/-Francais- 北京大使馆区域：北京和天津市；山东、河北、河南、山西、陕西、甘肃和青海省；宁夏、西藏、新疆和内蒙古自治区	广东 法国驻广东总领事馆 广东国际大酒店主楼 810 室 广州市环市东路 339 号，邮编：510098 电话：(+86 20) 28 29 20 00 网址：http://www.ambafrance-cn.org/-Consulat-Canton 广州领事区域：广东、福建、海南省和广西壮族自治区

[75] http://www.ambafrance-cn.org/Visa-Schengen-Mise-en-oeuvre-de-la-biometrie-12-octobre

成都 法国驻成都总领事馆 成都市总府路 2 号时代广场 30 楼 邮编：610016 电话：(+86 28) 66 66 60 60 http://www.ambafrance-cn.org/-Chengdu-Consulat 成都领事区域：重庆市，四川、贵州和云南省	上海 法国驻上海总领事馆 上海市中山西路 1055 号 Soho 中山广场 A 座 18 楼　邮编：200051 电话：(+86 21) 60 10 63 00 http://www.ambafrance-cn.org/-Consulat-Shanghai- 上海领事区域：上海市，安徽、江苏和浙江省
沈阳 法国驻沈阳总领事馆 沈阳市和平区南十三纬路 34 号 邮编 ：110003 电话：(+86 24) 23 19 00 00 http://www.ambafrance-cn.org/-Consulat-Shenyang- 沈阳领事区域：黑龙江、吉林和辽宁省	武汉 法国驻武汉总领事馆 武汉江汉区建设大道 568 号 汉口新世界国贸大厦 1701-1708 室 邮编：430022 电话：(+86 27) 65 79 79 00 http://www.ambafrance-cn.org/-Consulat-Wuhan 武汉领事区域： 湖北、湖南和江西省
Pékin Ambassade de France en Chine 60, rue Tianze -100600 Pékin Tél. (+86 10) 85 31 20 00 http://www.ambafrance-cn.org/-Francais- Pour les municipalités de Pékin et de Tianjin et les provinces suivantes : Shandong, Hebei, Henan, Shanxi, Shaanxi, Gansu et Qinghai, ainsi que les régions autonomes du Ningxia, du Xizang (Tibet), du Xinjiang et de Mongolie Intérieure	Canton Consulat Général de France à Canton Hôtel International de Guangdong Tour principale, Bureau 810 339, rue Huan Shi (est) - 510098 Guangzhou Tél. (+86 20) 28 29 20 00 http://www.ambafrance-cn.org/-Consulat-Canton- Pour Canton et les provinces suivantes : Fujian et Guangdong, et la région autonome Zhuang du Guangxi.

Chengdu Consulat Général de France à Chengdu Times Plaza, 30ème étage 2, rue Zongfu - 610016 Chengdu Tél. (+86 28) 66 66 60 60 http://www.ambafrance-cn.org/-Chengdu-Consulat- Pour Chengdu, pour la municipalité de Chongqing et les provinces suivantes : Sichuan, Guizhou et Yunnan	Shanghai Consulat Général de France à Shanghai Soho Zhongshan Plaza -Bâtiment A -18ème étage 1055, rue Zhongshan (ouest) -200051 Shanghai Tél. (+86 21) 60 10 63 00 http://www.ambafrance-cn.org/-Consulat-Shanghai- Pour la municipalité de Shanghai et les provinces suivantes : Anhui, Jiangsu et Zhejiang
Shenyang Consulat Général de France à Shenyang 34, Rue Nan Shi San Wei Arrondissement de Heping – 110003 Shenyang Tél. (+86 24) 23 19 00 00 http://www.ambafrance-cn.org/-Consulat-Shenyang- Pour Shenyang et les provinces suivantes : Heilongjiang, Jilin et Liaoning	Wuhan Consulat Général de France à Wuhan New World International Trade Center 1701-1708 568, Avenue Jianshe, Jianghan, Hankou -430022 Wuhan Tél. (+86 27) 65 79 79 00 http://www.ambafrance-cn.org/-Consulat-Wuhan- Pour Wuhan et les provinces suivantes : Hubei, Hunan et Jiangxi

2. 中华人民共和国驻法国大使馆和总领事馆

巴黎 中国驻法国大使馆 巴黎华盛顿大街 18-20 号 邮编：75008 电话：(+ 33) 01 53 75 88 05 (+33) 01 53 75 88 31 办公时间：9 点 30 分 -12 点；14 点 30 分 -17 点 http://www.amb-chine.fr/fra/	里昂 中国驻里昂总领事馆 里昂市路易布朗街 26 号 邮编：69006 电话：(+ 33) 04 37 24 83 05 http://lyon.china-consulate.org/chn/
马赛 中国驻马赛总领事馆 马赛市卡尔玛涅勒大街 16-20 号 邮编：13008 电话：(+33) 04 91 32 00 00 http://marseille.china-consulate.org/fra/	斯特拉斯堡 中国驻斯特拉斯堡总领事馆 斯特拉斯堡欧也妮卡里耶大街 4 号 邮编：67000 电话：(+33) 03 88 35 32 34 http://www.consulatchine-strasbourg.org/fra/

<table>
<tr><td>Paris
Ambassade de Chine en France
18-20, rue Washington - 75008 Paris
Tél. (+ 33) 01 53 75 88 05
(+33) 01 53 75 88 31 (9h30-12h00, 14h30-17h00) http://www.amb-chine.fr/fra/</td><td>Lyon
Consulat général de Chine à Lyon
26, rue Louis Blanc - 69006 Lyon
Tel. (+ 33) 04 37 24 83 05
http://lyon.china-consulate.org/chn/</td></tr>
<tr><td>Marseille
Consulat général de Chine à Marseille
16-20, Boulevard Carmagnole - 13008 Marseille Tel. (+33) 04 91 32 00 00
http://marseille.china-consulate.org/fra/</td><td>Strasbourg
Consulat général de Chine à Strasbourg
4, Eugène Carrière - 67000 Strasbourg
Tél. (+33) 03 88 35 32 34
http://www.consulatchine-strasbourg.org/fra/</td></tr>
</table>

3. 中法两国的地方合作

（1）安徽省

2008 年，安徽省和弗朗什 - 孔泰地区（Franche-Comté）

2008 年，黄山市和梦贝利亚尔市（Montbéliard）

（2）福建省

1990 年，福建省和下诺曼底大区（Basse-Normandie）

2014 年，厦门和滨海阿尔卑斯省（Alpes-Maritimes）的尼斯市（Nice）

（3）广东省

1985 年，广东省和普罗旺斯 - 阿尔卑斯 - 蓝色海岸大区（Provence-Alpes-Côte d'Azur，简称 PACA）

1988 年，广州和罗讷 阿尔卑斯大区（Rhône-Alpes）的里昂市（Lyon）

1994 年，深圳和维恩省（Vienne）

（4）湖北省

1996 年，湖北省和阿基坦区（Aquitaine）

1998 年，湖北省和洛林区（Lorraine）

1998 年，武汉市和波尔多市（Bordeaux）

2012 年，武汉市和埃松省（Essonne）

（5）湖南省

1991 年，湖南省和卢瓦尔河谷中部地区（Centre-Val de Loire）

（6）江苏省

1993 年，苏州市和布尔关雅利厄市（Bourgoin-Jallieu）

2001 年，江苏省和上塞纳地区（Hauts-de-Seine）

2005 年，苏州市和欧贝维利耶市（Aubervilliers）

2005-2012 年，无锡市和瓦勒德瓦兹地区（Val d'Oise）

2008 年，江苏省和阿尔萨斯地区（Alsace）

2013 年，苏州市和格勒诺布尔（Grenoble）

（7）辽宁省

1985 年，大连市和滨海塞纳省（Seine-Maritime）的勒阿弗尔市（Le Havre）

2013 年，辽宁省和滨海夏朗德省（Charente-Maritime）

2014 年，大连市和滨海夏朗德省（Charente-Maritime）

（8）上海市

1985 年，上海市和罗讷 - 阿尔卑斯地区（Rhône-Alpes）

1987 年，上海和马赛（Marseille）

2005 年，上海市和朗格多克 - 鲁西永地区（Languedoc-Roussillon）

2006 年，上海和法兰西岛大区（Ile de France）

2009 年，上海闵行区和欧贝维里耶市（Aubervilliers）

2011 年，上海市和海滨城市布雷斯特（Brest métropole océane）

2013 年，上海市教育部门和里昂（Lyon）、格勒诺布尔（Grenoble）学区教育机构

（9）浙江省

1995 年，宁波和滨海塞纳省（Seine-Maritime）的鲁昂市（Rouen）

1998 年，杭州和滨海阿尔卑斯省（Alpes-Maritimes）的尼斯市（Nice）

2011 年，义乌和塞纳圣德尼省（Seine-Saint-Denis）的欧贝维利耶市（Aubervilliers）

2014 年，浙江省教育局和维恩省（Vienne）的普瓦捷学区（Académie de Poitiers）

2015 年，绍兴鲁迅协会和滨海塞纳省（Seine-Maritime）

三、游学计划

（一）行程安排

下面是 2014 年上海市进才中学北校和法国梅松拉菲特市让高可杜中学交流互访计划实例。

9月23日 星期二	中方师生到达鲁瓦西机场，乘大巴到校。晚上入住法方家庭。
9月24日 星期三	学校举行欢迎仪式。下午和晚上入住法方家庭。
9月25日 星期四	8:30 在学校集合； 9:00 出发去巴黎市；10:30 参观卢浮宫，游览协和广场、人民议会大厦、丢勒里公园；沿香榭丽舍大街直到凯旋门。
9月26日 星期五	8:30 在学校集合；9:00 出发去巴黎市； 在拉丁区参观游览：卢森堡公园、先贤祠、巴黎大学、巴黎圣母院、圣米歇尔喷泉和大街；购物。 17:00 返回学校。中法结对同学一起回家。 **老师：**19:00 在学校集合，21:30 返回学校。
9月27日星期六和28日星期天： **学生：**周末和法方家庭一起参观、出行、购物、从事传统文化娱乐活动等。 **老师：**星期六 9:30 在学校集合，18:00 返回学校。星期天 9:30 在学校集合，18:00 返回学校。晚上入住法方家庭。	
9月29日 星期一	8:30 在学校集合；8:45 乘大巴；9:00参观赛马训练中心、种马和赛马驯养场；注意：准备球鞋； 12:00 就地野餐； 13:30 步行去梅松拉菲特城堡；14:30 参观城堡； 15:15 参观赛马场，观看赛马；17:00 返回学校，中法结对同学一起回家。
9月30日 星期二	8:30 在学校集合； 9:00 出发去巴黎市，到达套卡狄罗广场； 10:30 坐船游览塞纳河（在埃菲尔铁塔下的布道奈码头上船），准点集合； 11:00 游览塞纳河；12:00 在三月广场野餐； 登埃菲尔铁塔：（费用由中方自负）要么徒步登上第二层，要么坐电梯（预计两小时的排队时间）； 17:00 返回学校；回到法方家庭。 **老师：**19:00 在校集合，21:30 返回学校。
10月1日 星期三	8:30 在学校集合；9:30—11:30 听汉语老师的课； 11:30 回到法方家庭；下午：中法结对同学自由活动。 18:00 市政接待酒会：由中法结对同学、参与交流的老师、家长和学校相关人员参加，共同庆祝中华人民共和国国庆节； 19:00 在市政大楼前集合，法方学校请中方老师到餐馆就餐； 21:30 返回学校。
10月2日 星期四	8:30 在学校集合；8:45 出发去巴黎市； 10:00 参观格雷万蜡像馆或巴黎歌剧院； 市内游览：蒙马特高地，圣心教堂，戴尔特广场；就地野餐。17:00 返回学校，中法结对同学一起回家。 **老师：**19:00 在校集合，21:30 返回学校。

<table>
<tr><td>10月3日
星期五</td><td>8:00 在校集合；8:15 坐大巴参观凡尔赛宫（在游泳池旁边的停车场集合）；
9:50 参观凡尔赛宫；12:00 野餐，游览凡尔赛宫后花园。
17:00 返回学校，中法结对同学一起回家。
老师：19:00 在校集合，21:30 返回学校。</td></tr>
<tr><td colspan="2">10月4日星期六和5日星期天：
中方学生周末和法方家庭一起参观、出行、购物、从事传统文化娱乐活动等。
老师：星期六 9:30 到校集合，18:00 返回学校；星期天：9:30 到校集合，18:00 返回学校。晚上入住法国家庭。</td></tr>
<tr><td>10月6日
星期一</td><td>欢送仪式；中法结对同学在教务大厅会合；
在游泳池旁边的停车场集合；坐大巴去鲁瓦西机场。</td></tr>
</table>

下面是该行程安排的法语版本：

Mardi 23 septembre : Arrivée des Chinois à Roissy ; Transfert en car vers le collège ; Soirée dans les familles
Mercredi 24 septembre : Accueil à l'école ; Après-midi et soirée dans les familles
Jeudi 25 septembre : 8h30 Rendez-vous au collège ; 9h Organisation puis départ pour Paris 10h30 visite du Musée du Louvre ; Balade : Place de la Concorde, Assemblée Nationale, jardin des Tuileries, remontée des Champs Elysées jusqu'à l'Arc de Triomphe
Vendredi 26 septembre : 8h30 Rendez-vous au collège ; 9h Organisation et départ pour Paris - Balade dans le Quartier latin : - jardin du Luxembourg, Panthéon, La Sorbonne, Notre Dame de Paris, - fontaine St Michel et boulevard Saint Michel et shopping ; 17h retour au collège et départ dans les familles avec les correspondants français PROFESSEURS : RDV 19h au collège ; 21h30 retour au collège
Samedi 27 et dimanche 28 septembre : Week-end passé en compagnie des familles françaises (visites et sorties, shopping, partage d'événements culturels ou traditionnels… etc…) pour les élèves PROFESSEURS : SAMEDI : RDV 9h 30 au collège, 18h retour au collège DIMANCHE : RDV 9H30 au collège, 18h Retour au collège Soirées dans les familles
Lundi 29 septembre : 8h30 Rendez-vous au collège ; 8h45 Départ en car ; 9h visite du centre hippique ; Visite d'une écurie de courses et du haras ; ATTENTION : PREVOIR DES CHAUSSURES GENRE BASKETS ; 12h Pique-nique sur place ; 13h30 départ à pied pour le Château de Maisons-Laffitte ; 14h30 visite du Château ; 15h15 visite de l'hippodrome + Courses hippiques ; 17h retour au collège et départ dans les familles avec les correspondants français

Mardi 30 septembre : 8h30 Rendez-vous au collège ; 9h Organisation et départ pour Paris : arrivée place du Trocadéro ; 10h30 : Croisière sur bateau mouche (Port de la Bourdonnais au pied de la Tour Eiffel) RDV PRECIS ; 11h départ de la croisière sur la Seine ; 12h : Pique-nique sur le champ de Mars ; Visite Tour Eiffel (à la charge des élèves chinois) : - soit à pied au premier étage - soit par l'ascenseur en fonction de la file d'attente (souvent 2h d'attente à prévoir) 17h retour au collège et retour dans les familles PROFESSEURS : RDV 19h au collège, 21h30 retour au collège
Mercredi 1 octobre : 8h30 Rendez-vous au collège ; 9h30 à 11h30 Cours de chinois ; 11h30 Retour dans les familles pour les élèves chinois avec les correspondants français ; Après-midi libre : activités extra scolaires en compagnie des élèves français ; 18 h cérémonie à la mairie avec les élèves, professeurs, parents et participants du collège Journée Nationale de la République de Chine 19h : RDV à la Mairie pour les professeurs chinois qui sont pris en charge par le collège pour un restaurant ; 21h30 Retour au collège
Jeudi 2 octobre : 8h30 Rendez-vous au collège ; 8h45 Organisation et départ pour Paris ; 10h00 visite du Musée Grévin ou Opéra de Paris Balade dans Paris : Quartier de Montmartre, Sacré-Cœur, place du Tertre ; Pique-nique sur place ; 17h Retour au collège et retour dans les familles avec les correspondants français PROFESSEURS : RDV 19h au collège, 21h30 retour au collège
Vendredi 3 octobre : 8h00 Rendez-vous au collège ; 8h15 Organisation et départ en car pour Versailles (parking de la piscine) ; 9h50 : visite du Château de Versailles ; 12h Pique-nique et visite des jardins du Château ; 17h Retour au collège et dans les familles avec les correspondants français PROFESSEURS : RDV 19h au collège, 21h30 retour au collège
Samedi 4 et dimanche 5 octobre : Week-end passé en compagnie des familles françaises (visites et sorties, shopping, partage d'événements culturels ou traditionnels ; etc.) pour les élèves PROFESSEURS : SAMEDI : RDV 9h 30 au collège, 18h Retour au collège DIMANCHE : RDV 9H30 au collège, 18h Retour au collège Soirées dans les familles
Lundi 6 octobre : Cérémonie d'adieu ; Les élèves français rejoignent les élèves chinois en salle de conseil ; RDV parking de la piscine ; Départ en car pour ROISSY

（二）探究计划

对于参加中法校际交流互访的师生，为了有目的参观交流，深入了解当地的社会文化、生活习惯等，教师可以帮助学生设计一个主题探究计划。例如：

主题	
学科 / 专业	

主题介绍	
研究内容	
研究对象	
研究目的	
研究方法	
研究活动设计	
活动过程	
具体活动	

四、游学过程

（一）航行生活

1. 航班信息

航班号	出发地点	到达地点	出发时间	到达时间	飞行时间

2. 航行生活

		时间	吃些什么？
饮食	早餐		
	午餐		
	晚餐		
备注			

（二）游学日记

第一周

	集合点	集合地	参观	学习	生活	感想	插图 / 照片
Jour 1							

Jour 2							
Jour 3							
Jour 4							

Jour 5							
Jour 6							
Jour 7							

一周小结

第二周

	集合点	集合地	参观	学习	生活	感想	插图 / 照片
Jour 1							
Jour 2							

Jour 3							
Jour 4							
Jour 5							

Jour 6							
Jour 7							

一周小结

（三）消费记录

1. 中法两国货币

国家	国旗（插图）	货币名称	当前汇率	货币单位 / 种类	货币图片
中国					
法国					

2. 购物计划

给家人	给朋友	给自己

3. 消费支出表

物品名称	价格	图片（照片 / 插图）

五、个人信息

照片 Photo

（一）个人和家庭

（1）个人

邮件：

电话：

（2）家庭

地址：

电话：

Logos

（二）学校 / 单位信息

（1）名称：

（2）地址：

（3）负责人：

（三）目的地

（1）交流学校

名称：

地址：

电话：

（2）对口单位

名称：

地址：

电话：

（3）住家信息

地址：

电话：

（4）旅馆信息

名称：

地址：

电话：

（四）通讯录

	姓名 Nom	电话 Tél	微信 Webchat/ QQ	邮件 E-mail
同学 Copains de classe				
老师 Profs				
朋友 Amis				

六、游学后记

（一）探究结果

<table>
<tr><td colspan="3">主题</td></tr>
<tr><td rowspan="3">实施前</td><td>探究背景</td><td></td></tr>
<tr><td>准备资源</td><td></td></tr>
<tr><td>需要技能</td><td></td></tr>
<tr><td>实施中</td><td colspan="2">活动一：
活动二：
活动三：</td></tr>
<tr><td rowspan="3">实施后</td><td>探究过程总结</td><td></td></tr>
<tr><td>探究活动反思</td><td></td></tr>
<tr><td>探究成果</td><td></td></tr>
</table>

（二）游学感悟

临行前
1. 临行前，您是如何和法方联系的?
2. 您是用何种语言进行交流的?
3. 临行前第一次联系时遇到困难，您是如何克服的?
4. 您第一次和结对相见，是否胆怯? 为什么?
法国 / 中国接待
交际
1. 您和您的结对及其家人交谈时，碰到了什么困难?
2. 您是如何克服这些困难的?
日常生活
1. 您最喜欢的法国菜或中国菜是什么?
2. 请描述下您的住处:
行程计划
您最喜欢行程计划中的哪些活动? 为什么?
法国 / 中国之行结束后
1. 此次旅行您是如何取得进步的? 或者说，您对法语 / 汉语有了进一步的了解?
2. 您对此次法国 / 中国之行的经历作何评价?
3. 此次经历是否使您产生重返法国 / 中国的欲望?

4. 您如何与法国或中国结对保持联系？
5. 对于将来的交流活动，您有哪些改进建议？ ☆准备阶段（交流前）： ☆组织方面（交流中）： ☆活动计划（交流中）：
6. 请写下您希望和大家分享的任何看法：

“游学感悟”（Réflexion sur les visites d’échanges）的法语版本：

Avant le départ
1. Avant le départ, comment avez-vous contacté votre correspondant/e français/e ou chinois/e ?
2. Dans quelle langue avez-vous échangé ?
3. Comment avez-vous résolu les difficultés auxquelles vous avez fait face lors des premiers contacts avant le départ ?
4. Appréhendiez-vous la première rencontre avec votre correspondant/o ? Pourquoi?
L’accueil en France, en Chine
Communication
1. Sur quels sujets avez-vous échangé avec votre correspondant/e, sa famille ?
2. Quelles difficultés avez-vous eu à surmonter lors de vos communications avec votre correspondant/e et avec sa famille ?
3. Comment avez-vous résolu ces difficultés ?

Vie quotidienne
1. Qu'avez-vous le plus apprécié dans la cuisine française/chinoise ?
2. Donnez des informations sur votre hébergement :
Programme
Quelles activités du programme vous ont le plus plu ? Pourquoi ?
Après le séjour en France/Chine
1. Comment ce voyage vous a-t-il permis de progresser, ou du moins de vous familiariser davantage avec la langue française/chinoise ?
2. Comment qualifieriez-vous votre expérience du séjour en France/en Chine?
3. Cette expérience vous a-t-elle donné envie de retourner en France, en Chine ?
4. Comment gardez-vous contact avec votre correspondant/e français/e, ou chinois/e ?
5. Quelles seraient vos propositions pour améliorer l'échange dans le futur ? ☆ Au moment de la préparation (avant l'échange) : ☆ Au niveau de l'organisation (pendant l'échange) : ☆ Au niveau du programme d'activités (pendant l'échange) :
6. Merci de noter toute autre remarque que vous souhaitez partager :

第八部分：出国安全

一、安全规则

（一）注意事项

第一，过马路时注意红绿灯，自觉遵守交通规则。第二，在商店、市场、旅游景点等公共场所，请勿触摸不明物体。第三，在博物馆，遵守规则。例如禁止拍照或大声喧哗等。第四，参观时紧随旅游团队、亲朋好友或学生队伍，以免迷路。第五，不要随身携带大额现金，且妥善保管好个人财物。第六，将护照原件妥善保管，出门随身携带复印件即可。第七，手机、相机、MP3、摄像机等电子产品需特别小心，以防偷窃。第八，遇到问题，应及时和导游、陪同老师或驻当地的领事馆联系。

（二）应急电话

在法国，如果遇到紧急情况或安全问题，请您拨打相应的电话号码：

警察局：Police	17
消防局：Pompiers	18
救护中心：SAMU（Service d'aide médicale urgente）或 SMUR（Services mobiles d' urgence et de réanimation）	15
急救医生：SOS Médecin	3624
法国铁路局：SNCF	3635
巴黎公交运营公司：RATP	3246
出租车：TAXI G7	3607
法航订票：AIR FRANCE RESERVATION	3272
奥雷 / 鲁瓦西机场订票：ORLY/ROISSY RESERVATION	3950
欧盟国家紧急呼救号（Numéro d'Appel d'urgence européen）	112

二、行李准备

（一）合理化建议

第一，箱包：出行最好携带两件行李：一个可托运的大滚轮行李箱或行李包，一个可随身携带的背包或手提包，用来存放重要证件和电子产品等。出门时携带背包，方便存放笔、手机、相机、日记本、水、食品、零用钱等。第二，衣服：根据接待国的季节决定带什么衣服。可携带一套正装，用于正式场合，参加聚会或仪式等。第三，生活用品：牙刷、毛巾和洗梳用品。第四，电子产品：可携带手机、相机和摄像机，符合目的地国家标准的转换器。第五，药品：最好携带一些治疗腹泻、感冒等常用药品，以备不时之需。第六，礼物：给朋友或接待家庭，甚至赠送给关爱自己的法方同学、同事等一些带有中国特色的小礼物以表感谢，都是不错的选择，比如中国结、剪纸、小扇子、一条丝巾、茉莉花茶等。

（二）准备过程

分类列出本次出行需要携带的物品。并在相应栏目打勾确认。

类别	名称	已整理
证件	护照，护照复印件，签证复印件	
服装		
洗梳用品		
电子产品		
日常药品		
礼物		
其它		

（三）禁带物品

第一，禁止随身携带也禁止托运的物品有：枪支弹药、管制刀具、警械、易燃易爆物品（如打火机气、酒精、油漆、烟花爆竹等）、腐蚀性物品、剧毒物品以及其他危险品。第二，刀具不可随身携带，必须托运。第三，携带的液态物品每件容积不得超过 100 毫升（ml）。容器容积超过 100 毫升，需办理交运。液态物品主要包括：常见饮品，例如矿泉水、饮料等；酱汁或带有酱汁的食物，例如水果罐头等；常用化妆品，例如乳霜、护肤液、香水及其它类似化妆品；喷雾及压缩容器内充物，例如剃须泡沫、摩丝等；膏状物品，例如牙膏、洁面乳等；凝胶，例如头发定型及沐浴用的凝胶产品；任何稠度相似的溶液及物品，例如隐形眼镜药水、营养口服液等。糖尿病或其他疾病患者携带必需的液态药品，经安全检查确认无疑后，可适量携带。第四，关于打火机、火柴的有关规定：禁止旅客随身携带打火机、火柴，也不可以放在托运行李中托运。第五，旅客携带锂电池用电设备和锂电池时的相关规定：须将用电设备（如数码相机、摄像机、对讲机、电动剃须刀等）放在手提行李中，不要放在托运行李中。第六，关于酒精饮料携带标准的提示：旅客不应随身携带酒精饮料乘机，但可将酒精饮料作为托运行李交运。酒精饮料作为托运行李交运时，其数量应符合相关规定。

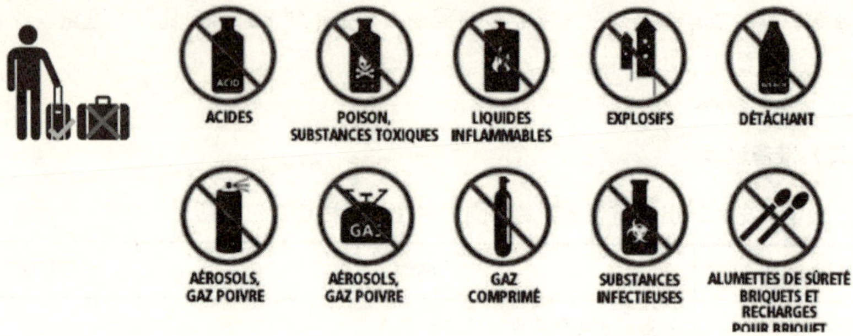

注意：如您来自境外需在中国境内机场转乘中国国内航班，且携有在境外购买的免税液态物品，请您将液态物品置于完好无损且封口的透明塑料袋内，并需出示购物凭证。否则，您所携带的液态物品的容器容积、种类等必须满足乘坐国内航班的相关要求。如您仍有不能确定的液态物品，请将液态物品放入托运行李中托运。

（四）托运事项

第一，贵重物品应随身携带。如：现金、证件、相机、电脑等。第二，超过规定限额，办理声明价值，乘客还可提前向所乘坐的航空公司咨询清楚。根据我国的有关规定，在旅客托运行李每公斤价值超过人民币 50 元时，即可办理行李的声明价值。办理了声明价值的行李在运输过程中丢失或发生损坏，承运人将按照托运人的声明价值赔偿。第三，行李标注个人标识，提高辨别性，以免拿错行李。最好在行李上贴张名片，或挂上一个标签，附上英文名字、联系方式、乘坐航班等关键信息，方便查找。第四，旅行箱、旅行袋和手提包等行李最好上锁，以免不必要的损失。

三、温馨提示

（一）外出时财物如何保管?

第一，护照原件不必随身携带，只要带上复印件即可，以免丢失且造成不必要的麻烦。第二，简装出行。穿戴舒适的旅游鞋；选择相应气候的服装；备好大小合适的双肩背包；雨天最好有戴帽子的防水雨衣。第三，钱包之类贵重物品，宜放在别人不易察觉的地方。如果必须携带一定数量的现金，最好分开存放，切记当着别人的面点数大笔费用。随身行李包不要离开自己的视线，最好放在胸前，切记不要交给陌生人保管。第四，切记走路低头看手机，尤其是在地铁口、叉路口等处；一定要保管好自己的手机，因为常发生路口抢劫手机的事件。

（二）如何在国外巧用银行卡？

我们经常使用中国银联卡、VISA 卡和万事达卡，却很少有人知道它们之间的区别。从地域而言，银联是中国卡，VISA 和万事达卡是美国的。通常，以“4”开头的的银行卡是 VISA 卡，以“5”开头的是万事达，以“62”、“60”、“9”开头的是符合国际标准、可以在国外使用的中国银联卡。

从用途来看，如果在国内消费，银联卡属最佳选择，但如果在国外消费，VISA 卡或万事达卡则更理想。为了满足大家国内外消费需求，各大银行先后推出了双币卡，即“银联 +VISA”或“银联 + 万事达”。于是，在国内消费大家就用银联卡，在国外则用 VISA 或万事达卡。根据经验，VISA 卡在国际上更为流行，尤其是在法国。

注意：无论是使用 VISA 卡，还是万事达卡，尽量使用当地货币结算，回国后再兑换成人民币直接还款。如果使用美元结算，则需要收取当地货币兑换成美元，美元兑换成人民币的双重手续费。目前，最为便捷的是多币种信用卡，直接使用该国的货币进行消费，用人民币还款，只需支付一次兑换手续费。

（三）在餐馆用餐该注意什么？

第一，在法国餐馆就餐，最好听从服务人员的引导，找个位子坐下，静等服务人员拿菜单，布置餐桌。通常情况下，人们都是在座位上点菜、结账。切记不要一窝蜂似地直接涌向服务台点菜。

第二，在法国餐馆，面包和水是免费的。但是，客户吃饱为止，切记不要浪费，也不要将面包带出餐馆。而且，法国人喜欢喝冷水，没有喝热水的概念。不过，在小餐馆，客户不多的情况下，可以尝试向服务人员索取热水，他们可能会用微波炉，或电热水壶帮您烧水。法国餐馆是禁止客户自带酒水的。此外，法国虽然以盛产葡萄美酒著称，但并不是每日餐桌上的必备品。在法国，尽管自来水完全符合直饮水标准，但是，绝大多数法国人还是习惯饮用瓶装水。而且各种超市、便利店都可以提供不同价格的瓶装水，完全能够满足人们的不同需求。

第三，法国的传统习惯，通常在用餐完毕后给服务人员一定数量的小费，大约是消费金额的 15%，不过如今并不是必须的。但是，如果您觉得吃得很开心，对餐馆的服务很满意，也可以适当给点小费。总之，这个完全取决于您自己。

（四）商店购物该注意什么？

在法国，大小商店均不讲价。所有商品严格按照法国《商法》的规定定价，虚开高价谋求暴力的商业行为可能会受到法律严惩。完善的法律法规为商品公平、合理的价格竞争提供了有效保障，顾客在购买商品时也就无需浪费口舌与商家讨价还价。即使在露天集市上，也常常是“一口价”买卖。

（五）如何解决入厕难？

在法国旅游，经常会遇到入厕难的问题。在此，给大家提供几种解决方案：

第一，注意观察马路上的标识，如 Toilettes 100m，并且有箭头提示，只要沿着箭头所示方向寻找，就可以顺利找到。这样的厕所通常在马路边上的人行道上，会有一盏灯亮着，有法语、英语和西班牙语标注。通常有四种颜色的灯，绿色表示可以使用；黄色表示有人在使用；蓝色表示在打扫冲洗厕所；红色表示有故障不能使用。黄色和蓝色灯亮时，请在门外耐心等待。绿色灯亮表明可以使用，只要按一下按钮，门就会自动打开。进入后，需要按门边上的关门标识，如同电梯的关门标志。此时会有法语录音提示：门已关闭并锁住（La porte est fermée et verrouillée）。这样，您便可以安心入厕。用完后，正前方墙面上有洗手液、水和烘干机，只需将手放在下方，依靠自动感应装置即可。通常在厕所入口处会有厕纸，可以放心使用。这样的厕所都是免费的。

第二，在某些旅游景点，会有简易厕所。门上会有三个字母 TOI，即 Toillettes 的缩写，如上图所示。这样的厕所不是自动的，而是手动的。里面的设施也非常简陋，经常没有厕纸和洗手用水。此外，还有一种更为简易的厕所，主要供男士使用，没有门，背对他人小解。这类厕所也是免费的。

巴黎免费厕所

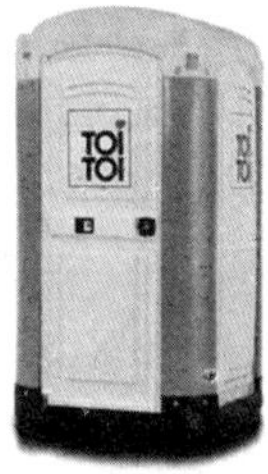

简易环保厕所

第三，应该注意的是，免费的公共厕所并非随处可见，而是难得一见。如果需要，比较常见的方法，可以进入任何一家咖啡馆或饭店，点一杯咖啡，在柜台边饮用，一般只要 1.50 欧左右。如果坐在餐桌旁饮用，价格会比较高，在露天座位上饮用价格最高。只要在餐馆有消费，都可以免费入厕。不过，在有的咖啡馆或餐馆，则需要在前台领取筹码或获取入厕密码。

第四，在法国，还有很多收费厕所，它们可能位于公园、商场、地铁等公共场所。一般会有专人在门口收费，价格在 0.5-0.8 欧元之间。这类厕所的设施通常比较好，而且有水、厕纸和洗手液提供。

参考书目

1. 法国驻中国大使馆文化教育合作处 .Appariements entre établissements secondaires français et chinois - Guide pratique et cartographie.《中法校际交流 - 实用指南和合作学校分布情况》. 北京，2015
2. 傅荣，张丹 .《现代礼仪宝典之浪漫法兰西》. 外语教学与研究出版，2006.
3. 黄民兴，郭可 .《巴黎》. 三秦出版社，2006.
4. 王芳雀 .《中学生法语》1、2 册 . 外语教学与研究出版，2009.
5. 拉维斯，汪少卿 .《法国史 ABC》. 东华大学出版社，2014.
6. 墨刻编辑部编 .《法国经典之旅》. 人民邮电出版社，2010.
7. 任德山 .《图说欧洲史》. 武汉出版社，2012.
8. 王秀丽 .《法国概况》. 外语教学与研究出版社，2010.
9. 吴国庆 .《法国》. 社会科学文献出版社，2014.
10. Ariane Warlin, *La Face cachée* du Louvre, Paris : éditions Michalon, 2012
11. Danile Meyer, *Le Mobilier de Versailles*, Dijon : Faton (Dijon), 2002
12. Duhamel E., Forcade O., *Histoire et vie politique en France depuis 1945*, Paris: Nathan, 2001
13. Gabrielle Bartz et Eberhard König, *Le Musée du Louvre*, Paris : éditions Place des Victoires, 2005
14. Jean-François Hébert et Thierry Sarmant, *Fontainebleau : mille ans d'histoire de France*, Paris : Tallandier, 2013
15. Jean-François Solnon, *Histoire de Versailles*, Paris : Éditions Tempus, 2003
16. Verneuil C., *Histoire politique de la France (1914 - 2007)* , Paris: Ellipses, 2007

参考网址：

1. https://www.paris.fr/
2. https://www.louvre.fr/
3. https://fr.wikipedia.org/wiki/Mus%C3%A9e_du_Louvre
4. https://www.toureiffel.paris/fr/le-monument/chiffres-cle
5. https://fr.wikipedia.org/wiki/Tour_Eiffel
6. https://fr.wikipedia.org/wiki/Paris
7. https://fr.wikipedia.org/wiki/Arc_de_triomphe_de_l%27%C3%89toile
8. https://fr.wikipedia.org/wiki/Mus%C3%A9e_d%27Orsay
9. https://www.musee-orsay.fr/fr/collections/accrochage-de-photographies.html

10. https://fr.wikipedia.org/wiki/Ch%C3%A2teau_de_Versailles
11. https://www.chateauversailles.fr/decouvrir/domaine/chateau
12. https://www.musee-chateau-fontainebleau.fr/L-histoire
13. https://www.grevin-paris.com/fr
14. https://fr.statista.com/themes/3587/produits-de-beaute-en-france/
15. https://fr.wikipedia.org/wiki/Fontainebleau
16. http://www.sacre-coeur-montmartre.com/
17. https://fr.wikipedia.org/wiki/Basilique_du_Sacr%C3%A9-C%C5%93ur_de_Montmartre
18. https://www.normandie-tourisme.fr/
19. https://fr.wikipedia.org/wiki/Normandie
20. https://www.tourismebretagne.com/
21. https://fr.wikipedia.org/wiki/Bretagne
22. https://www.provenceweb.fr/
23. https://fr.wikipedia.org/wiki/Provence
24. https://www.provence.guideweb.com/
25. https://fr.wikipedia.org/wiki/Lyon
26. https://fr.wikipedia.org/wiki/Lille
27. https://www.lilletourism.com/histoire-de-lille.html
28. https://fr.wikipedia.org/wiki/Toulouse
29. https://tarifs-postaux.fr/
30. https://fr.wikipedia.org/wiki/Liste_des_restaurants_deux_et_trois_%C3%A9toiles_du_Guide_Michelin
31. https://baike.baidu.com/item/%E5%8D%A2%E6%B5%AE%E5%AE%AB/163199?fr=aladdin
32. https://baike.baidu.com/item/%E5%9F%83%E8%8F%B2%E5%B0%94%E9%93%81%E5%A1%94/559934?fr=aladdin
33. https://baike.baidu.com/item/%E6%B3%95%E5%9B%BD%E5%B7%B4%E9%BB%8E%E5%9F%83%E8%8F%B2%E5%B0%94%E9%93%81%E5%A1%94/4336525
34. https://baike.baidu.com/item/%E5%9F%83%E8%8F%B2%E5%B0%94%E9%93%81%E5%A1%94/559934?fromtitle=%E8%89%BE%E8%8F%B2%E5%B0%94%E9%93%81%E5%A1%94&fromid=524079
35. https://baike.baidu.com/item/%E5%8D%A2%E6%B5%AE%E5%AE%AB%E4%B8%89%E5%AE%9D/5411820

36. https://baike.baidu.com/item/%E5%87%AF%E6%97%8B%E9%97%A8/11999994?fr=aladdin
37. https://baike.baidu.com/item/%E6%B3%95%E5%9B%BD%E5%B7%B4%E9%BB%8E%E5%87%AF%E6%97%8B%E9%97%A8/3669212
38. https://baike.baidu.com/item/%E5%A5%A5%E8%B5%9B%E5%8D%9A%E7%89%A9%E9%A6%86/1802830?fr=aladdin
39. https://baike.baidu.com/item/%E5%B7%B4%E9%BB%8E%E5%A5%A5%E8%B5%9B%E7%BE%8E%E6%9C%AF%E9%A6%86/11006010
40. https://baike.baidu.com/item/%E5%87%A1%E5%B0%94%E8%B5%9B%E5%AE%AB/523764?fr=aladdin
41. https://baike.baidu.com/item/%E6%9E%AB%E4%B8%B9%E7%99%BD%E9%9C%B2/4288
42. https://baike.baidu.com/item/%E6%9E%AB%E4%B8%B9%E7%99%BD%E9%9C%B2%E5%AE%AB
43. https://baike.baidu.com/item/%E5%9C%A3%E5%BF%83%E6%95%99%E5%A0%82/1700327?fr=aladdin
44. https://baike.baidu.com/item/%E6%B3%95%E5%9B%BD%E5%9C%A3%E5%BF%83%E5%A4%A7%E6%95%99%E5%A0%82/6058270
45. https://baike.baidu.com/item/%E5%B7%B4%E9%BB%8E%E6%AD%8C%E5%89%A7%E9%99%A2/1439419?fr=aladdin
46. https://baike.baidu.com/item/%E6%A0%BC%E9%9B%B7%E4%B8%87%E8%9C%A1%E5%83%8F%E9%A6%86/1876683?fr=aladdin
47. https://baike.baidu.com/item/%E8%AF%BA%E6%9B%BC%E5%BA%95/824575
48. https://baike.baidu.com/item/%E5%B8%83%E5%88%97%E5%A1%94%E5%B0%BC%E5%9C%B0%E5%8C%BA/4721883?fromtitle=%E5%B8%83%E5%88%97%E5%A1%94%E5%B0%BC&fromid=3799634&fr=aladdin
49. https://www.baike.com/wiki/%E5%B8%83%E5%88%97%E5%A1%94%E5%B0%BC
50. https://baike.baidu.com/item/%E6%99%AE%E7%BD%97%E6%97%BA%E6%96%AF/7250?fr=aladdin
51. https://www.baike.com/wiki/%E6%99%AE%E7%BD%97%E6%97%BA%E6%96%AF
52. https://www.sohu.com/a/79054042_387463
53. https://www.monblogdefille.com/blog/connaissez-vous-lhistoire-davene/